일본군'위안부' 문제 자료집(1)

－'위안부' 동원과 위안소 설치

일제침탈사
자료총서 91

일본군'위안부' 문제 자료집(1)

- '위안부' 동원과 위안소 설치

동북아역사재단 편

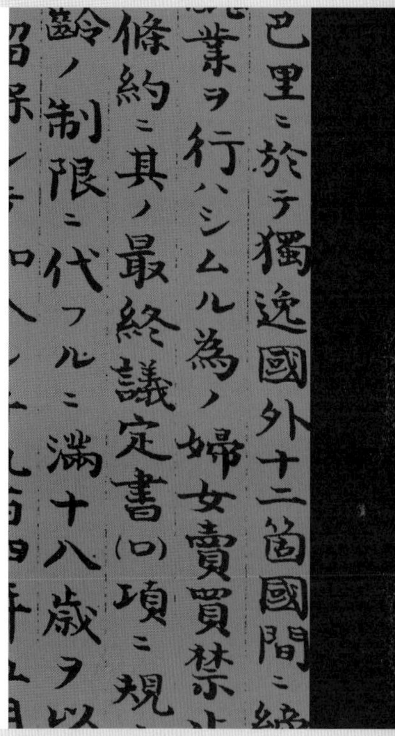

동북아역사재단
NORTHEAST ASIAN HISTORY FOUNDATION

발간사

일본제국주의의 식민 침탈에서 벗어난 지 75년이 되었지만, 그 역사가 아직도 한일 관계에서 큰 걸림돌로 작용하고 있다. 21세기에 들어 일본 정부의 독도 영유권 주장은 점차 도를 넘고 있으며, 최근에는 일제의 강제동원 문제와 한국 대법원 판결, 일본군'위안부' 문제 해결 방안 등으로 갈등이 불거졌다. 급기야 그 불이 무역 분쟁, 안보 문제까지 옮겨 붙었다.

한일 간의 역사 문제는 우선, '식민지배' 역사를 어떻게 볼 것인가라는 역사인식에서 기인한다. 우리는 언제나 오늘날의 입장에서 과거의 역사를 바라보고, 다시 미래로 나아간다. 과거 침략의 역사를 미화하면서 평화로운 미래를 얘기하는 것은 불가능하다. 식민지배로 인한 잘못을 인정하고 반성하지 않으면 다시 전쟁이 일어날 위험성이 있고, 인권을 존중하지 않는 군국주의 부활을 획책할 수도 있다. 따라서 역사를 보는 미래지향적 인식이 필요하다. 그리고 이 인식을 한일 양국이 공유해야 할 것이다.

그 다음으로 '과거'의 '사실'이 명확하게 규명되지 않은 것에서 연유한다. 해방된 이후, 일제 강점기에 대한 개인적인 연구는 다수 이루어졌으나, 학계나 정부 차원에서 식민지배의 실상을 체계적으로 연구 정리하고, 관련 있는 자료집을 모아 정리하지 못하였다. 지금까지 항일, 독립운동사에 대한 연구와 자료집은 많이 출간되었지만, 일제의 통치 자체를 정리하지 못한 것이다.

또한 일제 식민 침탈의 실상을 국민에게 알리고 교육하는 것도 체계적이지 않았다. 초등학교에서 고등학교에 이르는 학교의 역사 교육은 나름대로 성과가 있었지만, 학교를 떠난 이후의 일반 시민교육에는 사실 무관심하였다. 그러자 최근에는 일제의 한반도 강점과 식민지배로 인한 피해를 부정하는 인식 아래, 일제 강점기에 한반도가 근대화되었고, 수탈이나 강제동원은 꾸며진 이야기라고 주장하는 책이 시중에 나오기도 했다. 역사인식이 명확하지 않았던 일부 국민들은 여기에 호기심을 가졌고, 또한 이를 넘어 찬동하는 사태까지 일어났다. 이런 책에서 부정한 것은 일제 침탈의 역사뿐만 아니라 항일 독립운동의 역사, 나아가 우리 민족사 전체였다.

우리 학계는 일찍부터 일제 침탈의 역사를 체계적, 객관적으로 정리해야 한다는 점을 잘 알고 있었지만, 차일피일 미루다가 너무 많은 시간이 흐르게 되었다. 이에, 우리 재단은 한국 학계의 힘을 모두 모아 일제침탈사 연구를 집대성하고, 관련된 자료를 수집하여 체계적으로 정리하고, 일제 식민 침탈의 실상을 바로 알리기 위해 국민을 대상으로 한 교양서 발간을 기획하였다. 2020년부터 사업을 시작하였고, 앞으로 몇 년에 걸쳐 이를 수행할 예정이다. 일세침탈사 편찬사업은 크게 세 부분으로 나누어, (1) 일제 침탈의 전모를 학문적으로 정리한 연구총서(50권), (2) 문호개방 이후 일제 강점기에 이르는 기간의 일제침탈 자료총서(100여 권), (3) 일반 국민이 알기 쉽게 풀어쓴 일제침탈사 교양총서(70여 권)로 구성하고자 한다.

그동안 일제의 침탈상을 밝히려는 연구가 없었던 것은 아니다. 관련 자료집도 여러 방면에서 편찬된 바 있다. 그러나 모든 분야를 망라하여 학계의 연구 성과를 종합하고 관련 자료를 편찬하는 일은 이번이 처음이다. 무엇보다 일반 시민들이 과거 제국주의 시대 우리가 겪었던 침략과 수탈의 역사를 또렷하게 직시할 수 있게 하는 종합 자료집은 드물었다. 따라서 정치·경제·사회·문화 등 모든 방면에 걸쳐 침탈의 역사를 알기 쉽게 기록하고 그에 대응한 자료를 모아 번역함으로써 시민들에게 일제 식민지배의 실체와 침탈의 실상을 전하고자 한다.

이런 계획 아래에서 이 책은 일본군'위안부' 관련 중요자료를 번역하고 해제를 하였다. 최근 '위안부' 강제동원은 없었으며, '위안부'는 고소득을 올린 '매춘부'였다는 주장이 제기되고 있다. 이 책에서는 일본군과 정부, 지방 행정조직이 긴밀히 협조하여 '위안부'를 조직적으로 동원했으며 이 과정에서 불법을 묵인하거나 방조했다는 사실, 일본군이 군 시설로서 위안소를 설치하고, 관리·통제했으며, '위안부' 피해자는 위안소 등에서 강제적인 상황에 놓여 있었다는 사실, '위안부' 피해는 당시의 국내법·국제법을 위반하는 것이었다는 사실을 보여주는 자료를 선정하였다.

구체적인 자료를 통해서 밝혔듯이 일본군'위안부' 문제의 본질은 일본군과 정부가 국가 정책으로 여성의 성(性)을 침략전쟁 수행을 위한 도구로 이용했으며, 그 과정에서 많은 여성들이 중대한 인권침해를 당했다는 것이다. 이 책이 일본군'위안부' 피해의 역사적 사실을 알리는 데 기여하기를 기대한다.

2020년 5월

동북아역사재단

이사장 김도형

책머리에

최근 일본 우파의 계속되는 망언에 동조하는 듯한 몇몇 한국인 연구자들의 발언이 여러 매체를 통해 시중에 유포되고 있다. 이들은 지금까지 쌓아 올린 연구 성과와 국제사회의 논의를 부정한다. '위안부'는 당시 용인되었던 공창제도를 기반으로 한 것으로, 일본 정부·모집업자·피해자의 가족 친지 등 3자가 합작하여 동원했고, 고소득을 올린 '매춘부'였다는 것이 이들 주장의 핵심이다. 이들은 논쟁을 이 문제가 논의되기 시작한 1990년대 초로 되돌리려 하고 있다.

하지만 그동안의 연구를 통해 일본군과 정부가 군 시설로 위안소를 설치하고, 관리·통제했으며, 여성들이 본인의 의사에 반해 '위안부'가 되었고, 위안소 등에서 강제적인 상황에 놓였다는 사실, 일본군'위안부' 제도는 당시의 여러 국내법·국제법을 위반한 중대한 인권침해였다는 사실이 밝혀졌다. 국제사회는 1990년대 이후 꾸준한 논의를 통해 일본군 '위안부'는 성노예라는 인식을 공유하게 되었다.

일본 정부도 1993년 발표한 고노 요헤이[河野洋平] 관방장관 담화에서 위안소가 당시 일본군의 요청에 따라 설치되었고, 위안소의 설치관리 및 '위안부'의 이송에 일본군이 직접 혹은 간접적으로 관여했고, 한반도에서의 모집·이송·관리 등도 감언·강압에 의한 것으로 총체적으로 본인들의 의사에 반하여 실시되었으며, 위안소에서의 생활은 강제적인 상황하에서 처참한 것이었다고 인정했다. 아베 신조[安倍晋三] 총리도 당시 군의 관여하에 다수 여성의 명예와 존엄에 깊은 상처를 낸 문제라는 것을 인정하고 사죄와 반성을 표명했다.

그런데 이것을 일본군과 정부의 계획적인 범죄가 아닌 모집업자와 부모의 문제로 축소시키는 주장이 다시 제기되고 있다.

이 책의 발간 목적은 일본군'위안부' 동원 및 위안소 설치 · 관리가 일본군과 정부의 주도하에 이루어졌고 그 과정에서 불법행위가 자행되었다는 사실을 공문서를 통해서 명확하게 밝히는 것이다. 공문서뿐만 아니라 피해자의 용기 있는 증언 역시 일본군의 범죄를 밝힐 수 있는 매우 중요한 자료다. 하지만 책의 분량을 감안하여 증언은 게재하지 않았다. 피해자 증언이 이미 단행본으로 발간되었고, 증언 일부를 발췌하는 것이 증언이 갖는 의미를 훼손할 우려가 있기 때문이다.

이 책에서는 일본군과 정부의 책임을 물을 수 있는 핵심적인 공문서를 선별하여 번역했다. 연합군이 생산한 공문서에도 일본군'위안부' 관련 실태가 드러나 있는데, 「심리작전반 일본인 포로 심문보고 49호」는 여성가족부의 연구용역 결과물을 활용했다. 국사편찬위원회도 2017년부터 『일본군 '위안부' 전쟁범죄 자료집』을 시리즈로 발간했다. 일본군'위안부'에 대한 연합군 문서의 자세한 현황은 국사편찬위원회 홈페이지에서도 확인할 수 있다.

공문서는 가능한 한 문서 전체를 게재하고 번역하고자 했으나, 분량이 많은 경우에는 직접 해당하는 부분을 중심으로 번역했다. 그리고 하나의 문서에 '위안부' 모집과 이송, 위안소 설치 · 관리가 전부 포함되어 있을 때는 특히 관계가 깊은 주제에 일괄적으로 넣었다.

이 자료집은 1990년대 이후 연구와 자료 수집 성과를 토대로 한 것이다. 이름을 한 명 한 명 밝히지는 않으나 그동안 일본군'위안부' 문제 연구와 자료 발굴을 위해 힘써 오신 모든 연구자와 활동가들에게 경의를 표한다. 일본 문서의 번역 작업에는 유지아(원광대) 선생님, 최종길(원광대) 선생님 중국 당안관 문서는 난징에 거주하시는 신경란 선생님이 참여했다. 해제 중 헤이룽장성과 상하이 문서는 한혜인(아시아평화와역사연구소) 선생님이 도움을 주었다. 감수는 동북아역사재단 남상구 선생님이 해 주었다. 협력해 주신 모든 분께 감사드린다.

2020년 5월

조윤수

목차

▌ 일본군'위안부' 문제 자료집(1) – '위안부' 동원과 위안소 설치 ▌

Ⅰ. '위안부' 모집과 이송

II. 위안소 설치

Ⅲ. 위안소 운영

Ⅳ. '위안부' 범죄 처벌

일러두기

* 이 책에 부분적으로 수록한 문서의 전체 원문은 동북아역사재단 역사넷(http://contents.nahf.or.kr/), 여성들의 전쟁과 평화 자료관(http://wam-peace.org), 국사편찬위원회 전자도서관(library.history.go.kr/)에서 확인할 수 있다.
* 원문의 먹칠된 부분은 ■로 표시했다.
* 원문 해독이 불가능한 글자는 □로 표시했다.
* 외국어(일본어, 중국어)의 한국어 표기는 외래어 표기법을 기준으로 했으며, 독자의 이해를 높이기 위해 일부 한자식 독음을 사용한 것도 있다.
* 일본 문서에 일본식(가타가나)으로 표기된 동남아시아의 국가명과 지명은 현재의 현지 지명으로 표기했다.
* 일본식 한자, 차별이나 폄하의 뜻을 내포한 단어의 경우라도 역사적 사실을 생생하게 보여주기 위해 그대로 사용했다. 이에 해당하는 용어와 그 의미는 다음과 같다.
  - 지나 : 중국
  - 부녀, 부녀자 : 여성
  - 도항 : 다른 국가로 이동하는 것(입국, 출국)
  - 내지인 : 식민지 조선과 타이완을 제외한 일본인
  - 방인 : 일본인
  - 방국 : 일본
  - 도래(渡来) : 건너옴(입국)
  - 도지(渡支) : 중국으로 건너감(출국)
  - 주보 : 군대의 물품판매소
  - 토인 : 현지 주민
  - 가시자시키[貸座敷], 가시세키교[貸席業], 조로야[女郎屋] : 성매매 업소
  - 여급(女給), 여중(女中), 나카이[仲居] : 여급은 카페나 레스토랑에서 일하는 여성 직원, 나카이는 여관과 요정에서 일하는 여성 직원, 여중은 집에서 일을 도와주는 사람이나 점령지에서 사용된 '여급'. '나카이', '여중'은 일본군'위안소'에서 일하는 여성도 있었음.
  - 삿쿠 : 콘돔
  - 검징 : 성병검사
  - 선인(鮮人) : 조선인
* 각주의 스즈키 자료집은 鈴木裕子/山下英愛/外村大 編, 2006, 『日本軍「慰安婦」関係資料集成』, 明石書店을 의미한다.

해제

일본군'위안부' 문제 자료집

조윤수 · 남상구 | 동북아역사재단 연구위원

Ⅰ. '위안부' 모집과 이송

가. 개요

일본의 아베 신조[安倍晋三] 총리를 비롯하여 일본군'위안부' 강제동원을 부정하는 사람들이 내세우는 것은 군과 관헌에 의한 강제연행을 입증할 문서가 없다는 것이다. 여기에는 강제연행만 아니면 그 외의 관여는 문제가 되지 않는다는 인식이 깔려 있다. 따라서 일본군과 정부가 '위안부' 모집과 이송에 어떻게 관여했는지는 묻지 않는다. 불법행위가 있다하더라도 그것은 모집업자의 문제로 치부한다.

일본군'위안부' 동원은 크게 일본과 식민지, 점령지로 나누어 볼 수 있다. 일본과 식민지에서의 '위안부' 동원은 민간업자를 통해서 모집하는 경우가 일반적이었다. 민간업자를 통한 모집의 경우에도 일본군과 정부의 철저한 통제와 협조하에 이루어졌다. 이송 역시 마찬가지였다. 점령지에서는 군이 직접 나서는 사례도 있었다. 이 장에는 전자와 관련된 문서를 실었다. 후자와 관련된 문서는 Ⅳ장에서 다루었다.

이 책에 실은 문서는 일본군과 일본 정부가 '위안부'를 모집하고 이송하기 위해 구체적으로 어떻게 협력했는지를 보여준다. 구체적인 사례를 보면 다음과 같다. 먼저 상하이[上海] 일본총영사관이 위안소 설치를 결정하고 일본에서 모집할 지역의 경찰서와 관계기관에

'위안부' 모집에 대한 편의 제공을 요청했다([문서 1]). 그런데 모집과정에서 문제가 발생했고 각 지역에서는 이 문제를 내무성에 보고했다([문서 2]~[문서 4]). 이 보고를 토대로 내무성은 경보국장통첩([문서 4])을 작성 · 지시했다. 육군성은 이를 토대로 부관통첩의 형식으로 파견군 사령부에 모집방법 등에 대한 지시를 내렸다([문서 6]). 그 결과 일본군과 내무성의 '위안부' 모집과 이송을 위한 협력 체계는 정착되었다([문서 10]). 그리고 육군성과 현지 부대와도 '위안부' 모집과 이송을 위한 협력 체계가 구축되었다([문서 18]).

중국으로 동원되는 '위안부'는 규정에 따라면 21세 이상으로 신분증명서를 발급받아야 했다. 하지만 편법으로 21세 미만의 여성이 동원되기도 했다([문서 7]~[문서 9]). 일본에서 발생했던 모집과정의 문제는 조선에서도 발생했다([문서 19]).

중일전쟁 이후 중국으로의 이동이 제한되어 있음에도 불구하고 '위안부'의 경우 적극적으로 편의가 제공되었다([문서 11]~[문서 17]).

나. 모집[1)]

[문서 1]을 보면, 상하이 일본총영사관은 1937년 12월 중순 육군 무관실, 헌병대와 협의하여 군위안소를 설치하기로 결정하고 구체적으로 업무를 분담했다. 위안소 설치는 육군 무관실과 헌병대의 합의만으로 가능한 것은 아니고 보다 상급 기관인 중지나방면군 사령부에서 결정한 것으로 판단된다. 영사관은 위안소 영업자 허가와 이동 편의, 그리고 이들의 신분 보장에 관한 업무를 담당했다. 헌병대는 영사관에서 인계받은 여성들의 수송을 맡았으며, 무관실은 도착한 '위안부'들을 각 부대별로 배치하고 성병검사를 하기로 했다. '위안부' 모집은 민간인 모집업자를 일본에 보내서 하기로 했다. 업자에게는 상하이 일본총영사관에서 신분증명서를 발행했다. "이미 가업부녀(작부) 모집을 위해 본국 내지 및 조선 방면으로 여행 중인 자가"라는 문구에 보이듯이 조선도 모집 대상이었다. 그러나 이들이 조선에서 어떻게 모집했는지를 보여주는 문서는 발견되지 않았다. 총영사관은 해당 지역 경찰서에 '위안부' 모집과 이송을 위한 편의 제공을 의뢰했다.

그런데 군과 상하이 총영사관의 의뢰를 받은 모집업자들이 각 지역에서 '위안부'를 모

1) 해제 작성 시 永井和의 「陸軍慰安所の創設と慰安婦募集」(『二十世紀研究』 創刊号, 2000)을 참고로 했다.

집하는 과정에서 문제가 발생했다. [문서 2]는 야마가타[山形]현 지사가 내무대신, 육군대신, 경시총감, 각 청부현(廳府縣) 장관에게 보낸 것이다. '위안부' 모집과 관계된 모든 기관에 보냈다고 할 수 있다. 현 경찰서는 군부의 방침으로 업자가 '위안부'를 모집하는 것은 믿기 어려우며, 이런 일이 공공연하게 유포되면 후방의 일반 민심에 나쁜 영향을 미치고, 일반 부녀의 인신매매를 방지하는 정신에 위배된다고 생각하여 소개업자를 훈계하고 모집을 단념시킨다. [문서 3]은 와카야마[和歌山]현 지사가 내무성 경보국장에게 보낸 문서다. 문서 제목의 '시국이용 부녀 유괴 피의사건에 관한 건'에 나타나 있듯이 와카야마현에서 '위안부'를 모집하던 업자 3명이 유괴혐의로 체포된 사건에 관한 것이다. 오사카[大阪]부 구죠[九條]경찰서와 나가사키[長崎]현 외사과에서 이 3명의 편의를 봐준 사실이 드러났으나, 이를 신용하지 않고 직접 조회를 했다. 나가사키현 외사과는 2017년 12월 21일 상하이 일본총영사관 경찰서장의 의뢰를 받아 합법적인 고용계약이 인정되는 자만 중국으로의 이동을 인정했다고 답변했다. 그리고 의뢰를 받은 문서([문서 1])를 첨부했다. 오사카 구죠경찰서도 내무성에서 비공식적인 의뢰를 받아 편의를 제공했으며, 체포된 자의 신원이 확실하다고 답장했다. [문서 4]는 미야기현 지사가 내무대신과 각 청부현 장관, 관하 각 경찰서장에게 보낸 문서로, 미야기현 주선업자에게 상하이파견군 내 육군위안소 작부 모집 의뢰가 왔으나 무시했다는 사실을 전하며 각 경찰서에서 주의를 주고 있다. 군의 지시로 '위안부'를 모집하는 것이 당시 사회 통념으로도 용인되지 않았다는 사실을 보여준다.

이렇게 각 지역에서 '위안부' 모집을 범죄로 취급하는 문의를 받은 내무성은 '위안부' 모집 업무는 확실히 필요한 것이라는 내무성의 입장을 전달하고, 업무 협력의 통일성을 기하기 위해 경보국장 명의로 '지나 도항 부녀의 취급에 관한 건'을 작성한다([문서 5]). 이 문서는 '위안부'를 중국으로 보내는 것은 필요하기 때문에 경찰 당국에서 실정에 적합한 조치를 강구하여야 한다며 그 기준을 제시한다. 현재 창기, 기타 사실상 추업을 하고 있는 만 21세 이상의 자가 대상으로, 경찰서에 출두하여 신분증명서 발급을 신청하도록 했다. 그리고 군의 양해를 얻었다는 등의 발언은 엄중하게 단속할 것을 지시했다. 육군도 부관이 북지방면군가 중지파견군에서 통첩([문서 6])을 보내 '군부의 양해 등의 명의를 이용하여 군의 위신을 손상'시키거나, '모집 방법이 유괴와 비슷하여 경찰 당국의 취조'를 받는 자가 있어 주의가 필요하다며, 군의 위신이 손상되지 않도록 파견군에서 모집을 통제하여 '인물 선정을 주도적절하게' 하고 관계 당국, 즉 지역 경찰이나 헌병과의 관계를 긴밀히 하라고 지시한다. 이 두 문서는 '위안부' 모집이 합법이라는 것을 밝히면서도 군과 위안소의 관계는 은폐하라고 지시하고 있다. '위안부' 모집은 군과 내무성, 지방 경찰과 헌병이 긴밀히 협력하면서 추진했던 것이다.

[문서 10]은 '위안부' 모집과 이송을 위한 업무 분담이 체계적으로 이루어졌음을 보여준다. 다음은 남지나파견군이 요청한 '위안부' 4백 명의 모집 · 이송 과정을 정리한 것이다.

	업무	주체	내용
1	모집 의뢰	남지파견군 후루쇼부대 참모, 육군성 징모과장	내부성에 남지나파견군 위안소 설치를 위해 필요한 여성 4백 명 모집 의뢰
2	모집 방법	내무성, 지방청, 군	내무성과 지방청에서 편의를 제공하여 인솔자를 선정하여 모집, 비밀리에 모집 *인솔자는 현지에서 군위안소를 운영하는 자
3	모집 인원 할당	내무성	오사카 1백 명, 교토 50명, 효고 1백 명, 후쿠오카 1백 명, 야마구치 50명
4	인솔자 선정	내무성, 지방청	각 지방청에 은밀히 정당한 인솔자(포주)를 선정하여, 이들이 여성을 모집하여 현지로 보내도록 조처, 편의상 관계 방면에서 추천하여 인솔자의 자발적 희망에 의한 것으로 하며, 희망자가 있을 경우, 인솔자의 인적 사항과 예정 '위안부' 수를 은밀하게 내무성에 통보
5	인솔 인원	내무성	인솔자 1명당 10명에서 30명
6	모집 대상	내무성	창기 등 사실상 추업에 종사하는 자로, 만 21세 이상이고 신체 건강한 자 *신분증명서 발급 전에 건강진단서 제출
6	연락 담당	참모본부 제1부 제2과 이마오카 소좌 현지는 군사령부 미네키 소좌	관련 사항 연락
7	인솔허가증 교부	후루쇼부대 본부	남지나파견군에 대한 것을 일괄하여 교부
8	이송 방법		일본에서 타이완까지는 인솔자 비용으로 은밀하게 연행, 타이완에서 현지까지는 어용선을 이용
9	출항	내무성, 지방청	편의 제공
10	예방주사, 건강진단	현지 군 당국	예방주사 접종 및 건강진단 실시
11	계약내용, 현지 여성 보호	현지 군 당국	선금(전차금)을 제외한 일체의 사항은 현지 군 당국의 지시에 따를 것
12	위안소 장소	현지 군 당국	군에서 선정
13	위안소 경영	인솔자	군에서 지휘 감독

모집 의뢰, 인솔자 선정, '위안부' 모집, 출항은 육군성, 현지 군 당국(파견군), 내무성, 지방청이 긴밀하게 협조하면서 추진되었다. 민간업자는 군과 정부의 지시를 충실하게 이행한 것에 불과했다. 즉 '위안부' 모집과 이송의 주체는 군과 정부였던 것이다.

[문서 18]은 타이완군과 육군성이 연락한 문서로 '위안부' 남방(보르네오) 이송에 관한 것이다. 남방총군이 보르네오로 갈 '위안부' 50명을 파견할 것을 타이완군에 요청했다. 타이완군은 헌병이 조사 선정한 경영자 3명(주거지 일본 2명, 조선 1명)의 도항을 인정해 달라고 육군성에 요청하고, 육군성은 이를 인정한다. 그리고 '위안부' 50명을 파견했으나 인원이 부족하여, 오카[岡]부대에서 발급한 초청인가증을 갖고 타이완에 들어 왔으니 '위안부' 20명을 더 보내는 것을 인정해 달라고 육군성에 요청한다. 그리고 소수의 보충 교대 증원 등에 대해서는 적절히 처리하겠으니 양해해 달라고 요청한다. '위안부' 모집과 이송이 육군성과 현지 부대와의 긴밀한 협조 가운데 이루어졌음을 보여준다.

만 21세 이상이 모집 대상이었다고 하나, [문서 2]는 업자가 모집 대상을 16세~30세라고 했다고 기록하고 있다. 그리고 [문서 7]~[문서 9]를 보면, 실제로 21세 이하도 포함되어 있었다. [문서 7]은 재산하이관[山海關] 부영사가 외무대신에게 보낸 문서로, 중국에 온 후의 직업을 속여서 관할 경찰서에서 신분증명서를 발급받은 것으로 추정된다며, 행선지에서의 직업을 고려하여 증명서를 발급해야 한다고 보고한다. [문서 8]은 재베이징[北京] 총영사가 외무대신에게 보낸 문서로, 광고나 주선인의 감언에 넘어가 베이징에 왔다가 실상과 달라 곤란에 빠진 경우가 있다며, 베이징의 요리점은 가시세키[貸席]업과 마찬가지로 예기, 작부 영업을 하며, 예기의 대부분은 예기와 창기를 겸하고, 작부는 내기의 창기와 마찬가지라고 지적한다. 즉 요리점에서 일한다거나 예기를 한다고 증명서를 발급받았으나, 중국에 와서는 성매매를 한다는 것이다. [문서 9]는 외무성 조약국장이 중국 현지의 정보를 토대로 작성하여 내무성 경보국장에게 보낸 문서다. 이 문서는 "내지에서 추업에 대한 신분증명서를 발급받기 어려운 자는 일단 조선 또는 만주로 건너가 북중국에 거주하고 있는 지인, 동업 관계자에게 부탁해 불러달라고 하는 자가 적지 않다. 연령 등 단속에 의해 증명서를 발급받기 어려운 자는 여급(女給), 여중(女中) 신분증명서를 발급받은 후 추업에 종사하는 자가 있다"고 지적한다. 즉 직업을 속여 연령 제한을 피한 사례가 있음을 말해 준다. 그리고 현지에서는 일본 경찰서에서 발급받은 신분증명서가 있으면 입국을 거부할 수 없기 때문에 증명서 발급에 주의해 달라고 요청하고 있다.

조선에서 '위안부'가 어떻게 모집되었는지는 연합군이 남긴 「심리전 작전반 일본인포로 심문보고 49호」([문서 19])를 통해 추측할 수 있다. 이 보고서는 버마(미얀마)의 미치나(Myitkyina) 지역에서 포로가 된 일본인 2명과 조선인 '위안부' 20명을 심문한 내용인데, 이들은 조선에서 동원되었으며 대부분이 업자들의 감언이설에 속아서 미치나까지 오게 되었다고 기술하고 있다. 보고서는 이들이 '병원에 있는 부상자를 찾아가 붕대를 묶어주고 일반적으로 병사들을 편안하게 하는 일과 관련되어 있을 것이라고 다들 생각'했으며, 몇백 엔이 선금으로 주어졌고, 6개월에서 1년까지의 기간 동안 '가정부'의 일을 하기로 되어 있었다고 기록하고 있다. 명백한 감언이설에 의한 동원이었다.

다. 이송

1937년 7월 중일전쟁 이후 일본에서 중국으로의 이동은 엄격하게 제한되었다. 따라서 '위안부'를 중국으로 이송하기 위해서는 현지 총영사관과 외무성, 내무성, 군이 협력할 필요가 있었다.

[문서 11]~[문서 13]은 일본군의 한커우 침략 후 '위안부' 중국 이송과 관련하여 재상하이 총영사, 재한커우(漢口) 총영사와 외무성이 연락한 문서다. [문서 11]은 재상하이 총영사관이 외무성으로 보낸 문서다. 한커우로 가려는 일본인은 '군수(軍需)의 충족과 부흥의 촉진을 주안점으로 하여 당분간 통제한다'는 원칙을 세웠는데, '단, 군대 위안소 개설을 위해 진출하는 자'는 제한하지 않기로 하고 있다. 그리고 한커우 방면 통행허가증은 군사상 필요에 따라 군대에서 발행 교부하거나 육해군 특무부에서 발행했다. 즉 군의 허락 없이는 이동 자체가 불가능했다. [문서 12]는 한커우에 주둔하는 가가와(香川)현 아마야부대가 개설한 군위안소로 여성 50명을 모집하여 이송하겠다며 중국 도항 허가를 현청에 신청하는 자가 있어 이를 인정했는데, 이에 대한 의견을 보내달라는 내용이다. 군이 총영사관에 의뢰하여 '위안부' 신분증명서를 발급해야 하는데 이 과정을 생략해서 문제가 발생한 것이다. [문서 13]은 이것에 대한 답변으로, '위안부'를 데려오는 것은 허가제를 취하고 있는데, 아마야부대는 군에서 정식 절차를 밟지 않았으나 동 부대에서 초치를 준비했다는 것을 이유로 이를 인정했다. 그리고 군도 '위안부'는 영사관 감독하에 취업시킨다고 했다며 인솔자가 한커우에 도착하면 영사관에 출두할 것을 요청했다. 정식 절차를 밟지 않았음에도

'위안부' 이송을 인정했던 것이다.

[문서 14]~[문서 16]는 도항 사유증명서 발급이 불가능한 경우 '위안부' 이송을 논의하기 위해 외무성과 타이완총독부 외사부장이 연락한 문서다. [문서 14]는 외사부장이 외무성에 보낸 문서로, 영사관이 없는 지역으로 가서 군위안소에 종사하는 자는 영사관에 도항 사유증명서를 받는 것이 불가능하므로 육해군 측의 증명서를 근거로 신분증명서를 발급해도 괜찮은지를 문의한 것이다. [문서 15]는 외사부장이 외무성에 보낸 문서로, 외무성에서 육해군 측의 증명서를 근거로 영사관 경찰서에서 도항 사유증명서를 받아야 한다는 지시가 있었으나, '본건 위안소 종업원 도항은 서두를 필요'가 있어서 특별히 본건에 한해서 허가해야 한다고 가오슝 주지사에게 회답했다는 내용이다. 가오슝 주지사는 외사부장에게 '특종 영업에 취업하고 있는 경우에는 소속 부대장 혹은 관할 헌병대장이 발급한 증명서에 근거하여 도항시키는 것이 가장 실제적인 처리'라고 생각한다며 회답을 요청했었다. [문서 16]은 외사부장이 가오슝 주지사의 문의에 회답한 문서로, 위안소 종업원 도항은 긴급하고 주지사의 의견이 타당하므로 하야시 부대장이 발급한 증명서를 토대로 도항 증명서를 발급해도 좋다는 내용이다.

[문서 17]은 중국으로 이동하는 일본인(조선인, 타이완인 포함)의 잠정처리에 관한 문서다. 일본인이 중국으로 가는 것은 '극력 제한하는 것이 적절하고 긴요하다'는 것을 전제로 구체적인 방안을 제시하고 있다. 다만 '위안부'와 관련해서 여성(예기, 작부, 여급 등)을 고용하기 위해 일시 귀국한 경우 영사관 경찰서에서 중국 거주 영업자에게 발급한 증명서에 명기된 고용 인원수만큼의 여성에게 해당하는 여성은 중국 도항 신분증명서를 발급한다고 되어 있다.

Ⅱ. 위안소 설치

가. 개요

일본군이 중국과 동남아시아를 침략하는 과정에서 일본 군인이 저지른 현지 여성 강간이 커다란 문제가 되었다. 현지 주민 불만으로 인한 치안 불안정과 군 질서의 혼란은 전쟁수행과 직접 관련된 문제였다. 그리고 전쟁이 장기화되면서 상관에 대한 반항도 문제가 되었다. 일본군은 이 문제를 해결하기 위해, 즉 강간을 줄이고 병사들의 사기를 고양할 목적으로 군이 관리하고 통제하는 위안소를 만들었다.

이 책에 실은 문서는 일본군이 위안소를 설치한 배경과 목적, 그리고 구체적인 설치 과정을 보여준다. 일본군은 위안소를 병참시설의 하나로 만들었는데 그것을 가능하게 한 것이 1937년 9월의 야전주보규정 개정이다([문서 1]). 위안소 설치 목적은 성병의 적극적인 예방([문서 2]), 강간 방지를 통한 현지 주민들의 반일의식 약화([문서 4], [문서 16], [문서 17]), 상관 폭행 등 군기 문란 해소([문서 3], [문서 19])였다.

동원된 '위안부'와 위안소 규모를 파악할 수 있는 자료는 단편적으로 남아 있다([문서 3], [문서 5], [문서 18]).

위안소는 현지 상황을 고려하여 설치되었는데, 일본 점령지인 상하이([문서 6]~[문서 11])와 만주국 쑤이양([문서 12]~[문서 15])의 사례를 게재했다.

나. 위안소 설치 목적

[문서 1]은 나가이 가즈[永井和] 교토대 교수가 발굴한 문서로 군의 야전주보(물품판매소)에 위안시설을 설치할 수 있음을 명기한 것이다. 1937년 7월 중일전쟁 직후 일본군은 현지 부대가 위안소를 설치할 수 있는 법적 근거를 정비했다. 야전주보규정의 개정 목적은 주보에 '위안시설'의 설치를 가능하게 하는 데 있었다. 개정 규정에 첨부되어 있는 '야전주보규정 개정 설명서'(경리국 의량과(衣糧課) 작성, 1937.9.15)에는 개정 이유를 "야전주보 이용자의 범위를 명료하게 하여 대진(對陣) 중에 위안시설을 설치할 수 있도록 하는 것도 인정할 필요가 있었기 때문이다"라고 명시하고 있다. 야전주보규정 개정을 근거로 각 부대는 위안소를 조직적으로 설치했다.

[문서 2]는 당시 육군 군의였던 아소 데쓰오[麻生徹男] 소위가 작성한 것으로 군인들의 성병 방지대책 보고서다. 이 보고서는 위안소 관리 규정을 만들 때 기초로 활용되었다. '위안부'로 동원된 여성 중 일본인은 대부분 20~40세이고 매춘업에 종사하는 자가 많아 성병에 걸린 적이 있거나 걸려있는 자가 많은데, 조선인의 경우에는 연령이 낮고 성경험 자체가 처음인 경우가 많다고 분석한다. 해외의 사례를 통해 여성이 나이가 어릴수록 병사가

성병에 걸리지 않는다며 이런 여성들이 '위안부'로 동원되어야 한다고 주장한다. 결국 성병 방지가 목적이라면 조선인과 같이 나이가 어려야 한다는 것이다. 피해자 증언에 따르면 조선인 피해자의 경우 20세 미만이 많았다. 이 보고서와 무관하지 않다고 할 수 있다. 그는 위안소를 장려하지는 않았고 필요악으로 보았는데, "군용 특수위안소는 향락의 장소가 아니며 위생적인 공동변소"라고 평가한다.

보고서는 성병 대책으로 군에서 성병검사를 최대한 자주 철저히 실시할 것, 창부의 질적 향상으로 기하고 사창에 대한 경계도 철저히 할 것, 성병에 걸린 자들은 곧바로 격리시킬 것, 음주가 성병에 취약하니 음주를 절제할 것, 콘돔 사용을 의무화할 것, 성교 후에 세척과 소독을 철저하게 할 것 등을 제시했다. 이 내용은 각 부대의 위안소 규정에 반영되었다.

[문서 4]는 북지나방면군 참모장 오카베 나오자부로[岡部直三郎]의 통첩으로, 중국 점령지에서 치안회복이 늦어지는 이유에 대해 약탈 강간 행위로 점령지 국민들이 죽음을 각오하고 보복하고 있다는 점을 들고 있다. 따라서 점령지에서 군인의 개인 행위를 엄중히 단속하고 신속히 성적 위안설비를 갖추는 것이 필요하다고 지시한다. [문서 16], [문서 17]은 육군 군의였던 긴바라 세쓰조[金原節三]가 작성한 업무일지의 주요기록이다. 동남아 지역에서 일본군의 강간사건이 많이 발생하는데, 이 지역은 회교도가 많아 정조관념이 강하기 때문에 여성들이 강간을 당하게 되면 일반인들이 일본군에게 보복하려 할 것이고, 일본군에 대한 불신을 조장하여 결국 치안유지도 어렵기 때문에 위안소 설치가 필요하다는 내용이다.

[문서 3]은 육군 군의였던 긴바라 세쓰조가 작성한 업무일지의 주요기록이다. 긴바라는 병사들 간의 싸움, 상관 폭행이 매일 1건의 비율로 발생하는데 이를 방지하기 위해서는 물적·심적 위안 후생대책에 대한 근본적인 대책이 필요하다고 주장한다. [문서 5]는 육군성 부관 가와하라 나오이치[川原直一]가 교육 참고용으로 송부한 문서로, 위안시설에 주도면밀하게 배려를 하여 살벌한 감정과 정욕을 완화 억제하는 것이 필요하다고 주장한다. 성적 위안소에서 받는 병사의 정신적 영향은 가장 솔직하고 크다며, 이에 대한 지도 감독의 적절 여부는 사기의 진흥, 군기의 유지, 범죄와 성병 예방 등에 크게 영향을 미친다는 점을 염두에 두어야 한다고 지적한다. [문서 19]는 해군항공기지 제2설영반 야베[矢部]부대 자료로, 해군기지 정비 기간이 길어지면서 스트레스로 인해 일본인들끼리 서로 분쟁이 발

생했는데, 주계장의 조치로 원주민 여자를 모아 위안소를 개설한 것이 기분 완화에 매우 효과적이었다는 기술이 있다. 주계장은 일본 총리가 된 나카소네 야스히로[中曽根康弘] 주계 중위였다.

일본군의 사기 진작과 군기 유지, 병사들의 심리 안정, 강간 방지를 통한 치안유지를 위해서는 위안소가 필요하다는 주장이다. 여성들의 성을 전쟁의 효율적 수행을 위한 도구로 보았던 것이다.

[문서 3]을 보면 긴바라는 성병 예방을 위해서는 100명당 1명의 비율로 '위안부'가 필요하다고 주장한다. 재칭다오 총영사가 외무대신에게 보낸 '지나 도항 부녀 단속에 관한 건'(1938.6.29)에는 육군은 병사 70명에 대해 1명 정도의 작부가 필요하다는 의향을 가지고 있다는 기록이 있다. [문서 18]에는 은상과장이 장교 이하 위안시설을 북중국 100개, 중중국 140개, 남중국 40개, 남방 100개, 남해 10개, 사할린 10개, 계 400개 만들겠다고 한 것이 기록되어 있다. 피해자 전체 규모를 파악하기 위한 하나의 근거라 할 수 있다.[2)]

다. 위안소 설치 사례[3)]

점령 지역 특히 중국에서 일본군의 위안소 설치와 성 관리 대책이 이 지역 행정기구와 어떻게 연관되었는지를 잘 보여주는 것이 상하이 당안관에 소장된 문서다. 지역에 따라서는 일본군이 괴뢰정부를 만들고 이들의 협력을 받아 위안소를 설치하고 운영하는 경우도 있었다. [문서 6]~[문서 11]은 상하이 위안소 설치에 일본군과 상하이특별시 경찰조직이 어

---

2) 일본군 총수와 병사 1명당 '위안부' 수를 근거로 한 '위안부' 총수에 대한 연구자들의 주장은 다음과 같다.

연구자명	발표 연도	병력 총수	'위안부' 비율	교대율(%)	'위안부' 총수
하타 이쿠히코	1993년	300만 명	병 50명에 1명	1.5	9만 명
	1999년	250만 명	병 150명에 1명	1.5	2만 명
요시미 요시아키	1995년	300만 명	병 100명에 1명	1.5	4.5만 명
			병 30명에 1명	2	20만 명
쑤즈량	1999년	300만 명	병 30명에 1명	3.5	36만 명
				4	41만 명

3) 상하이와 쑤이양의 위안소 설치 사례 해제는 한혜인 선생님(아시아평화와연구소)의 도움을 받았다.

떻게 연관되어 있는지를 밝히는 자료다. 다소 중복되는 내용도 있으나 당시 상황을 보여주기 위해 가능하면 그대로 게재했다.

[문서 6]은 상하이특별시 자베이[閘北]경찰서장이 경찰국장에 보낸 공문으로, 아키야마[秋山] 지도관이 홍커우[虹口] 자베이구 위안소 조합을 설립하고, 그 관리를 위해 조합으로 하여금 위안소 임시규약과 위안소 등기신청서, 기녀 등기신청서를 만들어 영업활동을 하고 있고, 경찰서장이 이를 감독하고 있음을 보고한 것이다. 위안소 관리 임시규약, 위안소 영업 등기신청서, 기녀 등기신청서, 조합회 직원 명단이 첨부되어 있다. 이 문서의 마지막에 지도관리소 명의의 일본어 보고문이 들어있는 것으로 보아 이는 다시 일본군에 보고되었다고 추측할 수 있다.

[문서 7]은 상하이특별시 자베이경찰서장이 경찰국장에 보낸 공문으로, 자베이구 위안소 조합회 회원과 직원 명단을 보고한 것이다. 경찰국장과 일본 특무 고문실의 지령, 아키야마 지도관의 지시 내용이 문서에 포함되어 있다. [문서 8]은 일본 해군 무관부 상하이 부흥부에서 작성한 문서다. 상하이 방역위원회의 허가를 받아 홍커우 평강복리회 설립을 허가하여 중국인 및 제3국인 사창을 통제하는 공인기관으로 하고, 위안소 조합도 흡수한다는 내용이다. [문서 9]는 평강복리회 희망사항으로, 본회를 사창 통제 공인단체로 인정해야 하며, 위안소 조합회는 비합법적이라 해체되어야 하며, 조계 헌병대가 허가한 윤락업소도 해체되어야 한다는 내용이다. 중국어 번역본도 첨부되어 있다. 상하이특별시 시정부 위생국 위생과장이 시정부 위생국장에게 평강복리회에 대해 설명하는 메모도 포함되어 있다. 일본 해군 부흥부와 평강복리회 대표 오타니 가이에이[大谷冠櫻]가 상기 내용을 지시했는데, 경찰국의 허가를 얻어 처리해야 하고 위생국에 정식 공문을 제출해야 한다고 전달했다는 내용, 국장이 사사이[笹井] 중장의 의견을 구하라고 했는데 사사이는 방역위원회 간부들의 의견을 구하자고 했다는 기록이 있다. 이 요청에 따라 자베이경찰분국과 상하이특별시 경찰국 연락관은 상하이방역위원회의 분과회의(참석자 : 사사이 중장, 다나카[田中] 중장, 오우치[大内] 흥아원 기사, 이데모토[出本] 조사관, 에노모토[榎本] 해군육전대 군의장, 노보리[登]부대 군의부장, 안도[安藤] 군의관, 아마노[天野] 해군 군의 중좌, 다카하마[高濱] 해군 군의 중좌, 일본인 의사공회 부회장, 일본영사관 가타오카[片山], 상하이시 시정부 위생국 우야오동[吳耀東] 등 10명)를 개최했다. 여기에서 평강복리회 설치를 인정했다.

사사이 중장은 '위안소 명칭과 일본군 위안소 명칭이 혼동되어 사병이 잘못 알 수 있으므로 시정부 조합은 위안소 명칭을 사용할 수 없다'고 지시한다. 그리고 이미 해군이 평강복리회를 허가하여 시정부에 공문을 보냈으므로 해군의 의견을 존중해야 한다고 주의를 준다.

[문서 10], [문서 11]은 상하이특별시 시정부 위생국에서 경찰국에 보낸 공문으로, 일본 해군 부흥부가 사창 문제는 평강복리회에 일임하는 것을 허가하자 그 후속조치를 논의한 것이다. 일본 특무기관에도 의견을 조회하여 첨부했다.

상하이특별시정부는 해당 부처와 회의를 거쳐, 일본 해군의 뜻을 존중하여 해군에서 원하는 대로 시행하고, 이 평강복리회에 드는 비용은 상하이시정부가 부담하기로 결정했다. 평강복리회의 대표는 경찰국의 감독을 받아야 하며, 경찰국은 해군 부흥부에 그 결과를 보고하여야 한다고 정하였다. 그러나 초기에는 당분간 해군 부흥부에서 직접 감독할 것이라고 정하고 있다. 다만, 상하이시정부 위생국과 경찰국에서도 지휘 감독하여 시정부의 주권을 유지하고 정령에 부합하도록 해야 한다고 했다.

상하이를 점령한 일본군은 초기에는 중국인 민간단체인 위안소 조합이 정한 '위안소 임시규약'을 정비하여 비합법적이고 편법적으로 관리하다가, 상하이특별시정부를 이용하여 점차적으로 제도화해 나갔다. 1941년 상하이 전 지역을 점령해 가면서, 대부분이 일본군인과 관료로 구성된 상하이방역위원회를 통해 '창기취체규칙'과 더불어 평강복리회를 설립하고, 관리도 일본인이 주도적으로 할 수 있도록 제도화했다. 이와 같이 일본군이 주둔하고 있는 지역에서 일본군이 직접 설치하는 일본군 위안소 이외에도, 현지 사창을 관리감독하여 일본군 위안소를 보다 '일상적 제도' 속으로 편입시켰다.

한편 일본군이 보다 직접적으로 관여한 사례도 있다. [문서 12]~[문서 15]는 헤이룽장성 당안관이 소장한 문서다. 위안소가 개설되기까지, 국경경찰대와 영사관, 헌병대가 업무를 분담하여 수행하는 과정, 즉 각 지역의 국경경찰대가 정보를 수집, 보고하여 영사관의 특무기관인 무관실에서 위안소를 개설하고 헌병대가 관리하는 과정이 잘 나타나 있다.

[문서 12]는 1941년 10월 20일 쑤이양[綏陽] 국경경찰대 한충허[寒葱河] 대장이 국경경찰대 쑤이펀허[綏芬河] 대장에게 보내는 문서다. 한충허구 난텐먼[南天門] 대장이 한충허 대장에게 보고한 내용을 다시 쑤이펀허 대장에게 보고한 것이다. 일본군 전용 위안소를 만들기 위해 농경이민단 숙소 2동을 빌릴 예정이며, "일본군 대륙 파견부대 전용 위안부로 조선에서 모집한 조선인 여성 2천 명 중 약 10명이 난텐먼"으로 왔다는 내용이다. [문서 13]은

1941년 10월 23일자 문서로, 일본군이 위안소 예정지에 실사 나온 것을, 경위보가 쑤이펀허 경찰대장에게 보고한 것이다. 중국어 번역문이 첨부되어 있다. 이렇게 얻은 정보를 모아 1941년 10월 29일에 쑤이양 국경경찰대 본대장에게 보고한 문서가 [문서 14]다. 이 문서에는 한충허 대장이 보고한 제890호 문서([문서 12])를 첨부하고, "쑤이펀허 대통가에 있는 원래 군 숙사에 작부 10명"으로 위안소 개설을 신청했다고 보고한다. 이렇게 신청한 조선인 요리점(위안소)이 실제로 개설된 것을 보고하는 문서가 수국경수한비 제1064호(1941년 12월 11일)이다. 이 문서에 의하면 1941년 12월 9일 마산 출신의 업자가 "쑤이양현 한충허구 난텐먼의 제2632부대 관사 내"에 13명의 조선인 작부를 데리고 일본군 전용 조선 요리점 즉, 위안소를 설립했다.

[문서 15]는 1941년 10월 30일 특무경보 다카야마 아카네[高山明根]가 쑤이펀허시 국경경찰대장에게 보낸 문서로, 조선인 요리점(위안소) 설치와 반향 등을 수집하여 보고한 것이다. 평안남도 평양부 출신인 조선인 시라카와[白川]가 같이 온 작부 10명과 함께 쑤이펀허 3반가 0호에서 영업을 할 예정이라는 사실과 군 지정 요리점이 개점하면 군인은 거의 다 그곳으로 갈 것이라는 동향을 보고하고 있다. 군 지정 위안소 업자는 조선의 "경찰서와 헌병대"에서 모집하고 현지 군에서 영업지를 선정해 주는 방식으로 진행했다는 것을 알 수 있다.

일본 우익들은 군위안소는 전투지역에 있었던 공창시설이지 군 시설이 아니라고 주장한다. 공창의 경우 그 관리 및 규제 권한은 경찰에 있다. 하지만 위안소는 민간업자에 위탁하는 경우와 군이 직영하는 경우 모두 군에 의해서 모든 설치와 관리가 이루어졌다.

Ⅲ. 위안소 운영

가. 개요

일본군은 위안소를 운영하고 관리하는 주체였다. 일본군은 위안소 이용 규정을 만들어 운영했는데, 여기에는 위안소 이용 시간과 요금, 위안소에서 지켜야 할 사항 등이 구체적으로 제시되어 있다. 그리고 위안소 관계자들이 준수해야 할 각종 내용이 명기되어 있다.

위안소 이용 규정은 군·사단·연대 등 각급 단위에 따라서 작성되기도 했다.

이 책에 실은 문서는 중국과 동남아 지역을 침략하면서 일본군이 만든 위안소 이용 규정, 부대의 일일 상황 보고에 나온 위안소 관련 내용, 위안소에서 발생한 일본군의 비위 및 범죄와 관련된 것이다. 군이 위안소 운영 및 이용 규정을 만들어 위안소를 조직적으로 운영하고 이용했음을 보여준다.

이 책에 게재된 문서는 지역별로는 중국 지역([문서 1]~[문서 9]), 동남아 지역([문서 10]~[문서 14]), 오키나와([문서 15])로 나눌 수 있다. [문서 16]은 연합군 번역통역부 조사보고서로 필리핀, 미얀마, 수마트라, 남서태평양 지역 위안소 실태와 규정이 게재되어 있다.

'위안부' 피해 실태를 보여주는 문서로는 '군위안소에 관한 보고 통첩', '육군 군인군속 범죄표'와 '육군 군인군속 비행표' 등이 있다([문서 17]~[문서 20]).

나. 위안소 운영 방침과 규정

위안소는 중국과 동남아 등 일본이 침략한 모든 지역에 설치되고 운영되었다. 위안소 운영 방침과 규정은 지역과 시기가 달라도 그 내용은 그다지 큰 차이는 없었다. [문서 1]~[문서 16]에 드러난 위안소 운영 방침과 규정의 특징 대해 살펴보겠다.

첫째, 위안소 운영의 목적으로, 독립공성중포병 제2대대의 청저우[鄭州] 주둔간 내무규정(1938.3)의 '위안을 완화하는 방법을 강구하여 군기숙정에 일조', 다카모리[高森]부대 경비지구 내 지방상인 영업에 대한 규정(1940.10.11)의 '장병들의 살벌한 기풍을 완화, 조정함으로써 군기를 확립'하는 것을 내세우고 있다([문서 1]).

둘째, 일본인이 다수 거주하고 군위안소 외에 성매매를 하는 곳이 있는 경우에는 영사관과 육군, 해군이 협의하여 위안소를 단속했다. [문서 2]는 난징 총영사관에서 육군, 해군, 외무 3성 관계자가 만나 협의한 내용으로, 육해군에 전속된 위안소는 육해군이 직접 경영, 감독하나 일반인이 이용하는 위안소는 영사관에서 단속했다. 그리고 향후 기존에 설치된 위안소는 병참부에서 일반 거류민의 편리까지도 고려하여 그 일부를 특종 위안소로 편입, 정리하는 것으로 했다. 특종 위안소를 허가하는 경우에는 영사관 사무처리 편의를 위해 해당 군 헌병대에서 영업자의 인적 사항을 영사관에 통보한다고 되어 있다. 일본 영사관이 있는 곳에서는 군이 영사관과 협의하면서 위안소를 운영했던 것이다. [문서 4]는 남지파견군 군의부에서 작성한 것으로 군위안소 이외의 접객업자 단속에 관한 내용이다. 단속은 군 헌병대와 총영사관이 실시했으며, 여급의 성매매 금지와 단속을 장려하고 있다. 여급 명목으로 중국으로 가서, 실제로는 성매매를 하는 경우가 많았다고 추측할 수 있다.

셋째, 부대에 따라 군이 위안소를 운영하는 경우도 있었으며 민간업자가 군의 위탁을 받아 운영하는 사례도 있다. 민간업자를 통해 위안소를 운영하는 경우에도 군이 업자를 철저하게 관리했다. 군이 영업시간, 휴업, 가격, 부대별 이용일 등을 전부 결정했다. 병사 · 하사관 · 장교의 이용 시간은 엄격하게 구분되었고 경우에 따라서는 장교 전용 위안소와 부대장 전용 위안소를 별도로 운영했다. 이를 좀 더 구체적으로 살펴보겠다.

독립공성중포병 제2대대의 청저우 주둔간 내무규정(1938.3)의 위안소 관련 내용은 방침, 설비, 시설 단가 및 시간, 검사, 위안소 이용, 잡건, 감독담임으로 구성되어 있다. 이용 시간과 요금은 장교, 하사관과 병사로 구분하였으며, 감독담임은 헌병분견대가 담당했다([문서 1]). [문서 3]은 독립공성중포명 제2대대본부 진중일지에 실린 것으로, 위안설비는 병참이 경영하는 곳과 군 직할부대가 경영하는 곳이 있는데 1개 부대에 1시간이 배당되며, 위생 검사를 위해 군의관이 사전에 입회하여 점검한다는 내용이 포함되어 있다. [문서 15]는 독립혼성 제15연대 제8중대 진중일지로 위안소 사용일과 시간 등이 기록되어 있다.

중일전쟁 초기부터 여러 전투에 투입됐던 독립산포병 제3연대의 1939년 '모리카와[森川] 부대의 특수위안업무에 대한 규정'([문서 5])과 1940년 '다카모리부대 경비지구 내 지방상인의 영업에 관한 규정'([문서 6])을 보면 연대장이 위안소 운영의 총괄책임을 맡고 있다. 경영자는 매일 매상표를 만들어 매주 월요일에 경비대장을 거쳐 연대본부에 보고해야 했다. 민간 경영자를 통해서 위안소를 운영했으나, 연대에서 세부적인 내용까지 파악하고 통제했다. '위안부'는 매월 정해진 날 10일 기준으로 군의에게 건강진단 및 성병검사를 받아야 했고, 군의는 성병검사의 결과를 경비대장에게 보고했다. '위안부'의 외출은 연대장 허가사항이었으며, 위안소 영업 관계자의 산책 구역을 표시한 지도가 첨부되어 있다. 사실상 군이 엄격하게 '위안부'를 통제했음을 알 수 있다. [문서 8]을 보면 중대 이상의 주둔지에서 필요할 경우 위생적이고 저렴한 위안을 위해 군인 군속 전용의 특수위안소를 개설할 수 있도록 하고 있다.

넷째, 위안소 단속은 군(헌병대)에 의해 이루어졌다. [문서 7]은 헤이룽장성 당안관 소장

동안[東安][4] 헌병분대의 '상황보고'다. '위안부' 관리에 대해 "특수위안부 시설에 대해서는 군의 요구에 기초하여 헌병은 적극적으로 감독 지도에 임"하고 있으며, 상당한 성과를 올리고 있다고 보고하고 있다. 특수위안시설 관련 업무는 자칫하면 각종 폐해를 동반할 수 있다는 점을 고려하여 준위에게 전담시킨다고 보고하면서, 분대장의 바로 아래인 반장 히비야[日比野] 준위에게 '특수위안부에 관한 사항'을 통괄하게 했다.

다섯째, 일본군의 침략이 아시아 태평양 지역으로 확대되면서 중국에서 동남아 지역으로 주둔지를 옮기는 부대가 등장한다. 부대가 동남아 지역으로 이동하면서 위안소도 동남아지역으로 확대되었다. 필리핀 마스바테 경비대의 군인클럽 규정([문서 10])을 보면 중국에서 설치된 위안소 규정과 비슷하다. 병사와 하사관의 사용 시간을 구분했고 위안요금도 장교와 구별했다. 위안소에 갈 때는 반드시 외출증을 휴대하도록 되어 있다. 이용 시간, 요금을 모두 군이 정했다. 1942년 11월 필리핀 군정감부 비사야(Visaya) 지부 일로일로 출장소의 위안소 규정([문서 11])이 기관의 규정과 다른 점은 위안소의 감독 지도를 군부대가 아닌 군정감부에서 했다는 점이다. 위안소의 위생 관리, 운영, 이용자 관리에 대한 규정은 비슷하다. '위안부'의 산책 구역이 표시되어 있고 산책 구역을 벗어날 경우에는 군정감부 비사야 지부 일로일로 출장소장의 허가를 받아야 했다. 산책 시간도 오전 8~10시로 제한되어 있었다. [문서 12]를 보면 만달레이(Mandalay) 주둔지 사령부는 위안소는 군인군속 사용을 원칙으로 하면서도 만달레이 주재 일본인도 24시 30분 이후에 이용할 수 있도록 하고 있다. 말레이 군정감부의 군정규정집([문서 13])에도 위안시설 및 여관 단속 규정이 포함되어 있는데, 일반 일본인도 위안소를 이용할 수 있도록 했다. 점령지에 일반 일본인들이 증가했고 이들을 관리하기 위한 조치가 필요했던 것으로 추측할 수 있다. 제3조의 목적에 '위안시설 및 여관은 군인 군속과 일반 일본인들의 사기를 진작시키고 일본인으로의 품격을 유지하는 것을 주안으로 삼는다'고 되어 있다. 시설은 군 이용, 군 전용, 기타로 구분했다. 군 이용은 일반인이 이용하고 있는 곳을 군이 이용할 수 있도록 한 것으로 위생 등 감독을 군에서 실시하는 곳을 말한다. 위안시설 및 영업 준수 규칙은 매우 상세하게 기술되어 있다. 영업자 및 종업원은 마음대로 폐업할 수가 없고 관할 지방장관의 허가를 받아야 했다. 직장을 옮기는 것도 군정감의 허가가 필요했다.

---

4) 헤이룽장성 내 일본 점령 후 설치한 행정구역으로 현재의 헤이룽장성 미산[密山]시 일대가 동안 지역이다.

여섯째, [문서 14] 제12특별근거지대 사령부의 해군위안소 이용 내규를 보면, 해군위안소 관리, 경영을 해군 사령부가 일괄하여 수행하고 있다. 계급에 따라 위안소를 구별하여 이용했다. 요금은 사령부에서 발행한 위안소 사용권을 이용했다.

[문서 16] 연합군 번역통번역부 조사보고서 제120호는 일본군의 편의위락시설을 정리한 방대한 보고서다. 제2부 오락 부분에 일본군은 체육설비 제공에 필요 이상의 많은 노력을 기울이지 않는 대신 전방 지역에 위안소를 두어 오락거리를 보장하고 있다고 기술하고 있다. 몇몇 위안소는 민간인 소유였으나 군대의 감독을 받았다고 기술하고 있다. 필리핀, 미얀마, 수마트라, 남서태평양지역 위안소 실태와 규정이 게재되어 있다.

다. 위안소 폭력 실태

[문서 17]은 첸닝 파견 헌병장이 사쿠라다부대 참모장에게 보낸 문서다. 위안소 종업원수와 매상액 등의 상황, 사고(단속) 상황을 보고하고 있다. 위안소 등에서 저지른 '비위행위'로 발각된 것은 취한 상태로 '위안부'에게 상해를 입히거나 폭행한 자, '위안부'를 학대한 영업자 등이다. [문서 18]~[문서 20]은 지나파견군 총사령관이 육군대신에게 보낸 육군경찰상황으로, 1941년 12월, 1942년 1월, 2월, 4월 육군 군인군속 범죄표와 비행표에 위안소에서 저지른 범죄와 비행이 기록되어 있다. 중국인 여성을 강간한 것은 범죄로, 술에 취하여 '위안부'를 구타하거나, 위안소 기물을 파손한 것은 비위로 구분하고 있다. 중국인 여성 강간이 다수 발생했음을 알 수 있다. 그리고 위안소에 들어가 칼을 빼들고 소란을 피운 사건, 칼을 빼들고 칸막이나 벽을 부수고 업자와 '위안부'에 소리를 지른 사건, 영업시간이 아닌데 위안소에 와서 소란을 피운 사건 등은 모두 음주상태였다. 그러나 가해자의 대부분은 헌병 사령부로부터 비행을 통보받은 후 설교나 근신 정도의 가벼운 처벌을 받았다.

Ⅳ. '위안부' 범죄 처벌

가. 개요

일본군'위안부'가 범죄가 아니라고 주장하는 사람들이 내세우는 것은 일본군과 정부가 '위안부'를 강제로 연행한 사실을 입증할 수 있는 문서가 없다는 것이다. 일본 정부는 2020년 5월 19일 발표한 '2020년 외교청서'에서 일본군'위안부'와 관련하여 '강제연행'과 '성노예'라는 표현은 사실을 반영하지 않은 잘못된 것이라고 주장했다.

그러나 감언이설 등에 의해 여성을 인신매매하여 국외로 이송하는 것 자체가 전쟁 당시 일본 형법을 위배하는 것이었다([문서 1]). 이 법률은 식민지였던 조선에도 적용되었다([문서 2]). 또한 일본은 1925년 '추업을 행하기 위한 부녀 매매 금지에 관한 국제조약'에 가입했고([문서 3]), 1927년에는 유보했던 조항을 철폐했다([문서 4]). 전차금을 내세워 여성을 매매한 것 자체가 이러한 국제조약을 위반하는 것이다. 실제로 국외 이송 유괴사건으로 1937년 일본 대심원(한국의 대법원에 해당됨)이 유죄판결을 내린 사례가 있다([문서 5]).

일본이 패전한 이후 연합국이 개최한 전범재판에서도 '위안부' 문제가 다루어졌고 유죄판결을 내린 사례가 있다. 일본 정부는 1991년 이후 '위안부' 관련 자료를 수집했는데, 법무성은 전범재판 조사 결과를 보고한다([문서 6]~[문서 8]). 특히 네덜란드 전범재판 사례가 주목을 받았다. 이 책에서는 그 사례로 아오지 와시오[青地鷲雄] 재판을 다루었다([문서 9]). 도쿄재판에서도 여성에 대한 성폭력 문제로 '위안부'를 다루었다. 보르네오 강제 매음해위에 대한 보고([문서 10]), 구이린 사건 증거문서([문서 11])와 판결([문서 12])을 사례로 게재했다.

나. 관련 법령과 일본 대심원 판결

[문서 1]은 1907년 제정된 일본 형법으로 제33장 약취 및 유괴죄는 '위안부' 범죄를 처벌할 수 있는 조항이다. 제224조에는 "미성년자를 약취 또는 유괴한 자는 3개월 이상 5년 이하의 징역에 처한다"고 되어있다. 그리고 제226조 1항에는 "제국 밖으로 이송할 목적으로 사람을 약취 또는 유괴한 자는 1년 이상 10년 이하의 징역에 처한다"고 되어 있고, 제2항에는 "제국 밖으로 이송할 목적으로 사람을 매매하거나 또는 유괴 · 약취당하거나 혹은 매

매당한 자를 제국 밖으로 이송한 자 역시 동일하다"고 되어 있다. 즉 본인의 의사에 반하여 여성을 해외로 이송하는 것 자체가 일본 국내법으로 범죄였던 것이다. [문서 2]는 조선형사령 제령안으로, 형사에 관한 사항은 조선형사령이나 기타 법령에 특별한 규정이 없는 경우를 제외하고는 형법([문서 1])에 따른다고 되어 있다. 조선총독부의 경찰은 '위안부'들의 국외 이송을 단속할 책임이 있었다.

[문서 3]은 일본이 1925년 가입한 '추업을 행하기 위한 부녀 매매 금지에 관한 국제조약'이다. 일본은 규정된 연령 제한(21세)을 유보하고 18세로 하기로 하여 가입했다. 이 조약 제1조는 미성년자를 유인하거나 유괴하는 것은 본인의 승낙을 받았다고 하더라도 범죄로 보았다. 제2조는 추행을 목적으로 사시 또는 폭행, 협박, 권력남용 그 외 일체의 상제수단으로 성년의 여성을 권유, 유인하거나 유괴하는 것을 범죄로 규정했다. 하지만 일본 정부는 이 조약을 식민시였던 조선과 타이완에는 적용하지 않는다고 선언하였다. [문서 4]는 만 21세 유보 조항을 철폐한 것이다.

[문서 5]는 1937년 3월 5일 대심원 판결문으로 형법 226조를 적용해 감언이설로 여성을 상하이로 이송하여 '위안부'를 강요했던 업자들을 처벌한 사례다. 사건의 개요를 보면, A는 1930년 11월경부터 상하이에서 위안소를 운영했는데 1932년 1월 '해군지정 위안소'로 영업을 확장하기 위해, B(판결 당시 고인) 소개로 C, D와 상담하고, D가 자금을 제공, B와 C가 일본에서 여성을 고용하기로 했다. 여성을 모집할 때 위안소에서 일한다는 것을 숨기고 여급이나 여중으로 고용하는 것처럼 속였다. D 등은 나가사키에 있던 D의 처 E와 C의 처 F와 G에게 여성 모집을 의뢰했다. D가 귀국 후 H도 참여했고 1932년 3월 하순 I와 J를 매개로 K와 L의 협력을 얻어 실행하기로 하고 결국 I, L, J, K가 여성 15명을 속여서 상하이로 보냈다.

대법원 판결요지는 국외 이송을 목적으로 사람을 유괴하고 피유괴자를 국외로 이송하는 것을 모의한 자는 그 실행에 가담하지 않아도 국외 유괴 및 국외 이송죄 공동정범(正犯)의 형사책임을 진다는 것이었다. 국외 이송을 목적으로 사람을 유괴한 자가 피유괴자를 국외로 이송한 것에 대해서는 유괴는 형법 226조 제1항, 이송에 대해서는 226조 제2항을 적용했다. 피고 측이 제기한 동 지역에 일본 군대가 주둔하는지 여부 및 재판권이 행사되는지 여부는 범죄 성립과 관계가 없다고 판단했다.

다. 전범재판

[문서 6]은 일본이 패전한 후 전범재판에 기소된 사실을 조사한 표로, 여기에 '강간', '매춘강제', '여성 유괴'가 포함되어 있다. '매춘강제'는 34건인데 네덜란드가 30건, 중국이 3건, 미국이 1건이다. 전범재판에 기소된 건수가 모든 범죄를 포함하는 것으로 보기는 어렵다. 네덜란드의 경우 네덜란드 여성 피해만을 다루었을 뿐 식민지였던 인도네시아 여성의 피해는 다루지 않았다.

[문서 7]은 1993년 8월 발표된 고노 요헤이[河野洋平] 관방장관 담화를 앞두고 법무성이 내각관방에 보고한 것으로, 네덜란드가 바타비아에서 개최한 B · C급 전범재판 2건을 정리한 것이다. 첫 번째 건은 자바섬 세마랑 소재 위안소 사건으로, '1944년 2월 말부터 4월까지 매춘을 목적으로 군인과 민간인이 여성들(억류소에 수용 중인 네덜란드인 여성들)을 세마랑 위안소로 연행하고, 숙박시키면서 위협하여 매춘을 강요했다'는 내용이 있다. 두 번째 건은 자바섬 바타비아 소재 위안소 사건으로, 민간인을 위해 설립한 위안소에 관한 것이다.

[문서 8]은 1992년 7월 6일 가토 고이치[加藤紘一] 관방장관이 일본군'위안부' 실태조사 결과를 발표한 후 서구 제1과에서 만든 문서다. 네덜란드가 실시한 바타비아 군사재판에서 일본군 관계자 12명이 네덜란드 여성 강제매춘 혐의로 유죄판결을 받았다. 이와 관련하여 외무성은 바타비아 군사재판 기록의 가치를 평가하고, 네덜란드에 대한 사죄, 보상을 검토했다. 외무성은 일본이 샌프란시스코 강화조약 제11조에서 전범재판을 수락했기 때문에 네덜란드에 이의제기를 할 수 없다고 보았다. 예상문답에서는 이른바 '강제매춘' 행위를 사유로 유죄판결을 받은 일본인이 존재하는 것이 판명되었다며, 7월 6일 관방장관이 '위안부'와 관련 '강제적으로' 행해진 것임을 보여주는 자료는 지금까지 발견되지 않았다는 취지로 답변한 것과의 관계를 염두에 두어야 한다고 했다. '강제연행 사실을 인정하는가'라는 예상 질의에 '당시 현지 일본군이 조직적으로 네덜란드 여성에게 매춘행위를 시킨 사실을 엿볼 수 있는 기술이 있으며', '유죄판결을 받은 자의 판결이유로 강제매춘을 목적으로 한 부녀자의 연행과 강제매춘이 거론되었다'는 답변을 작성했다. 그리고 입수한 위안소 관련 조직도에 대해서는 '현지 구 일본군이 조직적으로 위안소 관리에 관여한 것을 나타내려고 한 것'이라고 평가한다. 외무성은 이와 관련하여 법무성에 해당 자료의 조사를 의뢰했다.

[문서 9]는 바타비아에서 위안소를 운영했던 아오지 와시오 전범재판 관련 기록이다. 네덜란드 여성의 신체의 자유를 구속하고 매춘을 강제한 혐의로 유죄판결(10년 금고형)을 내린 사례다. 기소장, 변호인 변론, 판결문, 증인의 증언을 게재했다. 증인들은 피해자 중에는 12~16세 소녀도 있었다고 증언했다.

[문서 10]은 네덜란드령 동인도 서부 보르네오에서 발생한 강제 매음행위에 대한 보고다. 위안소에 여성을 보충하기 위해 '특경대원이 거기에서 여성을 잡아서 강제적으로 의사에게 진찰을 받게 한 후에 위안소'에 보냈으며, 여성들이 매음을 강요당했다는 사실이 기록되어 있다.

[문서 11], [문서 12]는 도쿄재판에 제출된 구이린 사건의 증거문서와 판결이다. 구이린 시민공소에 일본군이 공장을 설립한다고 여공을 모은 후, 협박하여 기녀로 만들어 군대에 제공했다는 내용이 포함되어 있다. 판결 부분에도 '공장을 짓는다는 구실로 여공을 모집한 후 모집한 여성에게 일본군대를 위한 추업을 강제했다'고 명기되어 있다.

Ⅰ. ‘위안부’ 모집과 이송

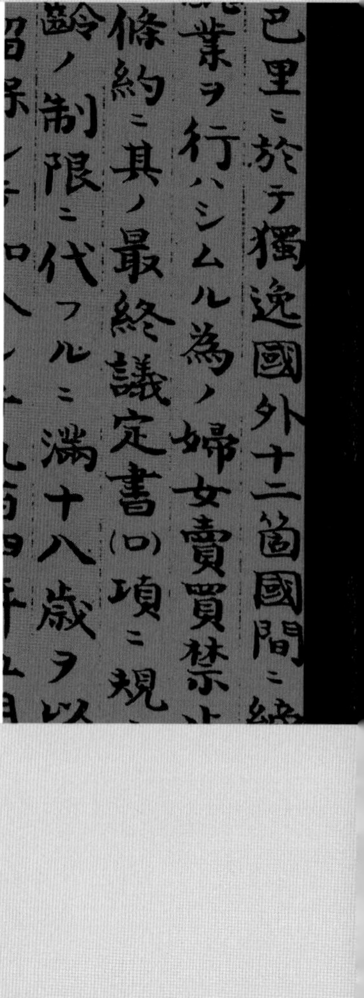

[문서 1]

황군장병 위안부녀의 도래에 대한 편의 공여 방안 의뢰의 건(1937.12.21)

본건에 관해서는 전선(前線) 각지에서 황군의 진전(進展)에 따라 장병의 위안 방법에 대해 여러 관계 기관에서 연구 중인데, 최근 당관(当館),[5] 육군무관실, 헌병대의 합의 결과 시설의 일부로서 전선 각지에 군위안소(사실상의 가시자시키[貸座敷])를 아래와 같은 요령으로 설치하게 되었습니다.

기(記)

영사관

(가) 영업 신청자에 대한 허가 여부의 결정

(나) 위안부녀의 신원 및 사업에 대한 일반 계약 절차

(다) 도항 관련 편의 조치

(라) 영업주 및 부녀의 신원 기타에 관한 관계 여러 관서(官署) 간의 조회 및 회답

(마) 상하이[滬] 도착과 동시에 당지에 체재할 수 없다는 것을 원칙으로 하고 허가 여부 결정 후 곧바로 헌병대에 인계하는 것으로 함

헌병대

(가) 영사관에서 인계받은 영업주 및 부녀의 취업지(地) 수송 절차

(나) 영업자 및 가업 부녀에 대한 보호 단속

무관실

(가) 취업 장소 및 가옥 등의 준비

(나) 일반 보건 및 검징(檢懲)[6]에 관한 건

---

5) 영사관.

6) 檢黴(성병검사)의 오자로 추측됨.

위 요령에 따라 시설을 서두르고 있는데 이미 가업 부녀(작부) 모집을 위해 본국 내지 및 조선 방면으로 여행 중인 자가 있으며 이후에도 동일한 업무로 여행하는 자가 있을 터이니 이들에 대해서는 당관이 발급한 신분증명서에 사유를 기입하여 본인에게 휴대하도록 한 만큼 승선 기타에 관한 편의를 제공해주시기 바랍니다. 그리고 상하이 도착 후 바로 취업지로 이동하는 관계상 모집자 포주 또는 그 대리자 등에게는 각각 업무에 필요한 서류(아래 양식)를 교부하여 미리 서류를 완비하라고 지시해두었으나, 완비하지 않은 자가 많을 것이라고 예상되기 때문에 상하이 도착 후 번잡한 절차를 반복하는 일이 없도록 일단 휴대 서류를 살펴보고 원조할 것을 의뢰합니다.

전선 육군위안소 영업자에 대한 주의사항

전선 육군위안소에서 일할 작부를 모집하러 가서 동반하여 상하이[滬]로 돌아올 때는 미리 아래 필요 서류를 갖추어 상하이[滬] 도착과 동시에 당관에 신청하여 허가를 받아야 한다.

만약 필요 서류를 구비하지 못한 경우에는 허가를 하지 않는 동시에 바로 귀환시킬 것이다.

기(記)

1. 본인 사진 2장이 첨부된 임시작부영업허가원(臨時酌婦營業許可願) 각 개인별 1통(양식 제1호)
1. 승낙서(양식 제2호)
1. 인감증명서
1. 호적등본
1. 작부 종사자에 대한 조사서(양식 제3호)

1937년(쇼와12) 12월 21일

상하이 일본총영사관 경찰서(日本総領事館警察署)

[양식 제1호]

(양식 제1호)

임시작부영업허가원(臨時酌婦營業許可願)

본 적

현 주 소

영 업 장 소

가 호(家號)

예 명(藝名)

본 명

생 년 월 일

위 사람은 이번에 상기 장소에서 임시작부영업을 하고자 허가를 받기 위해 별지 승낙서·인감증명·호적 등본·조사서 및 사진 두 장을 첨부하여 포주가 연서(連署)한 뒤 제출하는 바입니다。

쇼와　　년　　월　　일

상기 본인　누구 ㊞

포주　　　누구 ㊞

재상하이[上海]

일본총영사관　귀중

[양식 제2호]

(양식 제2호)

승 낙 서

본 적

주 소

가 업 인[稼業人]

생 년 월 일

위 사람은 귀하가 지정한 전선의 육군위안소에서 작부 가업(창기도 마찬가지)에 종사할 것을 승낙합니다。

쇼와 년 월 일

위 호주 또는 친권자 누구 ㊞

가 업 인 누구 ㊞

[양식 제3호]

(양식 제3호)

작부종사자 누구에 대한 조사서(조사자)

이전 거주지 및 이전 년월일

현 주 소

교육 정도 경력

작부 가업을 하게 된 이유

형벌에 처해진 사실 유무

양친 또는 내연의 남편 유무 및 그 직업

별도의 빚 액수

참 고 사 항

비 고

이 상

36

［中略］

モノト認メラルルモノニ對シテハ渡滬ヲ許可致居候條
此段及回答候也

皇軍將兵慰安婦女渡來ニツキ便宜
供與方依賴ノ件

本件ニ關シ前線各地ニ於ケル皇軍ノ進展ニ伴ヒ之カ將兵ノ慰安方ニ付關係諸機關ニ於テ考究中ノ處頃日來當館陸軍武官室憲兵隊合議ノ結果施設ノ一端トシテ前線各地ニ軍慰安所（事實上ノ貸座敷）ヲ左記要領ニ依リ設置スルコトトナレリ

記

領事館

(イ)營業願出者ニ對スル許否ノ決定

內務省

(ロ)慰安婦女ノ身許及斯業ニ對スル一般契約手續
(ハ)渡航上ニ關スル便宜取計
(ニ)營業主並婦女ノ身元其他ニ關シ關係諸官署間ノ照會並同
答
(ホ)着滬ト同時ニ當地ニ滯在セシメサルヲ原則トシテ許否決
定ノ上直ニ憲兵隊ニ引繼クモノトス
憲兵隊
(イ)領事館ヨリ引繼ヲ受ケタル營業主並婦女ノ就業地輸送手
續
(ロ)營業者並稼業婦女ニ對スル保護取締
武官室

內務省

(イ)就業場所及家屋等ノ準備

(ロ)一般保健並檢黴ニ關スル件

右要領ニ依リ施設ヲ急キ居ル處既ニ稼業婦女（酌婦）募集ノ爲本邦内地並朝鮮方面ニ旅行中ノモノアリ今後モ同様要務ニテ旅行スルモノアル筈ナルカ之等ノモノニ對シテハ當館發給ノ身分證明書中ニ事由ヲ記入シ本人ニ携帶セシメ居ルニ付乘船其他ニ付便宜供與方御取計相成度尚着滬後直ニ就業地ニ赴ク關係上募集者抱主又ハ其ノ代理者等ニハ夫々斯業ニ必要ナル書類（左記雛形）ヲ交付シ豫メ書類ノ完備方指示シ置キタルモ整備ヲ缺クモノ多カルヘキヲ豫想サルルト共ニ着滬後煩雜ナル手續ヲ繰返スコトナキ様致度ニ付一應携帶書類御査閲

内務省

39

ノ上御援助相煩度此段御依頼ス

前線陸軍慰安所營業者ニ對スル注意事項

前線陸軍慰安所ニ於テ稼業スル酌婦募集ニ赴キ同伴同滬セムトスルトキハ豫メ左記必要書類ヲ整ヘ着滬ト同時ニ當館ニ願出許可ヲ受クヘシ

若シ必要書類具備セサル場合ハ許可セサルト共ニ直ニ歸滬セシムルコトアルヘシ

記

一、本人寫眞二枚添付セル臨時酌婦營業許可願各人別ニ壹通（様式第一號）

一、承諾書（様式第二號）

內務省

一、印鑑證明書

一、戶籍謄本

一、酌婦稼業者ニ對スル調査書（樣式第三號）

昭和十二年十二月二十一日

在上海日本總領事館警察署

內務省

様式第一號

臨時酌婦營業許可願

本籍

現住所

營業場所

家號

藝名

本名

生年月日

右者今般都合ニ依リ前記場所ニ於テ臨時酌婦營業致度候條御許可相成度別紙承諾書、印鑑證明、戸籍謄本調査書並寫眞二枚相

內務省

添抱主連署ノ上此段及奉願候也

昭和　年　月　日

右本ノ何某印

抱主何某印

在上海

日本總領事館御中

內務省

43

（様式第二號）

承諾書

本籍

住所

稼業人

生年月日

右ノ者前線ニ於ケル貴殿指定ノ陸軍慰安所ニ於テ酌婦稼業（娼妓同様）ヲ為スコトヲ承諾仕候也

昭和　年　月　日

右戸主又ハ親權者　何　某㊞

稼業人　何　某㊞

44

（樣式第三號）

酌婦稼業者何某ニ對スル調査書（調査者）

前居住地及來　年月日

現住所

教育程度經歷

酌婦稼業ヲ爲スニ至リタル理由

刑罰ニ處セラレタル存否

兩親又ハ內緣ノ夫ノ有無其ノ職業

別借金額

參考事項

備考

以上

內務省

[문서 2]

북지파견군 위안 작부 모집에 관한 건(1938.1.25)

수보친(收保親) 제1호 내

1938년(쇼와13) 1월 25일

발신 : 야마가타현[山形縣] 지사(知事) 다케이 군지[武井群嗣]

(야마가타현 경찰부장)

수신 : 내무대신 스에쓰구 노부마사[末次信正] 귀하

육군대신 스기야마 겐[杉山元] 귀하

경시총감 귀하

각 청부현(庁府県) 장관 귀하

[현하 각 경찰서장, 신조[新庄]경찰서는 제외]

북지파견군 위안 작부 모집에 관한 건

고베시[神戸市] 소토구[湊東区] 후쿠하라초[福原町]

가시자시키[貸座敷] 오우치 도시치[大内藤七][7]

관내 모가미군[最上郡] 신조초[新庄町] 사쿠라바바[桜馬場] 예·창기, 작부 소개업자 도쓰카 구니고로[戸塚国五郎][8]는 앞의 업자가 "이번 북지파견군에서 장병 위문을 위해 전국에서 2천 5백 명의 작부를 모집하게 되었는데 5백 명의 모집의뢰를 받았다. 대상 작부는 연령 16~30세, 전차금은 5백~1천 엔, 근무 연한은 2개년, 소개 수수료는 전차금의 1할을 군부

7) 원문에는 검게 처리되어 있으나, 스즈키·야마시타·도노무라 자료집에 표기되어 있는 대로 적음.

8) 원문에는 검게 처리되어 있으나, 스즈키·야마시타·도노무라 자료집에 표기되어 있는 대로 적음.

에서 지급하게 된다 운운"이라고 한 것을 관할인 신조경찰서에서 듣고 알게 되었다. 그러나 이와 같은 것은 군부의 방침으로 보기엔 곧바로 믿기 어려울 뿐만 아니라, 이러한 일이 공공연하게 유포되는 것은 후방의 일반 민심, 특히 응소(應召) 가정을 지키는 부녀자의 정신에 미치는 악영향이 적지 않다. 나아가 일반 부녀의 인신매매를 방지하는 정신에도 위반되는 것이므로 관할 경찰서장이 앞의 취지를 본인[9]에게 훈계하였다. 그러자 이를 납득하고 본인이 노령(老齡)으로 활동을 뜻대로 하지 못하는 등의 사정으로 이 모집을 단념했다. 그리고 앞서 송부한 일체의 서류를 앞에 기술한 오우치[大內]에 반송한 상황이다.

앞의 내용을 신(통)보합니다.

(현 내 경찰서장들은 참조하여 단속상에 문제가 없도록 할 것)

---

9) 소개업자.

北支派遣軍慰安酌婦募集ニ関スル件［山形県知事］（昭13・1・25）

發保親第一號ノ内

昭和十三年一月二十五日

山形縣知事 武井群嗣

（山形縣警察部長）

警保局 13.1.27.木 警 665号

内務大臣 末次信正殿

陸軍大臣 杉山元殿

警視總監殿

各廳府縣長官殿

（縣下各警察署長 新庄ヲ除ク）

北支派遣軍慰安酌婦募集ニ関スル件

神戸市 ■■■

貸座敷 ■■■ 大内 ■■■

管下最上郡新庄町櫻馬場藝娼妓酌婦紹介業者

戸塚■■■ハ右者ヨリ「今般北支派遣軍ニ於テ

将兵慰問ノ為全國ヨリ二千五百名ノ酌婦ヲ募

集スルコト、ナリタル趣ニ以テ五百名ノ募集方依頼

越下リ誘酌婦ハ年令十六才ヨリ三十才迄前借ハ
五百円ヨリ千円迄稼業年限二ヶ年之カ紹介手
数料ハ前借金ノ一割ヲ軍部ニ於テ支給スルモノナ
リ云々ト称シアルヲ所轄新庄警察署ニ於テ聞
知シタルカ如斯ハ軍部ノ方針トシテハ俄カニ信シ
難キノミナラス斯ル事案カ公然流布セラルヽニ於
テハ銃後ノ一般民心殊ニ應召家庭ヲ守ル婦女
子ノ精神上ニ及ホス悪影響尠カラス更ニ一般婦
女身賣防止ノ精神ニモ反スルモノトシテ所轄警察
署長ニ於テ右ノ趣旨ヲ本人ニ懇諭シタルニ之ヲ
諒得シ且ツ本人老齢ニシテ活動意ニ委セサル等
ノ事情ヨリ之カ募集ヲ断念シ曩ニ送付アリタル一
切ノ書類ヲ前記大内ニ返送シタル状況ニ有之候

右及申(通)報候也

(縣下警察署長ニ於テハ参照ノ上取締上遺憾ナ
キヲ期セラルベシ)

[문서 3]

시국이용 부녀 유괴 피의사건에 관한 건(1938.2.7)

형(刑) 제303호

1937년(쇼와12)[10] 2월 7일

발신 : 와카야마현[和歌山縣] 지사

(경찰부장)

수신 : 내무성경보국장 귀하

(현[縣] 내 각 경찰서장)

시국이용 부녀 유괴 피의사건에 관한 건

우리 현(縣) 내의 다나베[田辺]경찰서에서 표기 사건이 발생하였는데 조사상황은 아래와 같습니다. 이에 보고 드립니다.

(현 내는 참고하여 단속에 전념함과 동시에 이후 동일한 범죄가 있을 경우에는 수사 착수 전에 보고할 것)

기(記)

1. 사건인지 상황

1938년(쇼와13) 1월 6일 오후 4시경 관할 내 다나베초[田辺町] 오아자[大字][11] 미코노하마[神子浜] 통칭 모리[文里] 음식점가에서 거동이 의심스러운 남자 3명이 배회하고 있어 주의를 기울이던 중에, 그중 2명은 모리 미즈카미[水上] 파출소 순사에게 수상한 자가 아니고, 군

10) 원 사료에 1937년(쇼와12)으로 표기되어 있으나 내용으로 보아 1938년(쇼와13)의 오기로 판단된다.

11) 시정촌 내의 행정구역인 아자의 일종.

부의 명령으로 상하이[上海] 황군 위안소에 보낼 작부 모집을 위한 일로 왔으며, 3천 명의 (모집) 요구에 대해 70명은 1938년(쇼와13) 1월 3일 육군 어용선으로 나가사키[長崎]항에서 헌병이 호위하는 가운데 수송을 마쳤다고 하면서 떠났다는 순사의 보고가 있었다. 이야기에 의심쩍은 점이 있어 정보계 순사에게 수사를 시켰는데, 모리항[文里港]의 요리점인 만테지[萬亭事]의 나카이 ■■[中井■■]한테 가서 작부를 불러 술을 마시면서 상하이로 갈 것을 권유했는데 교섭방법에 대해 전혀 알지 못하는 부녀자에게 돈 벌이가 좋고 군대만을 상대로 위문하고 음식물은 군이 지급한다고 하는 등 유괴의 용의가 있어서 피의자로 동행하여 심문을 개시했다.

2. 사건조사 상황

피의자를 심문하니

오사카시[大阪市] ■■■

가시자시키업[貸席業] 사가 ■■[佐賀■■] 당 45세

오사카시 ■■■

가시자시키업 가나자와 ■■[金沢■■] 당 42세

가이난시[海南市] ■■■

소개업자 히라오카 ■■[平岡■■] 당 40세

라고 자백했다. 가나자와 ■■의 자백에 따르면 1937년(쇼와12) 가을 무렵에

오사카시 ■■■

회사중역 고니시 ■■[小西■■]

고베시[神戸市] ■■

가시자시키업 나카노[中野] ■■

오사카시 ■■■

가시자시키업 후지무라 ■■[藤村■■]

3명은 육군 어용상인으로 성명을 알 수 없는 모씨와 함께 상경하여 도쿠히사[德久] 소좌를 매개로 아라키[荒木] 대장, 도야마 미쓰루[頭山滿]와 회합하고 상하이 황군의 풍기 위생상 연내에 내지에서 3천 명의 창기를 보내게 되었다. 상세한 사정은 알지 못하지만 후지무라[藤村], 고니시[小西] 2명이 70명을 보냈는데 구죠[九条]경찰서(오사카부)장, 나가사키현 외사과에

서 편의를 봐주었다.

상하이에서는 정교금(情交金) 장교 5엔, 하사관 2엔으로, 2년 후 군이 돌아올 때 함께 돌아오는 것으로 하고 전차금(前借金)은 8백 엔까지 지불한다. 모집할 때 후지무라 ■■■의 하수인으로 와카야마현으로 들어갔으나 사정을 몰라서 위 사실을 밝히고 히라오카 ■■■의 안내를 받아 고보초[御坊町]에서

■■■ 당 26세

■■■ 당 28세

2명을, ■■■는 전차금 470엔, ■■■는 전차금 362엔을 지불하고 가이난시 히라오카 ■■■에게 맡겼다고 자백했다.

따라서 구죠경찰서 관계를 조회함과 더불어 진상을 밝히기 위하여 ■■■, ■■■ 등을 동행하여 사정을 청취하니 가나자와 ■■■ 자백과 같은 유괴방법을 진술했다.

3. 신병 처리

조회에 의해 피의자 3명의 신원만 판명되었다. 황군 위문소의 유무는 불명확하지만 구죠경찰서에서 작부 공모 증명을 발부한 사실이 판명되었다. 그러나 의심되는 점이 많아 진상 확인 후에 조사를 하였는데, 피의자 도주와 증거인멸의 가능성이 없다고 인정해 관할 검사에게 보고한 뒤

피해자 ■■■

피해자 ■■■

피해자 ■■■

피의자 히라오카 ■■■[平岡■■■]

관계인 나카이 ■■■[中井■■■]

관계인 유미쿠라 ■■■[弓倉■■■]

청취하는데 그치고 1월 10일 신변을 석방하였는데, 언제라도 출두하겠다는 서약을 받았다.

4. 관계방면 조회 상황

나가사키현 외사과 및 오사카부 구죠경찰서에 조회하니 아래와 같이 회답이 있었다.

기(記)

(1) 나가사키현 외사과가 보낸 회답

13외친(外親) 제1700호

1938년(쇼와13) 1월 20일

발신: 나가사키현 외사경찰과장

수신: 와카야마현 형사과장

사실조사건 회답

오사카시[大阪市]

가시자시키업[貸席業] 사가 [佐賀] 외 2명

위 자를 부녀 유괴 혐의로 취조하면서 황군장병 위안부녀의 상하이 도항에 관한 사실조사를 위해 이달 18일자 형(刑) 제303호로 조회하셨는데, 본건에 관해서는 작년 12월 21일자로 재상하이 일본총영사관경찰서장이 우리 현 나가사키 미즈카미 경찰서장 앞으로 아래와 같이 의뢰를 하였기에, 우리 현에서는 위 의뢰에 의거하여

1. 본인 사진 2장을 첨부한 임시작부영업허가원
1. 승낙서
1. 인감증명서
1. 호적등본
1. 작부가업자에 대한 조사서

를 소지하고 합법적인 고용계약에 의해 상하이 도항하는 자로 인정되는 자에 대해서는 상하이 도항을 허가했음을 회답합니다.

황군장병 위안부녀 도래(중국 도항)에 대한 편의 공여 방안 의뢰건

([문서 1]과 동일한 문서로 이하 생략)

(오사카 구죠경찰서장이 다나베 서장에게 보낸 회답)

갑작스러운 연락을 양해해 주시기 바랍니다.

이번에 상하이 파견 군위안소 종사 작부 모집에 관하여 내무성에서 비공식적이지만 우리 부[12] 경찰서에 의뢰한 바 있어서, 우리 부에서는 상당한 편의를 제공하여 이미 제1회는 이달 3일 도항했습니다. 현재 귀 관할 내에도 모집자가 출장 중인데 아래의 자는 우리 경찰서 관내 거주자로서 신원이 확실한 자입니다. 관계자가 청원한 것에 대해 사실과 다름이 없다는 점만은 제가 증명서합니다. 잘 조치해 주시기 바랍니다. 문의사항이 있으면 연락하여 주십시오.

기(記)

■■■■■ 가나자와 ■■■[金沢■■]

1월 8일 밤

발신 : 오사카부 구죠경찰서장 야마자키 이시오[山崎石雄]

수신 : 와카야마현 다나베경찰서장 귀하

12) 오사카부.

写　時局利用婦女誘拐被疑事件ニ関スル件［和歌山県知事］（昭13・2・7）

（昭和十二年二月七日は十三年二月七日の間違い）

刑第三〇三號

昭和十二年二月七日

和歌山縣知事

（警察部長）

内務省警保局長　殿

（縣下各警察署長殿）

時局利用婦女誘拐被疑事件ニ關スル件

當縣下田邊警察署ニ於テ標記事件發生之カ取調状況左記ノ通ニ有之候條此段及申報候也

（縣下ハ参考ノ上取締ニ資スルト共ニ爾後同様犯罪アリタル場合ハ捜査着手前報告セラルベシ）

内務省

規格 B. 5.

28

記

一、事件認知ノ狀況

昭和十三年一月六日午後四時頃管下田邊町大字神子濱通稱文里飲食店街ニ於テ三名ノ擧動不審ノ男徘徊シアリ注意中ノ處內二名ハ文里水上派出所巡査ニ對シ疑ハシキモノニ非ス軍部ヨリノ命令ニテ上海皇軍慰安所ニ送ル酌婦募集ニ來リタルモノニシテ參千名ノ要求ニ對シ七十名ハ昭和十三年一月三日陸軍御用船ニテ長崎港ヨリ憲兵護衛ノ上送致濟ナリト稱シ立出タリトノ巡査報告アリ眞相ニ不審ヲ抱キ情報係巡査ヲシテ搜査セシムルニ文里港料理店萬亭事中井■■方ニ登樓シ酌婦ヲ呼ヒ酌セシメツヽ上海行キヲ薦メツヽアリテ交渉方法ニ付

內務省

規格B.5.

キ無智ナル婦女子ニ對シ金儲ケ良キ點軍隊ノミヲ相手ニ慰問
シ食料ハ軍ヨリ支給スル等誘拐ノ容疑アリタルヲ以テ被疑ヲ
同行取締ヲ開始シタリ

二、事件取調ノ狀況

被疑者ヲ取締タルニ

大阪市[黒塗り]
貸席業 佐賀[黒塗り]
當四十五年

大阪市[黒塗り]
貸席業 金澤[黒塗り]
當四十二年

內務省

規 格 B. 5.

海南市

紹介業　平岡

當四十年

ト自供シ金澤　ノ自供ニ依レバ昭和十二年秋頃

大阪市

會社重役　小西

神戸市

貸席業　中野

大阪市

貸席業　藤村

ノ三名ハ陸軍御用商人氏名不詳某ト共上京シ徳久少佐ヲ介シ

内務省

規格B. 5.

荒木大將、頭山滿ト會合ノ上上海皇軍ノ風紀衞生上年內ニ內地ヨリ三千名ノ娼婦ヲ送ル事トナリ詳シキ事情ヲ知ラサルカ藤村、小西ノ兩名ニテ七十名ヲ送リタルカ九條警察署（大阪府）長、長崎縣外事課ニ於テ便宜ヲ受ケタリ

上海ニ於テハ情交金將校五圓、下士貳圓ニテ二年後軍ノ引揚ト共ニ引揚クルモノニシテ前借金ハ八百圓迄ヲ出シ募集ニ際シ藤村■ノ手先トシテ和歌山縣下ニ入込ミ勝手ヲ知ラサル爲右事情ヲ明シ平岡■ニ案內セシメ御坊町ニ於テ

■ 當二十六年

■ 當二十八年

內務省

規格B5.

ノ両名ヲ■ハ前借金四百七拾圓、■ハ前借
金參百六拾二圓ヲ支拂ヒ海南市平岡■方ニ預ケアリト自供
セリ
依テ九條警察署關係ヲ照會スルト共ニ眞相ヲ明ニスル爲メ■
■、■等ヲ同行シ事情ヲ聽取スルニ金澤■自供ノ如
ク誘拐方法ヲ供述セリ

三、身柄ノ處置

照會ニ依リ被疑者三名ノ身元ノミ判明シタルカ皇軍慰問所ノ
有無不明ナルガ九條警察署ニ於テ酌婦公募證明ヲ出シタル事
實判明疑義ノ點多多アリ眞相確認後ニ於テ取調ヲ爲スモ被疑
者逃走證據湮滅ノ虞ナシト認メ所轄檢事ニ報告ノ上

内務省

33

被害者 ■■■

〃 ■■■

〃 ■■■

被疑者 平岡 ■■

關係人 中井 ■■

〃 弓倉 ■■

ノ聽取ニ止メ一月十日身柄ヲ釋放セルモ何時ニテモ出頭方嚮

旨セシメタリ

四 關係方面照會狀況

長崎縣外事課及大阪府九條警察署ニ照會シタルニ左記ノ通リ

回答アリタリ

內務省

規格 B.5.

記

(一)長崎縣外事課ヨリノ回答

十三外親第一七〇〇號

昭和十三年一月二十日

長崎縣外事警察課長

和歌山縣刑事課長殿

事實調査方件回答

大阪市[redacted]

貸席業 佐賀[redacted]

外二名

右者婦女誘拐ノ嫌疑ヲ以テ御取調ノ趣ニテ皇軍將兵慰安婦

内務省

規格B.5.

35

女ノ渡滬ニ關スル事實調査方本月十八日付刑第三〇三號ヲ
以テ御照會相成候處本件ニ關シテハ客年十二月二十一日付
ヲ以テ在上海日本總領事館警察署長ヨリ本縣長崎水上警察
署長宛左記ノ如ク依頼越シタルヲ以テ本縣ニ於テハ右依頼
狀ニ基キ

一本人ノ寫眞二枚ヲ添付セル臨時酌婦營業許可願
一承諾書
一印鑑證明書
一戸籍謄本
一酌婦稼業者ニ對スル調査書

ヲ所持シ合法的雇傭契約ニ依リ渡滬スルモノト認メラル

内務省

[中略]

モノト認メラルルモノニ對シテハ渡滬ヲ許可致居候條

此段及同答候也

皇軍將兵慰安婦女渡來ニツキ便宜

供與方依頼ノ件

本件ニ關シ前線各地ニ於ケル皇軍ノ進展ニ伴ヒ之カ將兵ノ慰安方ニ付關係諸機關ニ於テ考究中ノ處頃日來當館陸軍武官室憲兵隊合議ノ結果施設ノ一端トシテ前線各地ニ軍慰安所（事實上ノ貸座敷）ヲ左記要領ニ依リ設置スルコトトナレリ

記

領事館

(イ)營業願出者ニ對スル許否ノ決定

內務省

規格B.5

45

（大阪九條警察署長ヨリノ田邊署長宛問答）

拜啓　唐突ノ儀御赦シ被下度候

陳者此ノ度上海派遣軍慰安所從業酌婦募集方ニ關シ內務省ヨリ非公式ナガラ當府警察部長ヘ依賴ノ次第モ有之當府ニ於テハ相當便宜ヲ與ヘ既ニ第一回ハ本月三日渡航セシメタル次第ニテ目下貴管下ヘモ募集者出張中ノ趣ナルカ左記ノ者ハ當署管內居住者ニシテ身元不正者ニ非サル者關係者ヨリ願出候ニ就キ之カ事實ニ相違ナキ點ノミ小職ニ於テ證明書致候間可然御取計願上候

敬具

記

金澤

內務省

規格B5

一月八日夜

大阪府九條警察署長

山崎石雄㊞

和歌山縣

田邊警察署長　殿

內務省

規格 B.5.

[문서 4]

상하이 파견군 내 육군위안소의 작부 모집에 관한 건(1938.2.15)

보(保) 제981호

1938년(쇼와13) 2월 15일

미야기현[宮城縣] 지사

(경찰부장)

내무대신 스에쓰구 노부마사[末次信正] 귀하

각 청부현 장관 귀하

관하 각 경찰서장 귀하

상하이[上海] 파견군 내 육군위안소의 작부 모집에 관한 건

제목의 건에 대해 지난달 19일자 보(保) 제242호로 군마현(群馬縣) 지사(귀관)의 통보를 받은 이후 내사중인데, 이번 달 8일 관내 나토리[名取]군 ████████ 주선업자 무라카미 하라노스케[村上源之助] 앞으로 후쿠시마현 이와키시[平市] ████████ 주선업자 하세가와 ████[長谷川████]가 제목 작부로 연령 20세 이상 35세까지의 여자를 전차금 6백 원으로 약 30명 정도를 주선해달라는 내용의 우편엽서를 보내어 의뢰한 사실이 있었다. 본인의 의향을 내사하니 본인은 전혀 개의치 않고 일소에 부치고 주선의 의지가 없었다.

추신 : 본건은 사실에 관해서는 현재 후쿠시마현[福島縣]에서 조회 중임을 말씀드린다.
(관내 각 서에서는 본건의 사안을 감안하여 계속 내사를 해서 발견할 경우에는 즉시 보고할 것)

위와 같이 신(통)보함.

53

上海派遣軍内陸軍慰安所ニ於ケル酌婦募集ニ関スル件［宮城県知事］（昭13・2・15）

保第九八一號

昭和十三年二月十五日

宮城縣知事

（警察部長）

内務大臣末次信正殿

各廳府縣長官殿

管下各警察署長殿

上海派遣軍内陸軍慰安所ニ於ケル酌婦

募集ニ関スル件

首題ノ件ニ関シ客月十九日付保第二四二號ヲ

以テ群馬縣知事（貴官）ヨリ通報ニ接シ爾来

警保局
13. 2. 18 金
警 2284号

内査中ノ處本月八日管下名取郡福島縣平市
周旋業者村上源之助宛福島縣平市
周旋業長谷川ヨリ標記酌婦トシテ年
齢二十歳以上三十五歳迄ノ女子ヲ前借金六百圓ニテ約三十
名位ノ周旋方ノ内容ノモノ郵便はがきヲ以テ依頼越タル
事實アリ尚本人ノ意嚮内査スルニ本人ハ更ニ意ニ介セス
一笑ニ附シ周旋ノ意思無之
追而本件ハ事實ニ關シテハ目下福島縣ニ照會中ニ
付申添候
（管下各署ニ於テハ本件事案ニ鑑ミ引續内査ヲ遂ケ
發見ノ場合ハ速ニ報告セラルヘシ）
右及申（通）報候也

[문서 5]

지나 도항 부녀의 취급에 관한 건(1938.2.18)

경보국 경발을(警發乙) 제77호

1938년(쇼와13) 2월 18일

경보국장

경무과장 사무관

외사과장 사무관

방범과장 사무관

청부현 장관 앞 통첩안

경보국장

지나 도항 부녀의 취급에 관한 건

최근 지나 각지에서 질서 회복에 따라 도항자가 현저하게 증가하고 있는데 이들 가운데는 동지(同地)에서 요리점, 음식점, 카페 또는 가시자시키와 유사한 영업자와 연계하여 이들 영업에 종사하는 것을 목적으로 한 부녀가 적지 않다. 더욱이 내지에서 이들 부녀의 모집 주선을 하는 자로, 마치 군 당국의 양해가 있었던 것 같은 언사를 하는 자도 최근 각지에서 빈번히 나타나고 있는 상황이다. 부녀의 도항은 현지의 실정을 고려한다면 분명히 필요하다고 할 수 있다. 경찰 당국에서도 특수한 사정을 고려하여 실정에 적합한 조치를 강구할 필요가 있다고 인정한다. 이들 부녀의 모집 주선 등의 단속에 적절함을 결여한 것이 제국의 위신을 훼손하고 황군의 명예를 실추하는 것에 그치지 않고 후방 국민 특히 출정병사 유가족에게 좋지 않은 영향을 줄 뿐만 아니라, 부녀 매매에 관한 국제조약의 취지에도 어긋나지 않도록 유지하기 어려운 만큼 현지의 실정과 기타 여러 가지 사정을 고려하여 앞으로 이것의 취급에 관해서는 아래와 같이 각 호에 준거할 것을 명에 의해 통첩한다.

기(記)

1. 추업을 목적으로 한 부녀의 도항은 현재 내지에서 창기, 기타 사실상 추업을 하고 있는 만 21세 이상 또는 성병이나 기타 전염성 질환이 없는 자로서 북지, 중지 방면으로 가는 자에 한하여 당분간 이를 묵인하기로 하고, 1937년(쇼와12) 8월 미3기밀합(米三機密合) 제3776호 외무차관 통첩에 따른 신분증명서를 발급할 것.
2. 전항의 신분증명서를 발급할 때는 가업의 가계약 기간이 만료되거나 또는 그 필요가 없어졌을 때는 신속히 귀국해야 함을 미리 설명할 것.
3. 추업을 목적으로 도항하려는 부녀는 반드시 본인 스스로 경찰서에 출두하여 신분증명서 발급을 신청할 것.
4. 부녀가 추업을 목적으로 도항하기 위하여 신분증명서 발급을 신청할 때는 반드시 동일 호적 내에 있는 가장 가까운 존속, 존속이 없을 때는 호주의 승인을 얻을 것. 만약 승인해 줄 만한 사람이 없을 때는 그 사실을 명확히 할 것.
5. 추업을 목적으로 하는 부녀의 도항을 위하여 신분증명서를 발급할 때는 가업 계약, 기타 제반 사항을 조사하여 부녀 매매 또는 약취 유괴 등의 사실이 없도록 특히 유의할 것.
6. 추업을 목적으로 도항하는 부녀, 기타 일반 풍속과 관련된 영업에 종사할 목적으로 도항하는 부녀를 모집 주선할 때에는 군의 양해 또는 군과 연락하는 듯한 언사 또는 군에 영향을 미칠 만한 언사를 하는 자는 전부 엄중히 단속할 것.
7. 전호(前号)의 목적으로 도항하는 부녀를 모집 주선할 때 광고 선전을 하거나 또는 사실을 허위 혹은 과대하게 전하는 것 등은 전부 엄중히 단속할 것. 또 그 모집 주선 등에 종사하는 자는 엄중히 조사하여 정식 허가 또는 재외공관 등이 발행한 증명서 등을 소지하지 않고 신분이 확실치 않은 자는 인정하지 말 것.

主管局號及受付月日

大臣

次官

警保局長

文書課長

警務課長　事務官

外事課長　事務官

防犯課長　事務官

主任

昭和十三年二月十八日

部外秘

廳府縣長官宛通牒案

警保局長

支那渡航婦女ノ取扱ニ關スル件

第　號　受　月　日
第　號　發　月　日

最近支那各地ニ於ケル秩序ノ恢復ニ伴ヒ渡航者著シク増加シツツアルモ是等ノ中ニハ同地ニ於ケル料理店、飲食店、「カフエー」又ハ貸座敷類似ノ営業者ト聯繋ヲ有シ是等ノ営業ニ従事スルコトヲ目的トスル婦女募ナカラサルモノアリ更ニ亦内地ニ於テ是等婦女ノ募集周旋ヲ為ス者ニシテ恰モ軍當局ノ諒解アルカノ如キ言辭ヲ弄スル者モ最近各地ニ頻出サレツツアル状況ニ在リ婦女ノ渡航ハ現地ニ於ケル實情ニ鑑ミルトキハ蓋シ必要已ムヲ得ザルモノアリ警察當局ニ於テモ特殊ノ考慮ヲ拂ヒ實情ニ即スル措

内務省

置ヲ講ズルノ要アリト認メラルルモ是等婦女ノ
募集周旋等ノ取締ニシテ適正ヲ欠カンカ帝
國ノ威信ヲ毀ケ皇軍ノ名誉ヲ害フノミニ止マ
ラズ銃後國民特ニ出征兵士遺家族ニ好マシ
カラザル影響ヲ與フルト共ニ婦女賣買ニ
関スル國際條約ノ趣旨ニモ悖ルコト無キヲ

保シ難キヲ以テ旁々現地ノ実情其ノ他各般
ノ事情ヲ考慮シ爾今之カ取扱ニ関シテハ
左記各號ニ準據スルコトト致度依命此段
及通牒候

記

日本標準規格B5(182×257mm)

一、醜業ヲ目的トスル婦女ノ渡航ハ現在内地ニ於テ娼妓其ノ他事実上醜業ヲ営ミ、満二十一歳以上且花柳病其ノ他傳染性疾患ナキ者ニシテ北支、中支方面ニ向フ者ニ限リ當分ノ間之ヲ黙認スルコト（昭和十三年八月三日米機密合第三七七六號外務次官通牒ニ依ル）トシ身分證明書ヲ発給スルコト

内務省

日本標準規格B5（182×257mm）

二、前項ノ身分證明書ヲ發給スルトキハ稼業ノ假契約ノ期間満了シ又ハ其ノ必要ナキニ至リタル際ハ速ニ歸國スル様豫メ諭旨スルコト

三、醜業ヲ目的トシテ渡航セントスル婦女ハ必ズ本人自ラ警察署ニ出頭シ身分證明書ノ發給ヲ申請スルコト

四、醜業ヲ目的トスル婦女ノ渡航ニ際シ身分證明書ノ發給ヲ申請スルトキハ必ズ同一戸籍内ニ在ル最近尊族親、尊族親ナキトキハ戸主ノ承認ヲ得セシムルコトトシ若シ承認ヲ與フベキ者ナキトキハ其ノ事實ヲ明ナラシムルコト

五、醜業ヲ目的トスル婦女ノ渡航ニ際シ身分證

内務省

日本標準規格B5(182×257mm)

内務省

明書ヲ發給スルトキハ稼業契約其ノ他各般ノ事項ヲ調査シ婦女賣買又ハ略取誘拐等ノ事實ナキ様特ニ留意スルコト

六、醜業ヲ目的トシテ渡航スル婦女其ノ他一般風俗ニ関スル營業ニ從事スルコトヲ目的トシテ渡航スル婦女ノ募集周旋等ニ際シテ軍ノ諒解又

ハ之ト連絡アルガ如キ言辭其ノ他軍ニ影響
ヲ及ボスガ如キ言辭ヲ弄スル者ハ總テ嚴重ニ
之ヲ取締ルコト

七、前號ノ目的ヲ以テ渡航スル婦女ノ募集周
旋等ニ際シテ廣告宣傳ヲナシ又ハ事實ヲ
虚偽若ハ誇大ニ傳フルガ如キハ總テ嚴重之ヲ

内務省

日本標準規格B5(182×257mm)

内務省

取締ルコト又之ガ募集周旋等ニ従事スル者
ニ付テハ嚴重ナル調査ヲ行ヒ正規ノ許可又ハ
在外公館等ノ発行スル證明書等ヲ有セ
ズ身許ノ確実ナラザル者ニハ之ヲ認メザルコト

[문서 6]

군위안소 종업부 등 모집에 관한 건(1938.3.4)

육지밀(陸支密) 제2197호

기원청(과명) 병무과

군위안소 종업부 등 모집에 관한 건

육지밀(陸支密)

부관이 북지방면군 및 중지파견군[13] 참모장에게 보낸 통첩안

지나사변지(地)에서 위안소 설치를 위해 내지에서 종업부 등을 모집할 때 고의로 군부 양해 등의 명의를 이용하기 때문에 군의 위신을 손상시키고, 또 일반민의 오해를 불러일으킬 우려가 있는 자, 혹은 종군기자 · 위문자 등을 개입시켜 통제를 받지 않고 모집하여 사회문제를 야기한 자, 혹은 모집을 담당하는 자의 인선이 적절치 않았기 때문에 모집방법이 유괴와 비슷하여 경찰 당국에 검거 취조를 받은 자가 있는 등 주의가 필요한 자가 적지 않다. 따라서 장래 이들 모집 등은 파견군에서 통제하여 이것을 담당할 인물의 선정을 주도적절하게 하고, 그 실시는 관계지방의 헌병 및 경찰 당국과의 연계를 긴밀히 하여 군의 위신을 지키면서 사회문제상 실수가 없도록 배려하기를 명(命)에 의해 통첩한다.

육지밀(陸支密) 제745호 1938년(쇼와13) 3월 4일

13) 원문에 주둔이라는 한자를 지우고 파견이라고 썼음.

政務官
書記官
回付（決行前）
（決行後）

受領番號	件名	大臣
二一九七	軍慰安所從業婦等募集ニ關スル件	印

保存期限	決裁指定	決行指定

政務次官	次官
	印

參與官	高級副官	主務局長
	印	今村

書記官	主務副官	主務課長	主務課員
	印 印	千葉	印

起元課（課名）：兵務課

簽案筆記者：陸軍 折本

主務局課 番號	受領	提出	大臣官房 受領	結了
兵甲 一八	昭和 年 月 日	昭和十三年三月四日	昭和 年 三月 日	昭和 年 三月十一日

連帶 局(部)長	連帶 課長	決行後回付（決裁官） 局(部)長	課長

陸支密

副官ヨリ北支方面軍及中支派遣軍

参謀長宛通牒案

支那事変地ニ於ケル慰安所設置ノ為内地ニ於テ
之カ従業婦等ヲ募集スルニ当リ故ラニ軍部諒解
等ノ名儀ヲ利用シ為ニ軍ノ威信ヲ傷ツケ且ツ一
般民ノ誤解ヲ招ク虞アルモノ或ハ従軍記者、慰
問者等ヲ介シテ不統制ニ募集シ社会問題ヲ
惹起スル虞アルモノ或ハ募集ニ任スル者ノ人選適
切ヲ欠キ為ニ募集ノ方法誘拐ニ類シ警察当局
ニ検挙取調ヲ受クルモノアル等注意ヲ要スルモノ
少カラサルニ就テハ将来是等ノ募集等ニ当リテハ
派遣軍ニ於テ統制シ之ニ任スル人物ノ選定ヲ
周到適切ニシ其実施ニ当リテハ関係地方ノ憲

兵及警察當局トノ連繫ヲ密ニシ以テ軍ノ威信保持上並ニ社會問題上遺漏ナキ様配慮相成度依命通牒ス

陸支密第七四五號

昭和十三年參月四日

陸軍

[문서 7]

지나 도항 부녀의 단속에 관한 건 1(1938.6.20)

기밀 제263호

1938년(쇼와13) 6월 20일

발신 : 재산하이관[山海關] 부영사 사사키 다카요시[佐々木 高義]

수신 : 외무대신 우가키 가즈시게[宇垣一成] 귀하

지나 도항 부녀의 단속에 관한 건

이달 1일에 보낸 기밀공(機密公) 제236호의 (2) 관련 고우와[厚和] 니시우마미치미나토[西馬道巷] 12호 오고모리 센지로[尾籠浅次郎]가 데리고 온 사람은 아래에 기록한 11명이다. 후쿠오카현 요시이[吉井]경찰서가 발급한 신분증명서를 휴대하고 4월 24일 우리 지역을 통과한 자들인데, 그 후 고우와[厚和] 헌병대 통보에 따르면 만 21세 미만의 부녀는 아래에 기록한 6명으로 이들은 전부 같은 지역인 니시우마미치미나토[西馬道巷] 12호의 요리점 세이게쓰루[星月樓]에서 작부 가업에 종사하였다고 한다. 이들은 도항 후의 직업을 속여서 관할 경찰서에서 신분증명서를 발급받은 것으로 추정된다. 통과 지역인 우리 지역에서는 내지 관청의 신분증명서를 휴대한 자를 행선지에서 추업에 종사할 것이라는 의심이 들어도 입국을 거부하는 것은 곤란하다. 따라서 내지 관청에서 증명서를 발급할 때 특별히 행선지에서의 가업도 고려하여 발급하기를 바라면서 앞서 보낸 문서[14]를 보완해서 보낸다.

---

14) 기밀공 제236호.

기(記)

본적 : 후쿠오카현 우키하군[浮羽郡] 센넨촌[千年村] 오아자[大字] 다치바나다[橘田]

주소 : 후쿠오카현 우키하군 요시이초[吉井町]

사이토 마쓰에[齊藤 マスエ] (당 21세)

동 사이토 후사에[齊藤 フサエ] (당 18세)

동 마키하라 미테루[牧原 ミテル] (당 21세)

동 단우라 고토에[殿浦 コトエ] (당 19세)

동 우에노 도미카[野上 トミカ] (당 19세)

동 사토 마키코[佐藤 マキコ] (당 18세)

條約局

條約局第三課長

昭和十三年六月廿八日接受

機密第二六三號

昭和十三年六月二十日

在山海關

副領事 佐々木高

條三
13.6.28
受付

外務大臣 宇垣一成殿

支那渡航婦女ノ取締ニ關スル件

本月一日附拙信機密公第二三六號ノ㈠ニ關シ厚和西馬道巷十二號尾籠淺治郎ノ同件セルモノハ左記十一名ニシテ福岡縣吉井警察署發給ノ身分證明書ヲ携帶四月廿四日當地通過セル者ナルガ其ノ後厚和憲兵隊ヨリノ通報ニヨレバ滿二十一歲未滿ノ婦女左記六名ハ何レモ同地西馬道巷十二號料理店星月樓ニ於テ酌婦稼業ニ從事シ居ル趣ナリ、此等ハ渡航後ノ職業ヲ詐リ所轄警察署ヨリ身分證明

在山海關日本領事館

書ヲ得タルモノナルコト推定シ得ラル丶處其ノ通過地タル當地ニ於テハ內地官廳ノ身分證明書ヲ携行セルモノヲ行先地ニ於テ醜業ニ從事スル疑アリトテ入國ヲ拒否スルコト困難ニツキ內地官廳ニ於テ證明書發給ノ際特ニ行先地ニ於ケル稼業ヲモ考慮シ下付スル樣致度右前信補足旁申進ス

記

本籍 福岡縣浮羽郡千年村大字橘田

住所 福岡縣浮羽郡吉井町

齊藤マスヱ（當二十一年）

同 齊藤フサヱ（當十八年）

同 牧原ミテル（當二十一年）

同 段浦コトヱ（當十九年）

同 野上トミカ（當十九年）

同 佐藤アキ子（當十八年）

在山海關日本領事館

[문서 8]

지나 도항 부녀의 단속에 관한 건 2(1938.6.25)

기밀 제76호

1938년(쇼와13) 6월 25일

발신 : 재베이징[北京] 총영사 호리우치 다테키[堀内干城]

수신 : 외무대신 우가키 가즈시게[宇垣一成] 귀하

지나 도항 부녀의 단속에 관한 건

본건에 관해 귀하가 보낸 5월 10일자 조3기밀합(條3機密合) 제723호 취지를 이해했다. 당지의 요리점, 음식점, 카페 등이 급증하고 여기서 일하는 부녀자의 숫자는 700여 명이다. 이 중에는 우리 지방의 사정에 정통하지 못하고 광고, 기타 주선인의 감언에 넘어가 수입을 과도하게 생각하여 베이징에 온 후 실상과 다르다는 것을 알고 곤란해진 자가 상당수에 이를 것으로 여겨지는 바, 이제부터 이들 부녀의 도항에 대해서는 아래에 기록한 사항을 주의할 필요가 있다. 이를 고려하기를 바라며 회신한다.

기(記)

1. 요리점

우리 지역에서 요리점은 내지의 가시세키[貸席]와 마찬가지로 예기, 작부로 가업을 하는 것이다.

1. 예기 및 작부

예기의 대부분은 예기와 창기를 겸하고, 작부는 내지의 창기와 마찬가지다. 베이징에 온 후 이 사실을 알고 문제를 일으킨 사례가 있다.

1. 여급, 댄서, 여중

내지, 만주와 조선 방면에서 모집할 때 월수 300엔 이상이라고 하였으나, 이들 가업자의 수입은 보통 150엔이라고 봐야 한다. 다만 '댄서'들은 상당한 수입이 있는 경우도 있다.

1. 남편이 있는 부인의 도항

남편이 있는 부인의 단독 지나 도항은 주위 환경상 좋지 않은 결과를 초래하는 사례가 있기에 지나 도항 출원자에 대해 상당한 주의를 요한다.

1. 기타

(가) 만연 중국 도항의 방지

방인의 진출이 날로 증가하고 이들 방인 중에는 시찰을 내세우거나 불확실한 목적을 갖고 중국에 건너와 하는 일 없이 시간을 보내다가 마침내 자금이 궁핍해져 잘못된 일에 손을 데거나 불량한 자들과 어울려 방인의 체면을 더럽히는 것과 같은 일이 있기에 지나에 건너가는 목적 조사에 주의할 필요가 있다.

(이하 생략)

이 문서 사본 송부처 텐진[天津], 상하이[上海], 칭다오[青島], 산하이관[山海關], 탕구[塘沽]

條約局

條約局第三課長

昭和十三年七月拾貳日接受

三 條 13.7.12 受付

機密第七六號

昭和十三年六月二十五日

在北京
總領事 堀内干城

外務大臣 宇垣一成殿

支那渡航婦女ノ取締ニ關スル件

本件ニ關シ五月十日附條三機密合第七二三號貴信御來照ノ趣敬承當地ニ於ケル料理店、飲食店、カフエー等激増シ之ニ働ク婦女子ノ數七百餘名ニシテ中ニハ當地方ノ事情ニ精通セス廣告其ノ他周旋人ノ甘言ニ乘セラレ收入ヲ過大視來京シ實狀ト相違セルヲ知リ困却シ居ルモノ相當數ニ上ル見込ニ付爾今之等婦女子ノ渡航ニ就テハ左記事項ヲ注意スル必要アルモノト認メラルルニ付可然御配慮相成樣致度

此段回報申進ス

在北京日本總領事館

記

一、料理店

當地ニ於ケル料理店ハ内地ニ於ケル貸席ト同様ニシテ藝妓、酌婦ヲシテ稼業セシムルモノナリ

一、藝妓及酌婦

藝妓ノ殆ト大部ハ二枚鑑札ニシテ酌婦ハ内地ニ於ケル娼妓ト同様ナリ來京後此ノ業態ヲ知リ問題ヲ惹起セル事例アリ

一、女給、ダンサー、女中

内地滿鮮方面ニ於テ募集ニ當リ月收三百圓以上アリト稱シ居ル由ナルモ之等稼業者ノ收入ハ百五拾圓以下ト見ルヲ至當トスヘク尤モ「ダンサー」等ニハ相當收入アルモノアルヘシ

一、有夫ノ婦ノ渡航

有夫ノ婦ノ單獨渡支ハ周圍ノ環境上面白カラサル結果ヲ生スル事例アルヲ以テ渡支出願者ニ對シ相當注意ヲ要ス

一、其ノ他

在北京日本總領事館

(イ)漫然渡支ノ防止

邦人ノ進出日ト共ニ増加シ此等邦人中ニハ視察ト稱シ又ハ不確實ナル目的ヲ以テ渡支何等爲スコトナク日ヲ越シ遂ニ資金ニ窮シ不正業ニ手ヲ染メ又ハ浮浪ノ徒ト交リ邦人ノ体面ヲ汚ス如キモノアルヲ以テ渡支目的ノ調査ニ當リ注意セラレ度シ

(ロ)當地在留者ノ店員、婦女子雇入ニ際シ證明發給ノ件

當地在留者ニシテ店員、婦女子雇入ノ爲歸國ニ際シ雇入者ノ氏名ヲ願書ニ記載シ之カ證明方願出スル向アルモ當館ニ於テ之カ證明ノ根據ナキ爲ガ營業證明ノミヲ發給シ居ルカ之等ノ者ノ雇入渡支證明願出ニ對シテハ可成短日時ノ中ニ差支ヘナキ限リ證明書發給セラルル様希望ス

本信寫送付先　天津、上海、青島、山海關、塘沽

在北京日本總領事館

[문서 9]

지나 도항 부녀의 단속에 관한 건 3(1938.6.30)

조3기밀(條3機密) 제480호

1938년(쇼와13) 6월 30일

발신 : 외무성 조약국장 미타니 다카노부[三谷隆信]

수신 : 내무성 경보국장 혼마 기요시[本間精] 귀하

지나 도항 부녀의 단속에 관한 건

금년 2월 23일자 귀(貴) 국장 발(發) 각 청부현 장관 앞 훈령 관련 재중국 각 공관 소재지의 실정을 조사하여 본건에 관한 의견 및 자료를 제출할 것을 요구했으나 지금까지 회답이 있었던 곳은 4곳에 불과하다. 우선 결과를 정리하여 아래와 같이 보고한다.

기(記)

지나 도항 부녀의 단속에 관한 건

(지난[済南], 장자커우[張家口], 즈푸[芝罘], 산하이관[山海関] 보고에 의한 것임)

1. 지나에 들어온 경로

5월 하순 현재 북지나 각지의 추업부는 종래부터 북지나와 만주에 있던 추업부가 이동 집산한 것이 대부분을 차지하고, 내지에서 도항하여 추업에 종사하는 자는 아직 소수다. 그런데 내지에서 지나로 건너오는데 추업부 신분증명서 발급을 받은 것이 어려운 자는 일단 조선 또는 만주로 건너온 후 북지에 거주하는 지인이나 동 업종 관계자에게 초청해 달라고 의뢰하여 북지로 향하는 자도 적지 않다.

(연령 관계 때문에 단속규칙에 의한 증명서를 발급받을 수 없는 자는 여급, 여중 등의 신분증명서를 발급받아 지나에 들어온 후 추업에 종사하는 자가 있다.)

2. 추업부의 분포 상태

산하이관에서는 “이 지역을 경유하여 북지로 가는 부녀로 추업에 종사하는 자 중에는 조선인이 상당히 많고 그 수가 점차 증가하는 경향이다. 이들은 전선(前線)에서 활동하는 것은 물론 도회지에서도 가업을 하고 있어 내지에서 도항하는 자를 어느 정도 제한해도 그렇게 수요에 영향을 주는 것은 아니다”라고 한다.

지난에서는 [별표]와 같이 사변전의 약 10배의 추업부가 있는데 현재 사정상 어쩔 수 없다. 또 쉬저우[徐州] 함락 전부터 은밀히 남하(南下)한 부녀가 300명이라고 하는데, 5월 22일 이후 군용차로 남하한 사람도 186명이다.

즈푸에 있는 가업자는 [별표]와 같이 17명이고 지나 기녀가 다수(60명)다.

장자커우[張家口]는 추업부 숫자, 지나에 들어온 부녀 단속에 관한 구체적인 보고가 없으나 일반 부녀가 매우 적다. 그리고 이 지역 부녀의 수입을 통보하니 참고하기 바란다.

예작부	최고 수입 700엔	숙식은 고용주 부담
카페 여급	100엔에서 200엔	〃
나카이	100엔에서 300엔	〃

[별표] 북지 각 지역의 추업 부녀 수(5월 말 현재)

<table>
<tr><td rowspan="4">지난</td><td colspan="5">사변전</td><td colspan="2">비고</td></tr>
<tr><td colspan="2">내지인</td><td colspan="2">선인</td><td rowspan="2">계</td><td colspan="2"></td></tr>
<tr><td>예기</td><td>작부</td><td>예기</td><td>작부</td><td>여급</td><td></td></tr>
<tr><td>101</td><td>110</td><td></td><td>228</td><td>438[15]</td><td>229</td><td></td></tr>
<tr><td rowspan="2">즈푸</td><td colspan="2">가업자</td><td colspan="2">가업자</td><td>계</td><td colspan="2" rowspan="2">상기 외에 지나 기녀 약 60명 있음</td></tr>
<tr><td colspan="2">13</td><td colspan="2">4</td><td>17</td></tr>
<tr><td>산하이관</td><td colspan="7">산하이관을 경유하여 북지로 가는 부녀 중 추업을 목적으로 하는 사람 중에 내선인[16]이 상당히 많다. 현재, 내지 부녀의 지나 도항을 어느 정도 제한하지만 그렇게 수요에 영향을 미치는 것은 아니다.</td></tr>
<tr><td>장자커우</td><td colspan="7">최근 일반적으로 부녀가 매우 적다.</td></tr>
</table>

3. 단속에 관한 의견

(가) 추업에 종사하는 부녀를 여급, 여중 등의 명의로 내지 관청의 신분증명서를 받게 하여 고용하는 자 또는 부녀의 무지를 이용하여 실상을 은폐하여 고용하여 추업에 종사시키는 등의 사실이 있을 뿐만 아니라, 통과 지역에서는 내지 관청의 신분증명서를 가지고 있는 사람을 행선지에서 추업에 종사할 의심이 든다고 하여 입국을 거부하는 것은 곤란하기 때문에 내지 관청에서 증명서를 발급할 때 특별히 행선지의 가업을 고려하여 발부할 필요가 있다.(산하이관)

(나) 전기(前記) 지나에 들어오는 경로와 관련 내지로부터의 부녀 유출 방지책으로는 종래대로 내지에서 단속도 필요하지만 잉커우[寗口],[17] 신의주(新義州), 산하이관[山海關] 및 다롄[大連] 등에서 더욱 더 엄밀한 감시를 할 필요가 있다.(지난)

(다) 북지에서는 '카페' 여급, '댄서'도 이미 포화상태로 더 이상 증가는 폐해가 많다. 따라서 추업부와 똑같이 단속할 필요가 있다. 또 전 항 (가)와 같이 허위 신고에 의한 신분증명서 발급을 방지할 필요가 있다.(산하이관)

---

15) 439의 오기임.

16) 일본인, 조선인.

17) 营口의 오자로 추측됨.

機密

條三機密第四八〇號

昭和十三年六月三十日

外務省條約局長　三谷隆信

內務省警保局長　本間精殿

支那渡航婦女ノ取締ニ關スル件

本年二月二十三日附貴局長發各廳府縣長官宛訓令ニ關シ在支各公館所在地ニ於ケル實情ヲ調査セシメ本件ニ關スル意見竝ニ資料ヲ求メタル處今日迄回報アリタルモノ四館ニ過キサルモ不取敢右結果取纏メ左ノ通報告ス

記

支那ヘ渡航ノ婦女取締ニ關スル件

（濟南、張家口、芝罘、山海關ヨリ報告アリタルモノニ依ル）

は（イ）

外務省

13,4

2

一、入支ノ經路

五月下旬現在ニ於ケル北支各地ノ醜業婦ハ從來ヨリ北支、滿洲ニ在リタル醜業婦ノ移動集散シタルモノガ其ノ大部分ヲ占メ內地ヨリ渡航醜業ニ從事スルモノハ未ダ少數ナリ而シテ內地ヨリ渡支スル醜業婦ニシテ身分證明書ノ下付ヲ受クル望ミ薄キモノハ一旦朝鮮又ハ滿洲ニ到リタル後北支居住ノ知己又ハ同業關係者ニ呼寄方ヲ依賴シテ北支ヘ向フモノ少カラズ

（年齡ノ關係ニ依リ取締規則ニ依ル證明書ヲ受ケ得ザルモノハ女給、女中等ノ身分證明書ヲ受ケ入支後醜業ニ從事スルモノアリ）

二、醜業婦ノ分布狀態

山海關ニ於テハ「同地經由北支ニ赴ク婦女ニシテ醜業ニ從事スルモノノ內ニハ朝鮮人相當多ク其ノ數漸次增加ノ傾向ニアル處是等ハ前線ニ活動スルハ勿論都會地ニテモ稼業シ居リ內地ヨリノ渡航者ヲ或程度制限スルモ左迄需要ニ影響スルコトナカルヘシ」トス

は（下）

外務省

13.6

濟南附近ニハ別表ノ如ク事變前ノ約十倍ノ醜業婦アルモ現在ニ於テハ事情已ムヲ得ズトス。又除州陷落前ヨリ密ニ南下セル婦女三百名アリト稱セラレ五月二十二日以後軍用車ニテ南下セルモノ一八六名アリ

芝罘ニ在ル稼業者ハ別表（十七名）ノ如クナルモ支那妓女多數（六十名）アリ

張家口ハ醜業婦ノ數、入支婦女ニ關スル取締ニ關シ具体的ノ報告ナキモ一般ニ婦女拂底ナル趣ナリ、尚同地婦女ノ收入ヲ通報セルニ付參考迄ニ擧グレバ左ノ如シ

藝酌婦	最高揚高七百圓	仕込食事雇主負擔
カフエー女給	百圓乃至二百圓	〃
仲居	百圓乃至三百圓	〃

は(ト)

外務省

4

北支各地ニ於ケル醜業婦女數（五月末現在）

	事變後						備考
	內地人		鮮人				
	藝妓	酌婦	藝妓	酌婦	計	女給	
濟南	一〇一	一一〇	—	三二八	四三八	二二九	
	內地人稼業者	鮮人稼業者	計				
芝罘	一三	四	一七				上記ノ外支那妓女約六十名アリ
山海關							山海關經由北支ニ赴ク婦女中醜業ヲ目的トスルモノノ內鮮人相當多ク現在ハ內地婦女ノ渡支ヲ或程度制限スルモ左迄需要ニ影響スルコトナカルベシ
張家口							最近一般ニ婦女拂底ノ傾向アリトス

は(ト)

外務省

13.6

5

は(ト)

三、取締ニ關スル意見

(イ)醜業ニ從事セシムル婦女ヲ女給、女中等ノ名義ニテ内地官廳ノ身分證明書ヲ受ケシメ傭入ルルモノ又ハ婦女ノ無智ニ付入リ實狀ヲ隱蔽シテ傭入醜業ニ從事セシムル等ノ事實アルノミナラス而モ通過地ニ於テハ内地官廳ノ身分證明書ヲ携行セルモノヲ行先地ニ於テ醜業ニ從事スル疑アリトテ入國ヲ拒否スルコト困難ナルニ付内地官廳ニ於テ證明書發給ノ際特ニ行先地ニ於ケル稼業ヲモ考慮シ下付スルコトヲ要ス(山海關)

(ロ)前記入支經路ニ徵シ内地ヨリノ婦女流出防止策トシテハ從來通リノ内地ニ於ケル取締モ必要ナルガ寧口、新義州、山海關及大連等ニ於テ一層嚴密ナル監視ヲ加フル要アリ(濟南)

(ハ)北支ニ於テハ「カフエー」女給、「ダンサー」ノ如キモ既ニ飽和狀態ニ達シ此ノ上ノ增加ハ弊害多キニ付醜業婦同樣取締ル必要アリ之ハ又前項(イ)ノ如キ虚僞ノ申出ニ依ル身分證明書下付ヲ防グコトヲ得ベシ(山海關)

外務省

13. 6

[문서 10]

지나 도항 부녀에 관한 건 문의(1938.11.4)

1938년(쇼와13) 11월 4일

발신 : 주임

수신 : 경보국장

경무과장

사무관

외사과장

사무관

지나 도항 부녀에 관한 건 문의

오늘 남지나파견군 후루쇼[古荘]부대 참모 육군 항공병 소좌 구몬 아리후미[久門有文]와 육군성 징모과장으로부터 남지나파견군의 위안소 설치를 위해 필요한 추업(醜業)을 목적으로 하는 부녀 약 4백 명을 도항시킬 수 있도록 배려해 주기를 바란다는 신청이 있었다. 이에 금년 2월 23일 내무성발경(警) 제5호 통첩의 취지에 따라 이를 처리하는 것으로 하고, 아래의 내용을 각 지방청에 통첩하여 은밀히 적당한 인솔자(포주)를 선정하여 이들로 하여금 부녀를 모집시켜 현지로 보내도록 조처하고자 한다.

참고로 이미 타이완총독부를 통해 동 지역에서 약 3백 명이 도항 준비를 마쳤다는 보고가 있었다.

기(記)

1. 내지에서 모집하여 현지로 보내는 추업을 목적으로 한 부녀는 약 4백 명 정도로 하고, 오사카[大阪] 1백 명, 교토[京都] 50명, 효고[兵庫] 1백 명, 후쿠오카[福岡], 1백 명, 야마구치[山口]

50명을 할당하였다. 그 인솔자(포주)를 선정하여 이들을 모집하여 현지로 보낼 것.

2. 위 인솔자(포주)는 현지에서 군위안소를 경영하는 자로 특히 신원이 확실한 자를 선정할 것.
3. 위 도항 부녀의 수송은 내지에서 타이완 가오슝[高雄]까지는 포주의 비용으로 은밀하게 연행하고, 동 지역부터는 주로 어용선(御用船)을 이용하여 현지로 보낼 것. 그리고 위의 수단이 어려울 경우에는 타이완 가오슝핑[高雄屛] 통찌엔[東間]에서 정기선이 있으므로 이를 이용하여 인솔자가 동행할 것.
4. 본건에 관한 연락은 참모본부 제1부 제2과 이마오카[今岡] 소좌, 요시다[吉田] 대위가 담당하며 현지에서는 군사령부 미네키[峯木] 소좌가 이를 담당함.
5. 이상의 건 이외에 이들 부녀를 필요로 할 경우에는 반드시 후루쇼부대 본부에서 남지나파견군에 대한 것을 일괄하여 인솔허가증을 교부하는 것으로 함(구몬 참모가 귀대하여 곧 바로 각 부대에게 이 취지를 전달함).
6. 본건 도항에 대하여 내무성과 지방청은 부녀의 모집 및 출항에 관해 편의를 제공하는 데까지 하고, 계약 내용 및 현지에서 부녀의 보호는 군이 충분히 주의할 것.
7. 이상에 의거하여 또 금년 2월 23일자 당국의 통첩을 고려하여, 본건 도항 부녀에 대해서는 아래의 내용에 따라 각 지방청에서 처리할 것.
   (가) 인솔자(포주), 현지에서는 책임 있는 경영자(포주 혹은 관리자)를 필요로 하는 만큼, 추업을 목적으로 도항하는 부녀의 인솔자 신분은 특히 확실하고 또한 상당수의 추업 부녀를 인솔하여 현지에 가서 군위안소를 경영할 수 있는 자로 선정할 것. 〈누락〉 남지나파견군에 대한 것을 일괄하여 인솔허가증을 교부하는 것으로 함(구몬 참모가 귀대하자 곧바로 각 부대에 대해 이 취지를 전달함).
6. 본건의 도항에 대해서는 내무성 및 지방청은 이것이 부녀의 모집 및 출항에 관하여 편의를 제공하는 데까지 하고, 계약 내용 및 현지에서 부녀의 보호는 군이 충분히 주의할 것.[18]
7. 이상에 의거하여 또 금년 2월 23일자 경보국장 통첩을 고려하여, 본건 도항 부녀에 대해서는 아래의 내용에 따라 전기 각 부현에 통첩하고 이를 처리할 것(우선 전화로 하고

[18] 6, 7번은 위 6, 7번과 반복되는 부분이 있으나 원문 그대로를 번역한 것임.

나서 서면을 발송할 것).[19]

통첩안

발신: 경보국장

경보국 경발갑(警發甲) 제136호(11월 8일 시행)

수신: 오사카, 교토, 효고, 후쿠오카, 야마구치 각 부 현 지사

(메모) 인솔자 23명, 예정 수(數) 전부 도항 완료

남지 방면 도항 부녀의 취급에 관한 건

지나로 도항하는 부녀에 관해서는 금년 2월 23일 내무성발경(內務省發警) 제5호 통첩이 있다. 남지 방면에서도 이들 추업을 목적으로 하는 특수부녀를 필요로 하는 모양이나, 아직 그 도항은 없다. 현지에서 희망하는 바도 있어 어쩔 수 없는 사정이 인정되니, 본건은 극비로 아래에 따라 이를 처리하고자 한다. 이를 배려해 주기 바란다.

기(記)

1. 포주인 인솔자의 선정 및 취급

(가) 인솔자(포주)는 가시자시키업자들 중에서 신원이 확실하고 남지 방면에서 군위안소를 경영하는 데 지장이 없다고 인정되는 자를 포주인 인솔자로서 선정한다. 이들에 대해 남지 방면에서 군위안소를 설치하는 것을 허가하는 방식으로 만약 그 설

19) 일본의 아시아역사자료센터에서 제공하는 원자료를 보면, 밑줄 가운데 점선 부분은 앞에 있는 5의 중간부터 7 사이에서 이미 나온 내용이 중복하여 나오는 부분이다. 물론 7의 뒤쪽 부분은 표현이 조금 다르나 전체적인 내용은 동일하다. 그리고 1)의 굵은 밑줄 부분은 원자료에서 하나의 페이지에 작성된 내용이나 전후 페이지와의 관련성이 없는 내용이다. 아마도 서류철의 순서가 잘못되었거나 다른 곳에 들어가야 할 내용이 포함된 것으로 판단된다.

치와 경영을 희망하는 자는 편의상 관계 방면에 추천하는 것으로 하여 어디까지나 경영자의 자발적 희망에 의거한 것으로 하여 이를 선정할 것.

(나) 추업을 목적으로 하여 남지 방면으로 도항하는 것을 허가하는 부녀 수는 약 4백 명으로 함. 이것을 오사카부 약 1백 명, 교토부 약 50명, 효고현 약 1백 명, 후쿠오카현 약 1백 명, 야마구치현 약 50명씩 할당함. 이를 인솔하기 위해 적당한 자를 앞의 항에 따라서 선정하고, 그 인솔자(포주)에 한해 은밀히 하는 위 부녀의 고용을 인정하며, 도항은 이하 각 항에 따라 처리할 것. 단 도항 부녀의 출신 부현의 수는 위 선정 부현 이외라도 상관없음.

(다) 1명의 인솔자(포주)가 인솔하는 부녀의 수는 10명 내지 30명 정도로 할 것.

(라) 앞의 3항에 따라 위안소 경영을 희망하는 자가 있을 경우, 즉시 그 인솔자인 경영자의 주소 · 이름 · 경력 및 인솔 예정 부녀 수를 은밀히 전화 등으로 내무성에 통보할 것.

(마) 앞 항의 보고에 의거하여 군부의 증명서를 송부하는 바, 이에 따라 앞의 추업을 목적으로 도항할 부녀를 비밀리에 모집할 것.

(바) 앞 항의 도항 부녀가 내지를 출항할 경우에는 그 인솔자 이름, 도항 부녀의 수, 내지 출항지 명, 예정 월일 및 타이완 가오슝 도착 예정 월일을 내무성에 통보할 것 (이 통보에 의해 타이완에서의 배편을 준비함).

2. 도항 부녀

(가) 추업을 목적으로 하는 도항 부녀는 현재 내지에서 창기 기타 사실상 추업에 종사하는 자로서 만 21세 이상이고 신체 건강한 자.

(나) 앞 항 이외는 금년 2월 23일 경보국장 통첩에 의해 처리할 것.

(다) 추업을 목적으로 하는 도항 부녀에 대한 신분증명서는 발급 전에 건강진단서를 제출받거나 또는 건강진단을 실시하는 등 건강한 것을 확인한 후에 교부할 것.

3. 인솔자(포주)와의 계약

(가) 인솔자(포주)와 도항 부녀가 체결하는 전차(前借) 계약은 아주 단기간으로 하고 전차금은 아주 소액으로 할 것.

(나) 기타 가업에 관한 일체의 사항은 현지 군 당국의 지시에 따를 것.

4. 모집

추업을 목적으로 하는 도항 부녀의 모집은 영업허가를 받은 주선인이 은밀하게 하고, 그 희망 부녀자에 대해서는 반드시 현지에서 추업에 종사한다는 것을 설명할 것. 또한 주선료 등은 인솔자(포주)가 부담하게 할 것.

5. 예방주사, 건강진단서

(가) 전염병 예방주사는 현지에서 군이 실시.

(나) 건강진단은 수시로 군의관이 실시.

(다) 진료에 필요한 위생재료는 경영자가 부담함. 단 현지의 상황에 따라 약품 등 보충하기 곤란한 것은 당분간 군에서 이를 지급할 예정.

6. 위안소 설치장소, 경영

(가) 위안소 설치장소 및 건물은 현지 상황에 따라 당분간 군에서 선정하여 사용할 예정. 그 변경 역시 동일함.

(나) 기타 군에서 지휘 감독하는 것으로 함.

제2안

경보국경발갑(警保局警發甲) 제136호의 2

발신: 내무성 경보국장

수신: 부현 장관(오사카 · 교토 · 효고 · 후쿠오카 · 야마구치 각 부현을 제외)

남지 방면 도항 부녀의 취급에 관한 건

이번에 부득이하게 남지 방면으로, 추업을 목적으로 하는 부녀 약 4백 명의 도항을 인정하게 되었다. 이를 인솔하는 자(포주)를 오사카, 교토, 효고, 후쿠오카 및 야마구치 각 부현(府県)에서 선정하고 이들 부녀를 모집하기 위해 별지와 같이 위 부현에 통첩했다. 이와 관련해 혹시 귀현(貴県)에서도 위의 도항에 참가할 부녀가 있을 것으로 사료되니 미리 유념해 주시기 바란다.

[명함]

남중국 파견군 참모

육군항공병 소좌 구몬 아리후미[久門有文]

경보국장 각하

낭자군 약 5백 명

광둥(廣東)으로 파견

알선을 의뢰함

丙

秘

施行 十二月八日

昭和十三年十一月四日

主任

警保局長

警務課長

事務官

外事課長

事務官

支那渡航婦女ノ関スル件伺

本日南支派遣軍古荘部隊参謀陸軍
航空兵少佐久門有文及陸軍省徴募課
長ヨリ南支派遣軍ノ慰安所設置ノ為必
要ニ付醜業ヲ目的トスル婦女約四百名
ヲ渡航セシムル様配意アリタシトノ申出アリタル
ニ付テハ、本年二月二十三日内務省発警第五號通牒ノ趣旨ニ依リ之ヲ取扱フコトトシ、左記ヲ各地方庁ニ通牒シ密ニ適当ナル引率者（抱主）ヲ選定シ之ヲシテ婦女ヲ募集セシメ現地ニ向ハシムル様取計相成可然哉

追テ既ニ台湾総督府ノ手ヲ通ジ同地ヨリ約三百名渡航ノ手配済ノ趣ニ有之

内務省

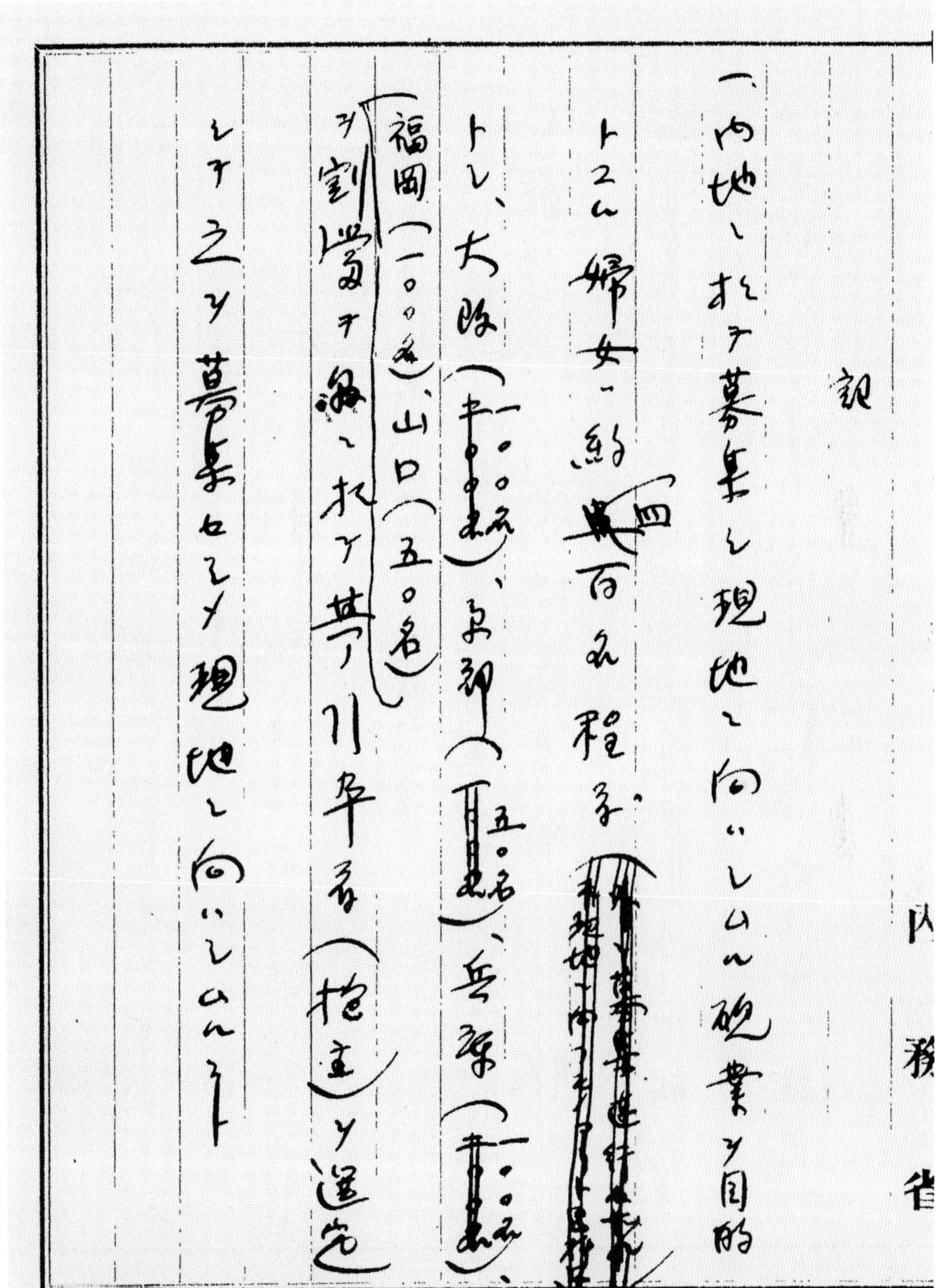

内務省

記

一、内地ニ於テ募集シ現地ニ向ハシムル醜業ヲ目的トスル婦女ハ約四百名程度トシ、大阪(一〇〇名)、京都(五〇名)、兵庫(一〇〇名)、福岡(一〇〇名)、山口(五〇名)ヲ割当テ縣ニ於テ其ノ引率者(抱主)ヲ選定シテ之ヲ募集セシメ現地ニ向ハシムルコト

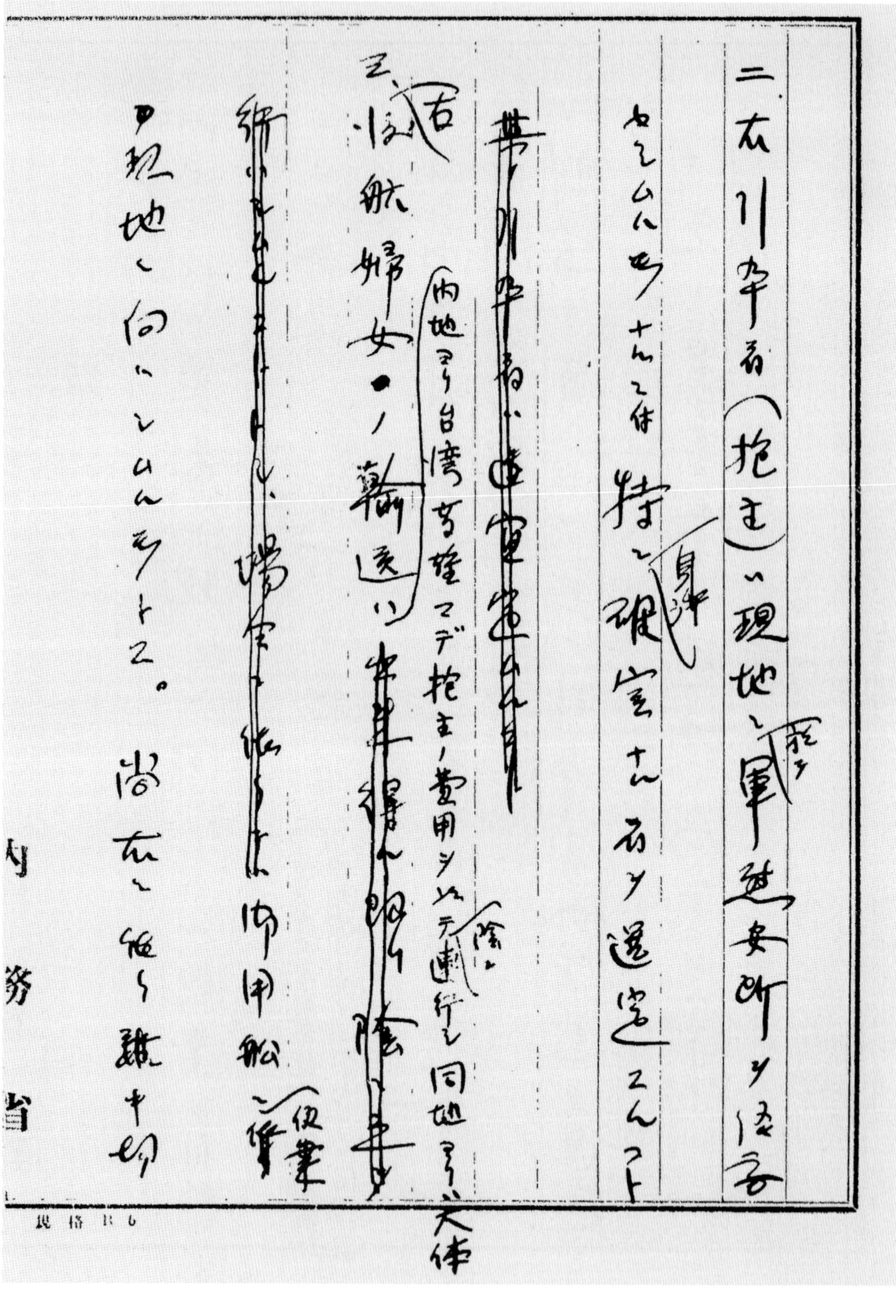

二、右ノ本者（抱主）ハ現地ニ於テ慰安所ヲ経営セントスル者ナルニ付特ニ身許確実ナル者ヲ選定スルコト

三、右渡航婦女ノ輸送ハ内地ヨリ台湾高雄マデ抱主ノ費用ヲ以テ陰ニ實行シ同地ヨリ大体軍用船ニ便乗セシメ現地ニ向ハシムルモノトス。尚右ニ依リ難キ

内務省

規格B6

内務省

今ハ台湾高雄寄港ノ定期便船アルノミナリ
之ニ依リ本日同行スル事
四、本件ニ関スル連絡ニ付テハ陸軍省徴募課長
又参謀本部（第一部）第二課今岡少佐、吉田大尉
之ニ當リ　当地ハ軍司令部峯木少佐之ニ當ル。
五、以上ノ外営業婦女ヲ必要トスル場合ハ
必ズ古荘部隊本部~~久保宮特務部~~ニ依

テ南支派遣軍ニ対スルモノ全部ヲ從

ニテ引率許可證ヲ交付スル様取扱フ

コトトス（久門参謀帰隊ノ上直ニ各部隊

ニ対シコノ旨通達ス）

尚本件渡航ニ付テハ内務省及地方廳ハ之ガ婦女ノ募集及出港ニ関シ便宜ヲ供與スルニ止メ、契約内容及現地ニ於ケル婦女ノ保護ハ軍ニ於テ充分注意スル

共、以上ニ依リ出先軍ニ二月手交スル通牒ヲ発送ニ

本件渡航婦女ニ対シテハ左記ニ依リ各地方廳ニ

於テ取扱ハシムルコト

外務省

内務省

(イ)引率者（抱主）、
現地ニ於テ責任アル経営者（抱主又ハ其代理
者）ヲ必要トスルニ付、醜業ヲ目的トスル
渡航スル婦女ノ引率者ハ身元ノ特ニ
確実ナル~~非者ヲ指定シ~~且相当数ノ醜業
婦女ヲ引率シ現地ニ到リ慰安所ヲ
経営シ得ルモノヲ選定スルコト

ヲ南支派遣軍ニ対スルモノ全部ヲ統一
シ引率許可證ヲ交付スル様取扱フコト
トス（又同参謀ハ帰軍ノ上直ニ各部隊
ニ対シコノ旨示達ス）
六、本件取扱ニ付テハ内務省及地方廳ハ之ガ
婦女ノ募集及出港ニ関シ便宜ヲ供與シ

内務省

内務省

ルニ止メ、契約ノ内容及現地ニ於ケル婦女ノ保
護ハ軍ニ於テ充分注意ス
七、以上ニ依リ且本年二月二十三日警保局通
牒ヲ考慮シ支那渡航婦女ニ対シテハ左
記ノ如ク前記各号ニ通牒シ之ヲ取扱ハ
シムルコト（不取敢電話シ更ニ書面ヲ発送スルコト）

ノ九六二三六、
事務官
保安課

通牒案

警保局長

警保局警発甲第一三六号 （十二月八日施行）

大阪、京都、兵庫、
和歌山、山口 各府県知事殿

南支方面渡航婦女ノ取扱ニ関スル件

支那渡航婦女ニ関スル件昭和十三年二月二十三日内務省発警第五号通牒ノ次第モ有之候処南支方面ニ於テモ之ガ業態

内務省

内務省

醜業ヲ目的トスル特殊婦女ノ多数渡航スル模様ナルモ未ダ其ノ保護ナク現地邦人ノ希望ノ次第モ有之事情已ムヲ得ザルヤニ認メラルルニ付テハ本件極秘ニ左記ニ依リ之ヲ取扱フコトト致スニ付御配意相成度

記

一、抱主又ハ引率者ノ選定及取扱

(イ) 引率者(抱主)ハ貸座敷業者等ノ中ヨリ身許確実ニシテ南支方面ニ於テ軍慰安所ヲ経営セシムルモ支障ナシト認ムル者ヲ抱主又ハ引率者トシテ選定シ之ニ対シ南支方面ニ於テ軍慰安所ノ設置ヲ許サルル

内務省

内務省

申標榜[illegible]者ニ其ノ設置経営ノ節

望アラハ相互ニ便宜周旋方取計推薦ス

ル旨ヲ[illegible]説ト何[illegible]途ニ経営者ノ

自発的ノ希望ニ基キ採取運ヒ之ヲ

選定[illegible]

中ニハ従業婦[illegible]婦女[illegible]十[illegible]

(ロ)醜業ヲ目的トシテ南支方面ヘ渡航ヲ認
ムル婦女数ハ約四百名トシ之ヲ大阪府
約百名、京都府約五十名、兵庫県約百名、
福岡県約百名及山口県約五十名ヲ割當
ラレタルニ付テハ之ヲ引率スル為適當ナル
者ヲ前述ニ依リ選定シ其ノ引率者（指定）

ニ眼ヲ陰ニ行フ右婦女ノ徒入レヲ謀ル

其ノ搭船ハ以下各項ニ依リ取扱フコト、

(イ) 但シ渡航スル婦女ノ大部分ハ右接客業

為以外ニテモ差支ナキコト

(ロ) 一引率者(擔任)ノ引率スル婦女ノ数

ハ十名乃至三十名程度トナスコト

~~右手続ヲ経タル者ニハ~~

（六）前三項ニ依リ慰安所経営ヲ希望スル者アルトキハ直ニ其ノ引率者ニ経営者ノ住所氏名、住所及引率予定婦女数ヲ（密ニ）電報ニ依リ内務省ニ通報スルコト

（七）前項報告ニ基キ其ノ（軍部）證明書ヲ送付スルニ

内務省

内務省

件ニ依リ右醜業ヲ目的トシテ渡航スル
婦女ヲ密ニ募集スルト
(八) 前項渡航婦女ノ内地出港ノ期日ハ其ノ
ノ本籍氏名、渡航婦女ノ数、内地出港期日及
予定月日及台湾高雄到着予定月日ヲ
内務省ニ通報スルト(此ノ通報ニ依リ台湾ヨリノ便船
ヲ手配ス)
尚右ハ台湾ヨリノ便船ノ付ラレサルトキハ同地出

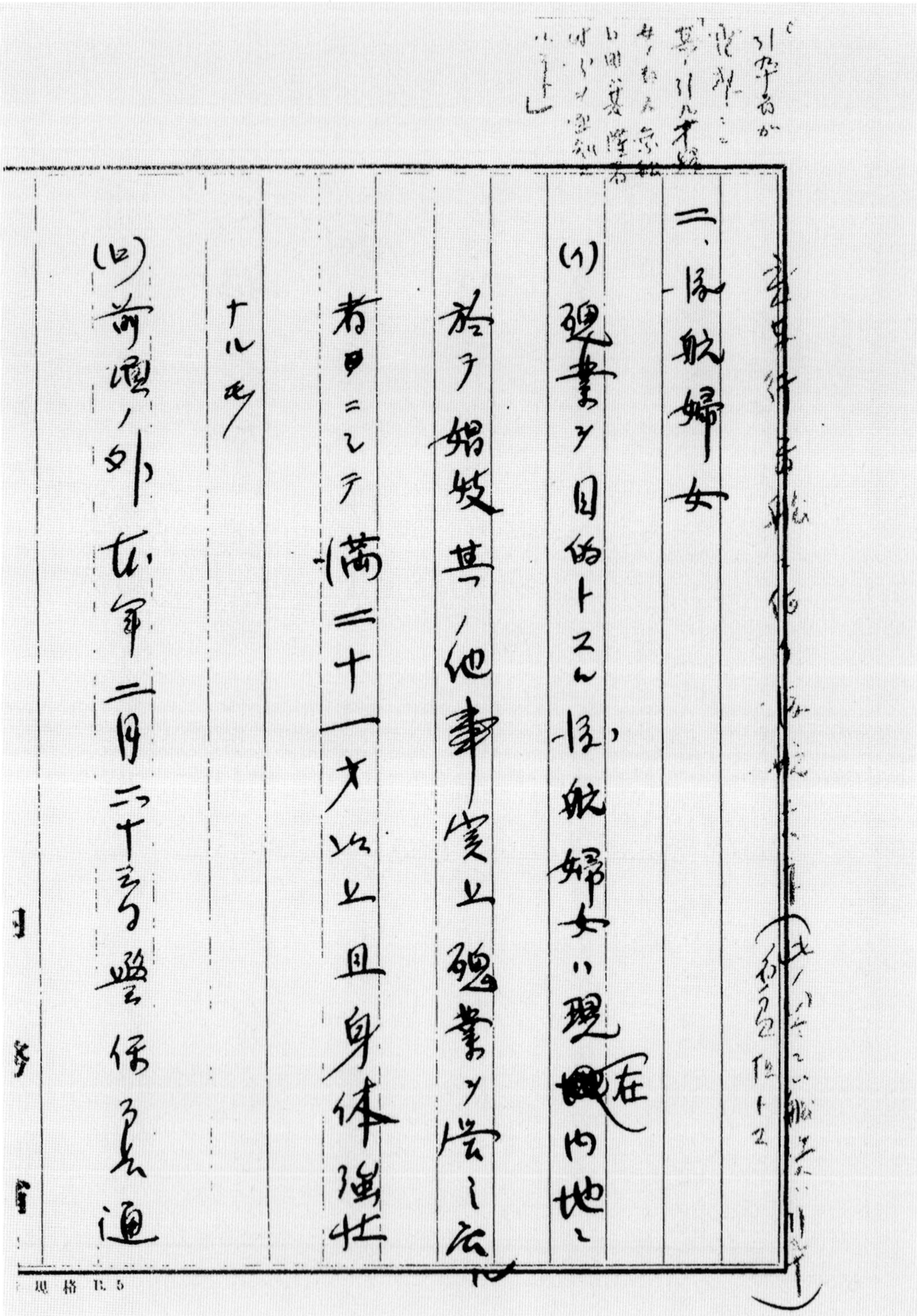

二、渡航婦女

(イ) 醜業ヲ目的トスル渡航婦女ハ現在内地ニ於テ娼妓其ノ他事実上醜業ヲ営ミ居ル者ニシテ満二十一才以上且身体強壮ナルモノ

(ロ) 前項ノ外本年二月二十三日警保局長通

規格B.5

様ニ依リ面接スルコト

(ハ)醜業ヲ目的トスル渡航婦女ニ対スル身分

証明書ハ発給前健康診断書ヲ提出

セシメ又ハ健康診断ヲ行ヒ其ノ健康ナルコト

ヲ認メタル上之ヲ交付スルコト

五、引率者(抱主)ト契約

(イ) 引率者(指定)ト稼業婦女トノ締結ニハ
前借契約ハ可成短期ノモノトシ前借金ハ
可成小額ナラシムルコト

(ロ) 其ノ他稼業ニ関シ一切ノ事項ハ現地
軍当局ノ指示ニ従フコト

四、募集

醜業ヲ目的トスル婦女ノ募集ハ営業
許可ヲ受ケタル周旋人ヲシテ陰ニ之ヲ為サシ
メ、其ノ帝国婦女子ニ対シテハ必ズ現地
ニ於テハ醜行ニ従事スルモノナルコトヲ説明
セシムルモノトス、尚周旋料等ハ引率者（抱主）
ニ於テ負担セシムルモノトス

五、予防注射、健康診断等

(イ) 伝染病予防注射ハ現地ニ於テ軍之ヲ行フ。

(ロ) 健康診断ハ随時軍医ニ於テ之ヲ実施

又

(ハ) 治療薬品ハ軍ニ於テ之ヲ支給スル予定

(ハ) 治療ニ要スル[illegible]費用ノ負担ハ[illegible]トス 但シ[illegible]地理/状況ニ依リ業者ノ[illegible]補充困難トスル向ニ対シテハ[illegible]向

務省

内務省

六、慰安所従業婦女ノ監督

(イ) 慰安所従業婦女及建物ハ（現地附近ニ於ケル営業者間）軍ニ於テ之ヲ選定使用セシムルモノトス ~~指導~~ 其ノ変更ニ付亦同ジ

(ロ) 其ノ他軍ニ於テ指揮監督スルモノトス

第二案

警保局警發甲第三六號ノ二

内務省警保局長

臺湾総督府長官

（警視総監、各府縣長官、樺太廳長官）
大阪、京都、兵庫、福岡、山口各府縣長官

南支方面渡航婦女ノ取扱ニ関スル件

今般已ムヲ得ズ南支方面ヘ醜業ヲ目的トスル婦女約四百名ノ渡航ヲ認ムルコトト相成之ニ引率ノ（抱主）タル者ヲ大阪、京都、兵庫、

福岡及山口ノ各知事ニ下ヲ通達シ之ガ婦女ヲ
募集スル為別紙ノ通右知事ニ通牒致置候
ニ付テハ或ハ貴方下ヨリモ右接触ニ参趣スル
婦女アリト思料スルニ付予メ御含置相成度
右申進候

南支派遣軍参謀

陸軍航空兵少佐 久門有

警保局長閣下

ト〃手軍約五百名
廣東ニ御派遣方
御斡旋願上ル

[문서 11]

한커우 공략 후 방인 진출에 대한 응급처리요강 송부의 건(1938.9.28)

기밀 제3107호

1938년(쇼와13) 9월 28일

발신 : 재상하이[上海] 총영사대리 고토 이쓰오[後藤溢尾]

수신 : 외무대신 우가키 가즈시게[宇垣一成] 귀하

「한커우 공략 후 방인 진출에 대한 응급처리요강」 송부의 건

한커우[漢口] 공략 후 방인 진출에 관해 9월 10일 연락회의에서 결정된(현지 영사관과 충분한 연락을 하도록 확인해 둠) 응급처리요강을 참고하도록 별지로 송부한다. 그리고 사본 한 부를 하나와[花輪] 총영사에 교부해 두었다.

1938년(쇼와13) 9월 14일

연락회의 결정

한커우 공략 후 방인 진출에 대한 응급처리요강

방침

한커우에 진출하려고 하는 방인에 대해서는 군수(軍需)의 충족과 부흥의 촉진을 주안점으로 하여 당분간 통제한다.

요령

1. 한커우 거류민의 복귀는 우선적으로 인정한다. 특히 군대 또는 군인, 군속을 대상으로 하는 상업종사자, 음식점업자, 여관업자, 그리고 민단역원 운수업자 등을 우선하는 것으로 한다.
2. 거류민 중에 유력자 몇 명은 특무부가 진출할 때 수행을 허가하여 한커우의 부흥, 물자의 공급, 복귀 거류민의 지도 등에 관해 특무부를 보좌한다.
3. 거류민 이외의 진출은, 복귀 희망 거류민의 수송에 여유가 생긴 후에 진출 후 즉시 영업을 개시할 수 있는 자부터 우선적으로 인정한다. 단 군대 위안소 개설을 위해 진출하는 자는 이를 제한하지 않는다.
4. 일반 여행자는 한커우에서 숙영설비를 정비하고 수송력에 여유가 있는 경우 외에는 당분간 한커우 진출을 인정하지 않는 것으로 한다. 단 조사 등 긴급한 필요가 있는 자에 대해서는 제한하지 않는다.
5. 한커우 공략 후 진출해야 하는 방인의 수송용 선박은 닛신기선[日清汽船]에서 미리 준비해 두도록 한다.
6. 제1편선으로 진출하는 자에 대해서는 상품 이외에 자가용 식료로 대체로 1개월분을 휴대하도록 한다.
7. 공용시설 복구용 자재 및 결핍 물자의 수송에 대해서는 특별히 고려하도록 한다.

비고

한커우 방면에 대한 통행허가증은 군사상의 필요에 따라 군대에서 발행 교부하는 것 이외에는 육해군 특무부에서 발급하는 것으로 한다.

「漢口攻略後邦人進出ニ対スル応急処理要綱」送付ノ件 [在上海総領事代理] (昭13・9・28)

機密第三一〇七號

昭和十三年九月二十八日

在上海
總領事代理　後藤鎰尾

外務大臣　宇垣一成殿

「漢口攻略後邦人進出ニ對スル應急處理要綱」送付ノ件

漢口攻略後ニ於ケル邦人進出ニ關シ九月十四日連絡會議ニ於テ決定セル(現地領事館ト十分連絡方念ヲ押シ置キタリ)應急處理要綱別紙

參考迄別紙ノ通送付ス、尚寫一部花輪總領事ニ交付シ置キタリ

外務省

昭和十三年九月十四日

漢口攻略後邦人進出ニ對スル應急處理要綱連絡
會議決定

方針

漢口ニ進出セントスル邦人ニ對シテハ軍ノ充足ト復興ノ促進ヲ主眼トシ差當リ所要ノ統制ヲ加フ

要領

一、漢口居留民ノ復歸ハ優先的ニ之ヲ認ム、特ニ軍隊又ハ軍人、軍屬ヲ對象トスル商業從事者、飲食店業者、旅館業者、竝ニ民團役員運輸業者等ヲ優先スルモノトス

二、居留民中ノ有力者數名ハ特務部ノ進出ニ當リ之ニ隨行ヲ許可シ漢口ノ復興、物資ノ供給、復歸居留民ノ指導等ニ關シ特務部ヲ輔佐セシム

三、居留民以外ノ進出ハ復歸希望居留民ノ輸送ニ餘裕ヲ生シタル後ニ

外務省

於テ進出後速カニ營業ヲ開始シ得ルモノヨリ優先的ニ之ヲ認ム、

但單隊慰安所開設ノ爲進出スルモノハ此ノ限ニアラス

四　一般旅行者ハ漢口ニ於ケル宿營設備整備セラレ輸送力ニ餘裕アル場合ノ外差當リ之ヲ認メサルモノトス、但調査、其他ノ爲緊急ノ必要アルモノニ對シテハ此ノ限リニアラス

五　漢口攻略後進出セシムヘキ邦人輸送用船舶ハ日清汽船ヲシテ豫メ準備セシメ置クモノトス

六　第一便船ニテ進出スルモノニ對シテハ商品以外ニ自家用食料トシテ概ネ一ケ月分ヲ携行セシムルモノトス

七　公共施設復舊用資財及缺乏物資ノ輸送ニ對シテハ特ニ考慮ヲ拂フモノトス

備考

漢口方面ニ對スル通行許可證ハ軍事上ノ必要ニ基キ軍隊ニ於テ發行交付スルモノ以外ハ上海軍特務部ニ於テ發給スルモノトス

外務省

[문서 12]

한커우 육군 아마야부대 위안소 부녀 지나 도항의 건(1939.12.23)

암전송(暗電送) 제34890호

주관 : 아메리카국장 주임 : 제3과장 1939년(쇼와14) 12월 21일

1939년(쇼와14) 12월 23일 오후 7시 1분 발

수신 : 재한커우 하나와[花輪] 총영사

발신 : 노무라[野村] 대신

한커우 육군 아마야부대 위안소 부녀 지나 도항의 건

제323호

재한커우 가가와현[香川県] 아마야부대가 군위안소 개설을 위해 부녀 50명을 모집하고 있다는 취지로, 위 인솔 지나 도항 허가를 동 현청에 신청하는 자가 있다. 동현 관계 군(軍) 측에서도 이를 알선 신청하였기에 어쩔 수 없는 사정이라고 인정하여 내락하였다는 취지를 내무성에서 통보받았다. 위의 건은 귀관(貴館)과 양해를 마친 것이며, 일행은 연내에 출발할 준비를 해야 하므로, 이에 대한 귀관의 의견을 보내어 주기 바란다.

電信課發電係

主管 亞米利加局長

主任 第三課長

昭和十四年十二月二十　日起

電送第34890號

昭和14年12月23日 後7時1分發

宛 在漢口 花輪總領事

件 （漢口陸軍天野部隊）慰安所婦女渡支ノ件

第三三三號

發 野村大臣

記錄件名

アマヤ

在漢口香川縣天野部隊ニ於テハ軍慰安所開

ノタメ婦女五十名ヲ募集シ居ル趣ヲ以テ右引率

渡支許可方同縣ニ願出タル者アリ同縣軍側ヨリ
モ之カ斡旋方申入アリタルニ付事情已ムヲ得スト
認メ内諾ヲ与ヘ置タル旨内務省ヨリ通報越シ
タル處右ハ貴館ト諒解済ナリヤ、一行
ハ年内ニ出發スヘキ手筈ナルニ付貴見
折返シ回電アリタシ

[문서 13]

한커우 육군 아마야부대 위안소 부녀 지나 도항의 건-회답(1939.12.27)

비(秘)

1939년(쇼와14) 45585 암(暗) 한커우 12월 27일 후발(後發) 아(亞), 미(米)

본성 27일 후착(後着)

수신 : 노무라[野村] 외무대신

발신 : 하나와[花輪] 총영사

第734호

귀전(貴電) 제323호에 관하여(한커우 육군 아마야부대 위안소 부녀 지나 도항의 건)

우리 지역 군사령부에 연락한 바, 위안부를 내지에서 데리고 오는 것은 허가제를 취하고 있으나, 이번 아마야부대의 위안부 초치에 관해서는 군에게 정식 절차를 밟지 않았지만 이미 동 부대에서 초치 준비를 한 사실을 감안하여 이를 추인한 바, 위 건을 받아들입니다. 그리고 본건에 관해서는 사전에 본 영사관에 어떠한 연락도 없었으며 군의 의향으로는 초치 위안부의 가업은 본 영사관의 감독하에 취업시킨다는 취지의 신청이 있었던 바, 한커우에 도착하면 본 영사관에 출두하라고 인솔자에게 전달해주시기 바랍니다. (끝)

秘

電信寫

昭和十三年 ……

本省　二十七日後着

野村外務大臣　　花輪總領事

第七三四號

貴電第三二三號ニ關シ（漢口陸軍天野部隊慰安所酌女渡支ノ件）

當地軍司令部ニ連絡シタル處慰安婦ノ內地ヨリノ招致ハ許可制ヲ取リ居リ今回天野部隊ノ慰安婦招致ニ關シテハ軍ニ對シ正式手續ヲ踏ミ居ラサルモ既ニ同部隊ニ於テ招致手筈ヲ爲シタル事實ニ鑑ミ之ヲ追認スル振?ナルニ付右ニ御了知相成度ク尚本件ニ關シテハ事前ニ當館ニ何等連絡無ク尚軍意嚮トシテハ招致慰安婦ノ稼業ニ付テハ當館警督下ニ於テ就業セシメラレ度キ旨申出アリタルニ依リ來渡ノ上ハ當館ニ出頭方引率者ヘ傳達方御取計相煩度シ（了）

[문서 14]

군위안소 종업자에 대한 신분증명서 발급의 건

1940년(쇼와15) 15342 략(略) 타이베이[台北] 6월 1일 후발 아, 미(亞, 米)

본성 1일 밤 착

수신 : 아리타[有田] 외무대신

발신 : 지바[千葉] 타이완[台灣] 외사부장

제109호

개관하지 않은 영사관 관할구역 전선으로 가서 군위안소에 종사하는 자에 대해서는 지나 도항 사유증명서를 받는 것이 사실상 불가능하므로 육해군 측의 증명서에 의해 신분증명서를 발급하는 것이 지장이 없다면 즉시 회답을 바랍니다. (끝)

〔軍慰安所從事者ニ對スル身分証明書発給ノ件〕·〔台湾総督府外事部長〕（昭15·6·1）

電信課長

大臣

次官

東亞 閲了
歐亞
米洲
通商
條約
情報
文化
調査
人事
儀典
文書
會計
祕書官

145 寫送先

昭和15 一五三四二 略 臺北 六月一日後發 本省 一日夜着 亞、米

有田外務大臣 千葉臺灣外事部長

第一〇九號

開館シ居ラサル領事館管轄區域タル前線ニ赴キ軍慰安所ニ從事スル者ニ對シテハ渡支事由證明書ノ取付ハ事實上不可能ナルヲ以テ臨海軍側ノ證明書ニ依リ身分證明書ノ發給相成リ差支ナキヤ折返シ何分ノ回電アリタシ（了）

外務省

[문서 15]

지나 도항 사유증명서 등의 입수불능이 인정된 대안 지역으로의 도항자 취급에 관한 건 1(1940.9.2)

1940년(쇼와15) 9월 2일
발신 : 대만총독부 외사부장 지바 신이치[千葉秦一]

수신 : 외무성
아메리카국 제3과장 마키 가오루[真木薫] 귀하

외(外)1 제1, 162호의 1

지나 도항 사유증명서 등의 입수불능이 인정되는 대안(對岸) 지역으로의 도항자 취급에 관한 건

본건에 관하여 가오슝 주지사로부터 별지 갑호 사본과 같이 조회가 있었던 바, 그러한 종류의 도항자 취급 방식에 관해서는 육해군 측의 증명서를 근거로 하여 가장 가까운 영사관 경찰서에서 지나 도항 사유증명서를 받도록 한다는 취지의 지시가 귀관으로부터 있기에, 본건 도항자에 대해서는 광둥[廣東] 총영사관에서 발급한 지나 도항 사유증명서를 제출해야 하는 것이 타당하다고 인정됨에도, 본건 위안소 종업원의 도항은 서두를 필요가 있다. 따라서 특별히 본건에 한하여 허가해야 한다는 취지를 별지 을호 사본대로 가오슝 주지사에게 회답해 두었으니 이를 알아 두기 바란다.

[갑호 사본]

고경고비외(高警高秘外) 제5692호

비(秘) 1940년(쇼와15) 8월 23일

발신: 가오슝 주지사 아카호리 데쓰키치[赤堀鉄吉]

수신: 외사부장 귀하

지나 도항 사유증명서 등의 입수불능이 인정되는 대안 지역에 대한 도항자 취급에 관한 건

본적 ■■■■■■

주소 ■■■■■■ ■■■■■■

당 22세

위 자는 명의인이 되는 남편 ■■■■라는 자와 함께 광둥성[廣東省] 친현[欽縣]에서 남지 파견군 시오다[塩田]부대, 하야시[林]부대 전속 군위안소를 경영, 현재 이 부대들을 따라가 광시성[廣西省] 난닝[南寧] 부근에서 취업 중이다. 이번에 작부 연행을 목적으로 6월 27일자로 하야시 부대장이 발급한 증명서(별첨 제1호)와 같은 날짜에 같은 지역 헌병분견대장이 발급한 도항증명서(위 제2호) 및 같은 달 28일자 작부초청증명서(동 제3호)를 휴대하고 타이완[台灣]으로 돌아왔다. 다시 도항 등을 위해 본인 등 2명과 연행해야 할 작부 6명의 도항증명서 발부를 신청했다. 그러나 지나 도항에 관해서는 금년 5월 13일자 총외(總外) 제112호의 「지나 도항 방인의 취급 절차에 관한 건」 등에 따라 보통 사람은 일률적으로 현지 영사관 경찰서에서 발급한 지나 도항 부(部)[20]유 증명서가 필요하다. 그러나 본건의 영업자와 같은 경우는 영사관 경찰서와는 매우 먼 곳에 있는데다가, 영사관에서도 조사할 수 없는 지역이라 사료된다. 따라서 단시일에 소정의 증명서를 가져올 수 없다는 게[21] 인정되며, 가령 소정의 증명서를 발급받았다고 해도 위와 같은 이유로 인해 단순히 형식적인 것

20) 事자의 오자.

21) 可可能. 不可能의 오자.

으로 인정되는 경우에는 도항자의 신원, 목적, 기타 확실하게 중국 도항을 해도 지장이 없는 자로서, 특히 본건과 같이 특종 영업에 취업하고 있는 경우에는 소속 부대장 혹은 관할 헌병대장이 발급한 증명서에 근거하여 도항시키는 것이 가장 실제적인 처리라 생각된다. 따라서 본건 처리에 관해 회답을 받고자 위와 같이 조회한다.

추신 : 광둥영사관에서는 금년 5월 20일 이후부터 관내의 재류자가 타이완에 돌아갈 때 내지인의 경우에는 신분증명서로 대체하고자 하는 의향이 있는 듯하다. 그러나 어떤 연락도 없고 위의 내용은 상기 총무장관 통첩 취지 및 취급 방침을 거스르는 것이라고 인정되므로, 취급에 관해 아울러서 배려해 주시기 바란다.

[제1호]

증명서

사진

당년 22세

상기인은 당 부대 부속 위안소 경영자로, 이번 위안부 연행을 위해 타이완으로 돌아오는 자임.

따라서 위안부는 당 부대 위안을 위해 꼭 필요하므로 도항에 관해서는 아무쪼록 편의를 제공해 주기 바람.

위를 증명함.

1940년(쇼와15) 6월 27일

남지파견 시오다[塩田] 병단 하야시부대장 하야시 요시히데[林義秀]

하야시 부대장 도장

[제2호]

도항증명서

본적 ■■■

현주소 ■■■

직(職) 성명 위안소업 ■■■

당 22세

1. 도항선 타이완, 가오슝
2. 목적 위안부를 데려오기 위해
3. 기간 1940년(쇼와15) 6월 27일부터 1940년(쇼와15) 9월 26일
4. 출발지 친현[欽縣]
   출발월일 1940년(쇼와15) 6월 30일
5. 기타

위와 같이 도항하고자 하니 증명을 바랍니다.

1940년(쇼와15) 6월 27일

위 출원인 ■■■

친저우[欽州] 헌병분견대장 아다치 시게이치[足立茂一] 귀하

흠헌경(欽憲警) 제466호

위를 증명함.

1940년(쇼와15) 6월 27일

친저우 헌병분견대장 아다치 시게이치

친저우[欽州] 헌병 분견대장 인

[제3호]

초청 증명원

본적 ■■■■■

주소 ■■■■■

직업 예자(芸者) 또는 작부

성명 ■■■

……22)

위 사람은 군위안소 작부 가업을 위해 초청했음을 증명합니다.

1940년(쇼와15) 6월 28일

위 출원인 본적 ■■■■■

현주소 ■■■■■

직업 호우라이[蓬萊] 위안소

성명 ■■■

당 22세

친저우 헌병분대장 아다치 시게이치 귀하

흠헌경 제468호

위를 증명함.

1940년(쇼와15) 6월 28일

친저우 헌병분견대장 아다치 시게이치

친저우[欽州] 헌병 분견대장 인

22) 작부 5건 내용 생략.

第三課

亞米利加局長

昭和十五年九月二日

臺灣總督府外事部長 千葉蓁一

外務省
亞米利加局第三課長 鳳木藏 殿

外一第一、一六二號ノ一

渡支事由證明書等ノ取寄不能ト認メラルヽ對岸地域ヘノ渡航者ノ取扱方ニ關スル件

本件ニ關シ高雄州知事ヨリ別紙甲號寫ノ通リ照會有リタル處新規渡航者ノ取扱振ニ關シテハ陸海軍側ノ證明書ニ依リ帝國領事館警察署ヨリ渡支事由證明書ヲ取付クル事ト致度キ趣貴官ヨリノ指示モ有ルニ付本件渡航者ニ對シテモ廣東總領事館發給ノ渡支事由證明書ヲ提出セシムベキヲ當然ト認ムルモ本件軍要員從業員ノ渡航ハ急ヲ要スルモノナルニ付特ニ本件ニ限リ許可スヘキ旨別紙乙號寫ノ通リ高雄州知事宛回答シ置キタルニ付御了知相成度此段申進ス

臺灣總督府

日本標準規格 B4 (257×364)

甲号

寫

高警高秘外第五六九二號

秘 昭和十五年八月二十三日

高雄州知事 赤堀鐵吉

外事部長 殿

渡支事由證明書等ノ取寄不能ト認メラルヽ對岸地域ヘノ渡航者ノ取扱ニ關スル件

本籍 [redacted]

住所 [redacted]

當二十二年

右者名儀人トナリ夫[redacted]ナル者ト共ニ廣東省欽縣ニ於テ南支派遣軍鹽田部隊林部隊專屬軍慰安所ヲ經營目下同軍ニ從ヒ廣西省南寧附近ニ於テ就業中ノ處今回酌婦逃行ノ目的ヲ以テ六月二十七日附右林部隊長發給證明書（別添第一號）及同日附同地憲兵分遣隊長發給ノ渡航證明書（右第二號）並ニ同月二十八日附酌婦呼寄證明書（同第三號）ヲ携帶歸臺シ再渡航ノ爲本名外二名及逃行スベキ酌婦六名ノ渡航證明書下付申請アリタルガ支那渡航ニ關シテハ本年五月十三日附總外第一一二號ニ「支那渡航邦人ノ取扱手續ニ關スル件」ニ依リ普通人ハ一律ニ現地領事館警察署發給ノ渡支事由證明書ヲ必要トスルコトヽナリ居レルモ本件營業者ノ如キハ領事館警察署トハ著シク遠隔ノ地ニアリ且ツ領事館ニ於テモ調査不能ノ地域ト思料セラルルモノニアリテ短時日ニ所定證明書ノ取寄可可能ト認メラレ例令所定證明書ノ發給アリタリトスルモ右ノ理由ヨリ單ニ形式的ナルモノト認メラルルニ於テハ渡航者ノ身元目的其他確實ニシテ渡支セシムルモ支障ナキ者ニシテ特

臺灣總督府

ニ本件ノ如キ特殊營業ニ就業シ居ルニ於テハ所屬部隊長證ハ所轄憲兵隊長ノ發給スル證明書ニ依リ渡航セシムルハ尤モ實際的處理ト思考セラレ候ニ付テハ本件處理ニ關シ何分ノ御回答相煩度

右照會ス

追テ南京領事館ニ於テハ本年五月二十日以降ニ於テ管下在留者ノ歸還ニ際シ內地人ニハ身分證明書ニ代ヘントノ意向ナルカ如キモ何等連絡ナク右ハ上記總務長官通牒ノ趣旨並ニ取扱方針ニ悖ルモノト認メラレ取扱ニ關シ併セテ配慮相成度申添候

臺灣總督府

第一號

寫

證明書

當年二十二才

右ハ當隊附屬慰安所經營者ニシテ今回慰安婦連行ノタメ歸臺セシモノナリ

就テハ慰安婦ハ當隊慰安ノタメ是非必要ナルモノニ付之カ渡航ニ關シテハ何分ノ便宜附與方取計相成度

右證明ス

昭和十五年六月二十七日

南支派遣波田兵團林部隊長林義秀

林部隊長之印

臺灣總督府

第二號

渡航證明願

本籍

現住所

職氏名 慰安所業　　當二十二年

一、渡航先　臺灣、高雄

二、目的　慰安婦招致ノ爲メ

三、期間　自昭和十五年六月二十七日至昭和十五年九月二十六日

四、出發地　欽縣

出發月日　昭和十五年六月三十日

五、其他

右之通リ渡航致度ニ付證明相成度及願候也

昭和十五年六月二十七日

右願出人

臺灣總督府

欽州憲兵分遣隊長足立茂一殿

欽憲警第四六六號

右證明ス

昭和十五年六月二十七日

欽州憲兵分遣隊長足立茂一

欽州憲兵分遣隊長印

日本標準規格 B 4 (257×364)

第三號

呼寄證明願

本籍

住所

職業 營者

氏名

本籍

住所

職業 酌婦

氏名

本籍

住所

臺灣總督府

職業 營者

氏名

本籍

住所

職業 酌婦

氏名

本籍

住所

職業 酌婦

氏名

本籍

日本標準規格 B 4 (257×364)

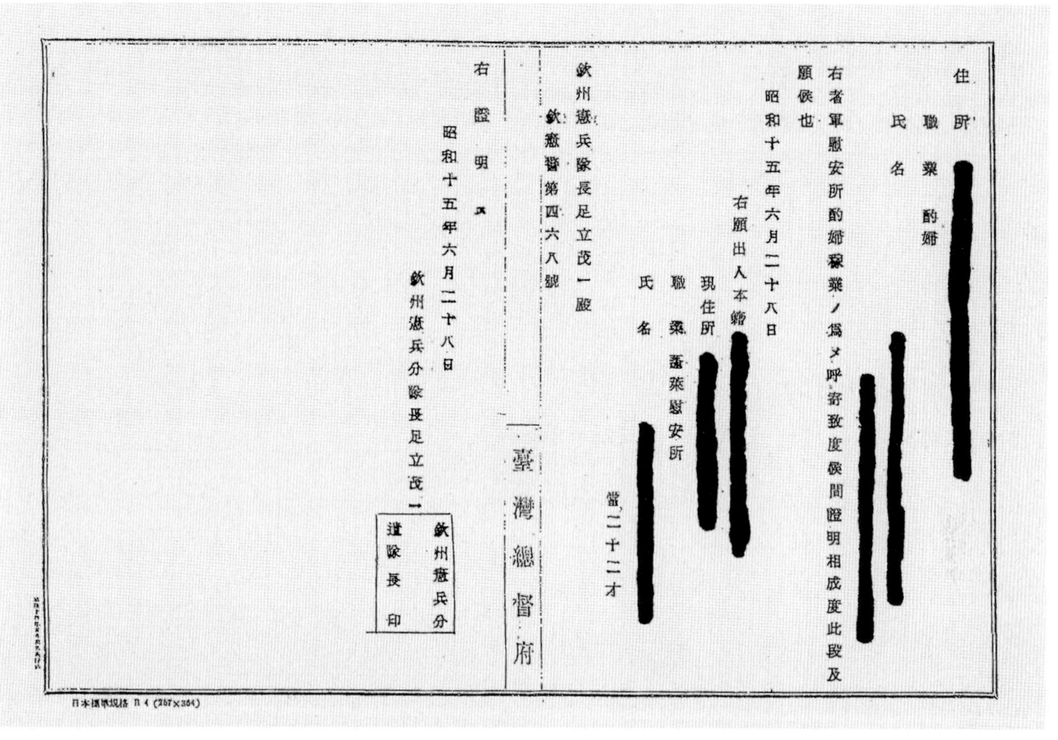

住所

職業　酌婦

氏名

右者軍慰安所酌婦稼業ノ為メ呼寄致度候間證明相成度此段及
願候也

昭和十五年六月二十八日

右願出人本籍

現住所

職業　番菜慰安所

氏名

當二十二才

欽州憲兵隊長足立茂一殿

欽憲警第四六八號

右證明ス

昭和十五年六月二十八日

欽州憲兵分隊長足立茂一

欽州憲兵分遣隊長印

臺灣總督府

日本標準規格 B4 (257×364)

[문서 16]

지나 도항 사유증명서 등의 입수불능이 인정되는 대안 지역으로의 도항자 취급에 관한 건 2(1940.9.2)

을(乙)호

1940년(쇼와15) 9월 2일

타이완총독부 외사부장 지바 신이치[千葉秦一]

가오슝 주지사 귀하

외1 제1, 162호

지나 도항 사유증명서 등의 입수불능이 인정되는 대안 지역으로의 도항자 취급에 관한 건

본건에 관해 금년 8월 23일자 고경고비외(高警高秘外) 제5692호를 통해 조회한 취지를 이해했다. 이런 종류의 도항자 취급 방식에 관해서는 금년 6월 8일자 외1 제662호의 3으로 전달했으나, 본건 위안소 종업원의 도항은 긴급할 뿐만 아니라 귀관이 전달한 바가 지당하다고 생각되므로, 특히 본건에 한해서 지나 도항 사유증명서를 교부받지 않고 하야시[林] 부대장이 발급한 증명서로 출원하여 신원, 목적 등을 조사한 다음에 확실하면 소정의 증명서를 발급해도 지장이 없다는 것을 회답했다.

추신 : 광둥 총영사관이 발급한 신분증명서를 소지하고 다시 도항하려는 내지인에 대해서는 다시 신분증명서를 교부받는 일 없이 도항하게 하며, 본도인(本島人[23])에 대해 동 영사관이 발급한 재류증명서는 이번의 지나 도항 사유증명서와 동일한 효력을 가지는 것으로 간주하여 처리하고자 한다.

23) 타이완인.

乙号

昭和十五年九月二日

臺灣總督府外事部長　千葉蓁一

高雄州知事殿

外一第一一六二號

渡支事由證明書等ノ取寄不能ト認メラルル對岸地域ヘノ渡航者ノ取扱ニ關スル件

本件ニ關シ本年八月二十三日附高警高秘外第五六九二號ヲ以テ御照會越ノ趣了承、斯種渡航者ノ取扱振ニ關シテハ本年六月八日附外一第六六二號ノ三ヲ以テ申進置タルモ本件慰安所從業員ノ渡航ハ急ヲ要スルモノタルノミナラス貴官御申越ノ次第御尤ト存ゼラルルニ付特ニ本件ニ限リ渡支事由證明書ヲ取付ケシムル事ナク林部隊長發給ニ係ル證明書ヲ以テ出願セシメ身許目的等調査ノ上確

臺灣總督府

實ナルニ於テハ所定證明書發給相成差支無之ニ付此段回答ス

追而廣東總領事館發給ニ係ル身分證明書ヲ所持シ再渡航セントスル内地人ニ對シテハ改メテ身分證明書ヲ取付ケシムル事ナク渡航セシメ本島人ニ對スル同館發給ノ在留證明書ハ今回ノ渡支事由證明書ト同一効力ヲ有スルモノト看做シ御取計相成度申添フ

日本標準規格 B4 (257×364)

[문서 17]

지나 도항 방인 잠정처리에 관한 건(1941.8.16)

[비(秘)]

경보국외발갑(警保局外発甲) 제72호

1941년(쇼와16) 8월 16일

발신: 내무성 경보국장

수신: 각 청·부·현 장관 귀하

지나 도항 방인 잠정처리에 관한 건

방인의 지나 도항에 관해서는 작년 5월 7일 각의 결정 방침에 따라서 관계 각 성(省)이 협의 한 후 그 요령, 절차 등을 결정하여 실시중인데, 그것이 수차례에 걸쳐 추가 수정된 결과 점점 복잡해졌기에 이번에 이를 정리 통합하여 별지와 같이 「취급요령(取扱要領)」을 제정한 바, 각의 결정 「지나 도항 방인 잠정처리에 관한 건」을 기초로 하여 앞으로 그 취급은 상기[24]에 따라 실시한다.

덧붙여 다음의 각 통첩은 폐지한다.

1. 1940년(쇼와15) 5월 7일 경보국발 제31호
   지나 도항 방인 잠정처리에 관한 건
2. 1940년(쇼와15) 5월 22일 경보국외발 제35호
   지나 도항 신분증명서 발급조사에 관한 건
3. 1940년(쇼와15) 5월 27일 경보국외발갑 제41호
   청소년 고용인 제한령의 적용을 받아야 할 사람의 지나 도항 단속방법의 건

24) 취급요령.

4. 1940년(쇼와15) 6월 1일　경보국외발갑 第44호
지나 도항 방인 잠정처리에 관한 건
5. 1940년(쇼와15) 8월 13일　경보국외발 第72호
지나 도항 사유증명서 양식 개정방법에 관한 건
6. 1940년(쇼와15) 9월 16일　경보국외발 第79호
지나 도항 방인 잠정처리에 관한 건
7. 1940년(쇼와15) 12월 3일　경보국외발 第115호
지나 도항 방인 잠정처리에 관한 증명서 양식에 관한 건

비(秘)

지나 도항 방인 잠정처리에 관한 건

(1940년(쇼와15) 5월 7일 각의 결정)

종래 지나 도항자 신분증명서 발급에 관해서는 1937년(쇼와12) 8월 31일자 미삼기밀합(米三機密合) 제3776호 외무차관이 각 지방장관 앞으로 보낸 의명통첩(依命通牒) 「불량분자의 지나 도항 단속방법에 관한 건」에 따라 취급했는데, 주로 본인의 성질, 경력, 평소의 행동 등에 비추어 지나 도항 후 부정행위를 할 우려가 없는지 고려한 후 그러한 우려가 없는 자에 한해서 증명서를 발급하고 있다. 이 제도 실시 이래로 작년 12월 말까지 방인 지나 도항자는 연인원(延人員) 59만 명에 달하는 상태다. 한편 현지에서 엔계[圓係] 통화(일은권(日銀券), 군표(軍票) 등)의 팽창이 현저하여 가치 유지의 필요상 극력으로 이들 엔계 통화의 범람을 방지하는 조치를 강구하는 것은 매우 중요한 용무다. 이러한 종류의 통화 범람을 방지하는 수단에 관해서는 각 방면에 걸쳐 각각의 관점에서 상세하게 검토하고 고려를 해야 하는 것은 당연하다. 다만 상기의 지나 도항자도 각각 상당한 일본화폐를 휴대하여 현지에서 엔계 통화를 방출하고 있는데 그 액수가 1년간 약 1억 엔의 거액에 달하는 실정인 점도 감안하여, 이 방면의 엔계 통화 팽창을 방지하는 것도 역시 매우 중요하다. 그런데 이들 개인 또는 단체 중에는 지나 도항의 목적, 이유 등이 반드시 상술한 바와 같은 현지의 절박한 실정을 무시하면서까지 도항해야 할 필요가 없는 사람이 많이 있는 것으로 판단될 뿐만 아니라, 시찰, 위문 등을 내세운 불요불급한 여행객 역시 많은 상황이기 때문에 지나 도항 신분증명서의 발급에 대해서는 단지 경찰의 단속에 그치지 않고 현지의 실정에 견주어보아 재(在)지나 엔계 통화 방출 제한의 관점에서 불필요하다고 판단되는 방인의 지나 도항은 극력 제한하는 것이 적절하고 긴요하다.

따라서 앞으로는 종래의 불량분자의 단속 등은 대체로 별지의 취급방침을 함께 실시하여, 불요불급한 목적이 아닌지 지나 도항을 금지, 국책의 긴급성에 즉각 대응하고자 한다.

[별지]

취급방침

일반적으로 시찰을 목적으로 하는 지나 도항은 당분간 금지하는 것으로 하고 기타 특별히 지나 도항을 필요로 하는 자에 대해서는 다음에 해당하는 경우에 한하여 관할 경찰서장에게 신분증명서를 발급받아 지나 도항을 하는 것으로 하며 외지에서도 본 방침에 준하여 조치하는 것으로 한다.

본 방침은 지나 현지의 사태가 허락할 수 있는 수준에 이르렀을 때에는 속히 이를 완화하도록 한다.

기(記)

1. 위문(연극 또는 연예를 의한 위문을 포함) 때문에 지나 도항을 하고자 하는 자(단체를 포함)는 미리 육해군성의 승인을 받을 것.
2. 가사용무 때문에 일시 지나 도항을 하고자 하는 자는 재지 관계자의 관할 영사관 경찰서의 증인(証印)을 날인한 문서를 갖고 있을 것.
3. 상거래 때문에 일시 여행하고자 하는 자는 재지 관계 회사, 상점 또는 거래처의 관할 영사관 경찰서의 증인(証印)을 날인한 문서를 갖지고 있을 것.
4. 정주 또는 현지 근무 때문에 지나 도항을 하고자 하는 자는 행선지 관할 영사관 경찰서의 증인을 날인한 문서를 갖고 있을 것. 또는 재지 육해군이 발급한 군속 신분증명서(초청증명서를 포함)를 갖고 있을 것.
5. 그 외에 정말로 부득이한 사정이 있다고 인정되는 자.

취급요령

1. 일본 내지 및 외지에서 시찰을 목적으로 하지 않는 것으로, 특별히 지나 도항을 필요로

하는 일반 방인(조선인, 타이완적 민(民) 포함)은 아래 해당하는 경우에 한해 거주지 관할 경찰서장이 제1호 양식의 지나 도항 신분증명서를 발급함.

만주국에 재류(在留)하다가 일시적으로 본국으로 귀국해 지나를 경유하여 만주로 돌아가고자 할 때도 역시 동일함.

(가) 위문 때문에 지나 도항을 하고자 하는 자 중 육군 관계는 연대구사령부(連隊区司令部) 또는 사단사령부(師団司令部, 경리부)를 경유하여 육군성 휼병부(恤兵部)에, 해군 관계는 진수부, 요항부 또는 지방 해군인사부를 경유하여 해군성 군무국 제4과에 각각 신청하여 그 승인을 받아 제2호 양식에 따라 증명서를 교부받은 자.

(나) 근친자의 장례 및 양호, 간호 등 정말로 부득이한 경우 및 본국에 재학 중인 지나 거주자의 자녀가 여름휴가를 이용하여 친가에 가는 자 등, 가사 용무 때문에 일시 지나 도항을 하고자 하는 자로 재지 관계자 관할 영사관 경찰서에서 발급한 제3호 양식에 따른 증명서를 소지한 자. 단 지나 거주자의 처자로서 본국에 거주하는 자, 남편 또는 친가로 일시 지나 도항을 하고자 하는 자는 긴급한 경우를 제외하고는 이것을 인정하지 않는 것으로 함.

(다) 재지 관계 회사 상점 또는 거래처와의 사이에 실제로 상행위가 존재하거나 구체적인 상업 진출자로서 지나 도항을 하지 않으면 정말로 처리가 어려운 사정이 있는 상거래의 경우에는 재지 관할 영사관 경찰서에서 발급한 증명서를 소지한 자.
단 지나 도항 후 여러 영사관이 관할하는 지역을 걸쳐서 여행하고자 하는 자는 그 중 한 영사관 경찰서에서 발급한 증명서를 소지하는 것으로 충분함.

(라) 반영구적으로 지나에 거주하며 구체적 계획과 준비를 하여 일반 실무에 종사 또는 지나에 있는 상사에 근무하는 자 및 그 가족(내연 관계에 있는 배우자, 가사 사용인을 포함)으로 행선지 관할 영사관 경찰서에서 발급한 증명서를 소지한 자.

(마) 현지군(軍)이 채용한 군속 또는 고용인으로서 육군은 재지파견고등사령부(在支派遣高等司令部), 헌병대 및 특무기관 및 군(軍) 고문(몽고군 및 북지, 중지, 남지 군 고문을 말하며 이하도 이와 같음), 해군은 함대사령부, 재직 무관, 근거지대 사령부(根拠地隊司令部) 및 특무부에서 발급한 신분증명서를 소지한 자 또는 지나 도항 후 이상 각 군 관계에 채용될 것으로 예상되는 자로서 해당 군에서 발급한 초청증명서를 소지한 자.

(바) 현지 군에 배속된 군속 또는 군 고용인으로 육해군성에 채용되어 육군성 제4호 양

식, 해군성 제5호 양식에 따른 증명서를 발급받은 사람.

(사) 현지에서 근무하는 군속 또는 군 고용인의 가족 초청에 의해 지나 도항을 하고자 하는 자로서 소속 부대장 또는 군 고문이 발급한 가족초청허가서를 소지한 자.

(아) 종군승려, 종군신관, 종군기자, 종군화가 등의 종군자로 육해군성이 발급한 종군면허증을 소지한 자.

(자) 가족의 사망, 급병, 기타 이에 준하는 긴급한 일이 있어서 관할 영사관 경찰서에서 발급한 증명서의 교부를 받을 겨를도 없는 정말로 어쩔 수 없는 사람.

(차) 정치 · 경제 · 문화적 관점에서 사변 처리에 직접 또는 적극적으로 관계가 있는 자로 흥아원(興亜院) 또는 외무성에서 관계 관청과 협의한 후 승인받아 흥아원에서 제6호 양식, 외무성에서 제7호 양식에 따라 증명서를 발급받은 자.

(카) 일시 귀국 중인 재지 방인 또는 신규 지나 도항자에게 부여된 재지 제국영사관에서 발급한 증명서에 그 동반자로 명기되어 있는 자.

혼인을 위해 일시 귀국한 자의 신분증명서에 '혼인을 위해 귀국함'이라는 목적이 기재되어 있을 때에는 배우자의 성명, 연령 등이 명기되어 있을 필요는 없음.

(타) 본국에서 부녀(예기, 작부, 여급 등)를 고용하기 위해 일시 귀국한 재지(在支) 접객영업자에게 부여된 재지 제국영사관 경찰서에서 발급한 증명서에 고용인원 수를 명기한 경우 그 인원수에 해당하는 피고용 부녀.

2. 근무조정령에 따라 고용취직 제한의 적용을 받는 자로 고용되어 지나 도항을 하고자 하는 자에게 지나 도항 신분증명서를 발급하고자 하는 경우에는 전항의 증명서 외에 피고용자 또는 고용주에게 주어진 제8호 양식에 따른 국민직업지도소장이 발급한 증명서가 필요함.

3. 다음 각 호에 해당하는 지나 도항자에 대해서는 경찰서장이 발급하는 지나 도항 신분증명서는 필요 없음.

(가) 공무를 위해 파견된 관공리(官公吏, 일본계 및 초빙관공리를 포함), 그밖의 사람 및 현지 부임한 관리의 가족 사용인으로, 영주할 목적으로 관리의 임지로 가는 경우, 파견관청(공리(公吏)에 대해서는 청(廳) · 부(府) · 현(縣) 장관)에서 발급한 제9호 양식에 따른 신분증명서를 소지한 자.

(나) 현역 또는 소집 중인 제국군인 · 군속으로 제복을 착용한 자.

(다) 현역 또는 소집 중인 제국군인·군속으로 제복 이외의 약식 복장을 착용한 자로 육군은 제10호 양식에 따라 소속 대장, 해군은 제11호 양식에 따라 소속 청장이 발급한 신분증명서를 소지한 자.

(라) 제국정부가 발급한 지나 도항 여권(타이완적민[台灣籍民]에게 발급한 도항증명서를 포함)을 소지한 자.

(마) 정규 도항자의 동반자로서 15세 미만인 자.

(바) 일시 귀국 중인 재지 방인으로 재지 제국영사관이 발급한 증명서를 소지한 자. 단 일시 귀국중인 자가 다시 지나 도항을 하기 전에 증명서의 유효기간이 경과한 자는 제외함.

4. 경찰서장은 지나 도항 신분증명서 발급에 관해서는 수수료를 징수하지 않는 것으로 함.

5. 경찰서장은 지나 도항 신분증명서 교부 신청이 있을 때에는 제12호 양식에 따라 원서를 받고 본인의 신분, 직업, 도항 목적, 기간, 관계 문서 등을 조사하여 다음과 같이 처리해야 함.

(가) 성질, 경력, 평소의 언동 등이 불량하여 지나 도항 후 부정행위를 할 우려가 있는 자에 대해서는 지나 도항 신분증명서를 발급하지 말 것.

(나) 관계 군(軍), 관청에서 발급하는 관련 문서를 소지한 자가 사기로 문서를 교부 받은 혐의가 있거나 또는 신분관계에 의혹이 있거나 기타 특별히 저지할 필요가 있는 경우는 본 성(省)에 품의한 후 그 조치를 결정할 것.

(다) 취급요령 1의 (자)에 해당하는 자에게 지나 도항 신분증명서를 발급하고자 할 때에는 이것을 증명할 만한 자료 등을 신중하게 조사한 후 결정할 것.

(라) 도항을 저지한 경우에는 도항 제한의 취지를 매우 철저히 할 것.

(마) 보석 중인 자, 형이 집행유예 중인 자, 형이 집행정지 중인 자, 가출옥 중인 자, 기타 재판(예심 또는 공판)이 진행 중이어서 신병 불구속인 자 등이 지나 도항을 신청한 경우에는 미리 관할 검사국과 협의한 후 허가 여부를 결정할 것.

(바) 관계 군(軍), 관청에서 발급한 증명서 및 기타 참고서류는 허가 여부 결정과 동시에 반환할 것.

(사) 육해군성의 허가를 받은 종군자 및 흥아원 또는 외무성의 지나 도항 승인서의 교

부를 받은 자의 지나 도항 신분증명서의 발급을 거부하고자 할 때에는 즉각 그 이유를 첨부하여 본성에 보고할 것.

(아) 취급요령 2에 따라 제8호 양식의 증명서를 소지한 자에게 신분증명서의 발급을 거부한 경우에는 이를 발급한 국민직업지도소장에게 증명서의 번호 및 성명을 통보할 것.

(자) 연령 12세 이상 30세 미만의 남자 및 연령 12세 이상 20세 미만의 여자가 지나 도항을 하고자 할 경우에는 「청소년고용제한령」 및 동(同) 관계법령의 적용 유무에 관해 조사할 것.

(차) 취급요령 1의 (타)에 해당하는 재지 접객영업자가 본국에서 고용하는 부녀에게 지나 도항 신분증명서를 발급하고자 할 경우에는 각 경찰서마다 영업자가 소지한 재지 영사관 경찰서에서 발급한 증명서에 발급한 인원수를 기입하여 서인(署印)을 날인할 것.

취급요령 1의 (カ) 단서에 해당되는 배우자에게 지나 도항 신분증명서를 발급하고자 할 경우에는 혼인을 위해 일시 귀국한 자가 소지한 재지 영사관 경찰서에서 발급한 증명서에 배우자의 성명, 연령을 기재하여 서인(署印)을 날인할 것.

(카) 15세 미만의 동반자는 세대주, 기타 인솔자의 지나 도항 신분증명서에 병기하고 사진은 생략할 것.

(타) 관계 군(軍), 관청 단체에게 증명서의 교부가 있을 때는 제13호 양식에 따라 단체 지나 도항 신분증명서를 발급할 것.

(파) 지나 도항 신분증명서 재교부 신청이 있을 경우에는 이전에 발급한 경찰서에 신청자의 사진을 첨부하여 조회한 후 사실과 차이가 없을 때에 한해 재교부를 할 것.

(하) 일시 귀국 중인 재지 방인으로 재지 제국영사관이 발급한 증명서를 소지한 자가 다시 지나 도항을 하기 전에 증명서의 유효기간이 경과하여 증명을 신청한 때에는 그 지연에 정당한 이유가 있을 경우에 한하여 거소(居所) 또는 출발항(항공기의 출발지를 포함) 관할 경찰서장은 소지한 재지 제국영사관이 발급한 증명서에 기재 사항이 틀림없음을 증명할 것.

6. 출발항 또는 항공기의 출발지 관할 경찰서장은 정규 절차에 따르지 않거나 또는 일시 귀국자로서 증명서의 유효기간이 지난 자를 발견했을 때 승선 또는 탑승을 저지할 것.

증명서의 발급 절차에 하자가 있다고 인정될 경우에는 중대한 지장이 없는 한 이를 발급한 관계 방면에 통보하여 주의를 환기시키는데 그치고, 그 승선 또는 탑승을 저지하지 말 것.

7. 경찰서장이 발급하는 지나 도항 신분증명서에 관해서는 제14호 양식에 따라 매월 말일 시점에서 조사하여 다음달 10일까지 본 성에 보고할 것.

[제1호 양식]

지나 도항 신분증명서

서인(署印)

사진

본적

현주소

직업

성명

년 월 일생

1. 지나 도항이 필요한

목적

이유

기간

위 내용을 증명함

년 월 일

경찰서장관 성 명 ㊞

[제11호 양식(해군성)]

신분증명서

관(官) 성 명

년 월 일 생

상기 본인은 을 위해 지나 도항을 하고자 함

위 내용을 증명함

쇼와[昭和] 년 월 일

청장 성 명 ㊞

[제12호 양식]

사진

지나 도항 신분증명서 교부원

1. 본적
2. 현주소
3. 직업
4. 성명 (및 별명(別名))

년 월 일생

5. 병역관계(兵役關係)
6. 지나 도항을 해야 하는 목적、이유
7. 도항의 경로 및 행선지
8. 기간 쇼와[昭和] 년 월 일부터 쇼와 년 월 일까지
9. 관계 군(軍) 관청 발급 증명서

10。 지나에서 거주한 사실

상기 내용이 틀림없으므로 지나 도항 신분증명서를 발급해주시기 바랍니다。

쇼와 년 월 일

성 명 인 (印)

경찰서장 귀하

[제13호 양식]

단체 지나 도항 증명서

인솔책임자

서인(署印)

사진

본적

현주소

직업

성명

년 월 일생

번호	본적 주소	직업	예명(藝名) 또는 별명(別名)	성명	연령

상기 일행 명은 위문을 목적으로 (외무성 또는 흥아원(興亞院)의 승인에 의해)

쇼와[昭和] 년 월 일부터 도항하여

일간의 예정으로 에(후략)

1

警保局外發甲第七二號

昭和十六年八月十六日

內務省警保局長

各廳府縣長官殿

渡支邦人暫定處理ニ關スル件

邦人ノ渡支ニ關シテハ昨年五月七日閣議決定ノ方針ニ基キ[illegible]

協議ノ上其ノ取締手續等決定實施中ノ處其ノ取扱數大ニ亘リ追加改

正セラレタル結果稍複雜化シタルニ依リ今般之ヲ整理統合シ別添ノ

通リ取扱要領ヲ制定シタルニヨリ閣議決定ノ渡支邦人暫定處理ニ

關スル件ハ之ヲ廢止スルト同時ニ今後取扱方右ニ依リ實施相成度

追而本文ノ各府縣ヘハ之ヲ[illegible]

（昭和十五年五月七日[illegible]發甲第[illegible]號）

二 昭和十五年五月二十三日 警保局外發甲第三五號
渡支者分證明發給ニ關スル件

三 昭和十五年五月二十七日 警保局外發甲第四一號
青少年雇人制限令ノ適用ヲ受クヘキ者ノ渡支取締方ノ件

四 昭和十五年六月一日 警保局外發甲第四四號
渡支邦人暫定處理ニ關スル件

五 昭和十五年八月十三日 警保局外發甲第七二號
渡支者由證明書樣式改正方ニ關スル件

六 昭和十五年九月十六日 警保局外發甲第七九號
渡支邦人暫定處理ニ關スル件

七 昭和十五年十二月二十三日 警保局外發甲第一二五號
渡支邦人暫定處理ニ關スル證明書樣式ニ關スル件

秘

渡支邦人暫定處理ニ關スル件（昭和十五年五月七日閣議決定）

從來渡支者ニ對スル身分證明書ノ發給ニ關シテハ昭和十二年八月三十一日附米三機密合第三七七六號外務次官發各地方長官宛依命通牒「不良分子ノ渡支取締方ニ關スル件」ニ依リ取扱ヒ來リ本人ノ素性、經歷、平素ノ行動等ニ鑑ミ渡支後不正行爲ヲ爲スノ虞ナキヤ否ヤヲ考慮ノ上其ノ虞ナキ者ニ限リ右證明書ヲ發給シツツアリシ處本制度實施以來客年十二月末迄ニ於ケル本邦人渡支者ノ延人員ハ五十九萬人ニ達スル狀態ナリ一方現地ニ於ケル圓系通貨（聯銀券、軍票等）ノ膨脹著シク之ガ價値維持ノ必要上極力是等圓系通貨ノ氾濫ヲ防止スルノ措置ヲ講ズルハ喫緊ノ要務ナル處此種通貨ノ氾濫ヲ防止スル手段ニ關シテハ各方面ニ渉リ夫々ノ見地ヨリ詳細ニ檢討[illegible]ヲ要スヘキコト勿論ナルモ上記ノ渡支者ニ於テモ夫々相當ノ邦貨ヲ攜行シ現地ニ於テ圓系通貨ヲ放出スル次第ニテ其ノ額ハ一ケ年[illegible]一億圓ノ巨額ニ達スル實情ナルニモ鑑ミ此方面ヨリスル圓系通貨ノ[illegible]膨脹ヲ防止スルコトモ亦[illegible]

中ニハ其ノ渡支ノ目的理由等ニ徴シ必ズシモ主張ノ如キ現地ノ[illegible]シタル實情ヲ無視シテ迄渡支セシムルノ必要ナキ者多々有之モノト認メラルルノミナラズ視察、訪問等ニ藉口スル不要不急ノ旅行客亦尠カラザル現狀ナルニ付テハ渡支身分證明書ノ發給ニ當リテハ獨リ警察上ノ取締ニ止マラズ現地ノ實情ト睨ミ合セ在支關係通貨放出制限ノ見地ヨリ不必要ト認メラルル邦人ノ渡支ハ極力制限スルコト適切緊要ナリ。

仍テ今後ハ從來ニ於ケル不良分子ノ取締ノ外概ネ別紙ノ取扱方針ヲモ併セ實施シ不要不急ノ目的ニ出ツル支那渡航ヲ禁止シ以テ國策ノ緊急性ニ卽應スルコト致度

「別紙」

取扱方針

一般ニ視察ヲ目的トスル支那渡航ハ當分ノ間之ヲ禁止スルコトトシ其ノ他特ニ支那渡航ヲ要スルモノニ對シテハ左記ニ該當スル場合ニ

限リ所轄警察署長ニ於テ身分證明書ヲ發給シ渡航セシムルモノトス

外地ニ於テモ本方針ニ準シ措置スルモノトス

本方針ハ支那現地ノ事態ノ許スニ到リタルトキハ速ニ之ヲ緩和スルモノトス

記

一、慰問（演劇又ハ演藝ニ依ル慰問ヲ含ム）ノ為渡支セントスル者（團体ヲ含ム）ニ就テハ陸海軍省ノ承認ヲ得タルモノ、

二、家事用務ノ為一時渡支セントスル者ニ就テハ在支關係者ノ所轄領事館警察署ノ證印ヲ押捺セル文書ヲ有スルモノ

三、商取引ノ為一時旅行セントスル者ニ就テハ在支關係會社、商店又ハ取引先ノ所轄領事館警察署ノ證印ヲ押捺セル文書ヲ有スルモノ

四、定住又ハ現地勤務ノ為渡支セントスル者ニ就テハ行先地所轄領事館警察署ノ證印ヲ押捺セル文書ヲ有スルモノ又ハ在支陸海軍ノ發給シタル軍屬タルノ身分證明書（呼寄證明書ヲ含ム）ヲ有スルモノ

若其ノ他ノ者ニシテ特ニ已ムヲ得ザル事情アリテ渡ラシム必要アル

秘

取扱要領

一、日本内地及外地ヨリ渡支ヲ目的トスルモノニ非ズシテ特ニ支那渡航ヲ要スル一般邦人（朝鮮人、台湾籍民ヲ含ム）ニ対シテハ左記ニ依リ当該居住地所轄警察署長ニ於テ第一號様式ノ渡支身分証明書ヲ発給ス

満洲国在留者一時本邦ニ帰国シ支那ヲ経由渡満セントスルトキ亦同ジ

(イ) 陸[illegible]ノ[illegible]渡支セントスル者ハ陸軍関係ニ在リテハ聯隊区司令部又ハ師団司令部（憲兵隊）ヲ経由シ陸軍省兵務局、海軍関係ニ在リテハ鎮守府、要港部又ハ地方海軍人事部ヲ経由シ海軍省軍務局第四課ニ差出願シ其ノ承認ヲ受ケ第二號様式ニ依ル証明書ヲ下附セラルル者

(ロ) 近親者ノ葬儀其他緊要ニ已ムヲ得ザル場合及本邦在学中ノ支那在住者ノ子女学中休暇ヲ利用シ帰郷ニ赴ク者等家事用務ノ為一時渡支ヲ要スルモノニシテ[illegible]

[illegible]ニ[illegible]身分証明書[illegible]ヲ[illegible]

ノ業務ニ従事スル者[illegible]又ハ[illegible]一時渡支セシメントス

ル者ハ[illegible]場合ノ外之ヲ認メザルモノトス

(ハ) 在支那会社商店又ハ取引先トノ間ニ現実ニ商行為存在シ又ハ

具体的ナル商談通信者ニシテ渡支セザレバ処理シ難キ事情

アル商取引ノ場合ニ於テ在支所轄領事館警察署発給ノ証明書ヲ

所持スル者

但シ渡支後数個領事館管轄地域ニ亘リ旅行セントスル者ハ其ノ一

領事館警察署発給ノ証明書ヲ所持スルヲ以テ足ル

(ニ) 半永久的ニ支那ニ居住シ又ハ継続的職務ト所要ノ資格トシテ

実務ニ従事シ又ハ在支商社ニ勤務スル者及其ノ家族(一)内縁関係ニ

アル者及家事使用人ヲ含ム一ニシテ行先地所轄領事館警察

署発給ノ証明書ヲ所持スル者

(ホ) 現地軍ノ採用ニ依ル軍属又ハ雇傭人ニシテ軍ニ在リテ在支

派遣軍司令部、兵站部[illegible]機関ニ依リテ其ノ機関司令

昭和一七、七、二九 亜機合外一二甲第七二号ヲ以テ改正ノ旨通牒

支那軍顧問(蒙古軍及北支、中支、南支軍顧問ヲ謂フ以下之ニ同ジ)

部ヘ在勤武官ノ根據地隊司令部及特務部發給ニ係ル身分證明書ヲ所持スル者又ハ渡支後以上各要員ニ採用セラルル見込ノ者ニシテ當該軍發給ノ呼寄證明書ヲ所持スル者

(ヘ) 現地軍ニ配屬セラルル軍屬又ハ軍雇傭人ニシテ陸海軍省ニ於テ採用セラレ陸軍省ニ在リテハ第四號樣式、海軍省ニ在リテハ第五號樣式ニ依ル證明書ヲ發給セラレタル者

(ト) 現地勤務ノ軍屬又ハ軍雇傭人ノ家族呼寄ニヨリ渡支セントスル者ニシテ所屬部隊長(又ハ軍設何)發給ノ家族呼寄許可書ヲ所持スル者

(チ) 從軍僧、從軍神官、從軍記者、從軍畫家等ノ從軍者ニシテ陸海軍省ノ發給スル從軍免許證ヲ所持スル者

(リ) 家族ノ死亡、急病其ノ他之ニ準スヘキ要急ノ際ニシテ所轄領事館警察署發給ノ證明書ノ下附ヲ受クル暇ナク眞ニ已ムヲ得ザル者

(ヌ) 政治、經濟、文化的見地ヨリ事變處理ニ直接且積極的ニ關係アル者ニシテ興亞院又ハ外務省ニ於テ關係官廳ト協議ノ上承認セ

ラレ興亜院ヨリハ第六號様式ヲ外務省ヨリハ第七號様式ニ依ル證明書ノ發給ヲ受ケタル者

(ハ)一時歸國中ナル在支邦人又ハ新規渡支者ニ與ヘラレタル在支帝國領事館發給ノ證明書ニ其ノ同伴者トシテ明記セラレタル者

但シ婚姻ノ爲一時歸國シタル者ノ身分證明書ニ「婚姻ノ爲歸國スル」旨記載アリタルトキハ配偶者ノ氏名、年齢等ノ明記アルヲ要セズ

(ニ)本邦ニ於テ婦女（藝妓、酌婦、女給等）雇入ノ爲一時歸國シタル在支接客營業者ニ對シ與ヘラレタル在支帝國領事館警察署發給ノ證明書ニ雇入員數ヲ明記セル場合其ノ員數ニ相當スル被傭婦女

二、青少年雇入制限令ノ適用ヲ受ケル者ニシテ雇傭セラレテ渡支セントスル者ニ對シ渡支身分證明書ヲ發給セントスル場合ニ於テハ前項ノ證明書ノ他ニ其ノ雇傭者ニ與ヘラレタル第八號様式ニ依ル市町村長又ハ職業紹介所長發給ノ證明書ヲ必要トス

三、左記各號ニ該當スル渡支者ニ對シテハ警察署長渡支身分證明書ノ發給ヲ要セズ

(イ) 公務ノ爲派遣セラルル官公吏（日系及招聘官公吏ヲ含ム）其ノ他ノ者及現地赴任ノ官吏ノ家族使用人ニシテ永住ノ目的ヲ以テ官吏ノ任地ニ赴ク場合派遣官廳（公吏ニ對シテハ道府縣長官）ニ於テ發給セル第九號様式ニ依ル身分證明書ヲ所持スル者

(ロ) 現役又ハ召集中ノ帝國軍人軍屬ニシテ制服ヲ着用スル者

(ハ) 現役又ハ召集中ノ帝國軍人軍屬制服以外ノ略服ヲ着用スル者ニシテ陸軍ニ在リテハ第一〇號様式ニ依ル所屬隊長、海軍ニ在リテハ第一一號様式ニ依ル所屬廳長ノ發給スル身分證明書ヲ所持スル者

(ニ) 臺灣總督府發給ノ支那渡航旅券（臺灣籍民ニ對シ發給スル渡航證明書ヲ含ム）ヲ所持スル者

(ホ) 正規渡航者ノ同伴者ニシテ滿十五才未滿ノ者

(ヘ) 本邦訪問中ノ在支那人ニシテ在支帝國領事館發給ノ證明書ヲ所

得タル者但シ一時歸國中ノ者再渡支前證明書ノ有效期間ヲ經過シタル者ヲ除ク

四 警察署長ハ渡支身分證明書發給ニ關シテハ手數料ヲ徴收セザルモノトス

五 警察署長渡支身分證明書下附ノ出願アリタルトキハ第一二號樣式ニ依ル願書ヲ徴シ本人ノ身分、職業、渡航目的、期間、關係文書等ヲ調査シ左ノ通リ取扱フベシ

(イ)素性、經歴、平素ノ言動等不良ニシテ渡支後不正行爲ヲ爲スノ虞アル者ニ對シテハ渡支身分證明書ヲ發給セザルコト

(ロ)關係軍ノ官憲發給ニ係ル文書ヲ有スル者ニ關シ詐欺ノ方法ヲ以テ文書ノ交付ヲ受ケタル疑アリ又ハ身分關係ニ疑義アリ其ノ他特ニ阻止ヲ要スル場合ハ本省ニ稟請ノ上其ノ措置ヲ決スルコト

(ハ)取扱要領ニノ(リ)ニ該當スル者ニ對シ渡支身分證明書ヲ發給セントスルトキハ之ヲ證スルニ足ル資料等ヲ愼重精査ノ上決スルコ

(ニ)渡航ヲ阻止シタル場合ハ克ク渡航制限ノ趣旨ヲ徹底セシムルコト

(ホ)保釋中ノ者、刑ノ執行猶豫中ノ者、刑ノ執行停止中ノ者、假出獄中ノ者、其ノ他裁判（豫審又ハ公判）繫屬中ニシテ身柄不拘束ノ者等渡支ヲ出願シタル場合ハ豫メ所轄檢事局ト打合ノ上許否ヲ決定スルコト

(ヘ)關係軍ノ官憲ニ於テ發給シタル證明書及其ノ他參考書類ハ許否決定ト同時ニ返戻スルコト

(ト)陸海軍省ノ許可ヲ受ケタル從軍者及興亞院又ハ外務省ノ渡支承認書ノ下附ヲ受ケタル者ニ對シ渡支身分證明書ノ發給ヲ拒否シタルトキハ速ニ其ノ理由ヲ附シ本省ニ報告スルコト

(チ)取扱要領(二)ニ依ル第八號樣式證明書所持者ニ對シ身分證明書ノ發給ヲ拒否シタル場合ハ之ヲ發給シタル地方長官又ハ職業紹介所長ニ證明書ノ番號及氏名ヲ通報スルコト

(リ)年令滿二十年以上三十年未滿ノ男子及年令十二年以上二十年未滿ノ女子ニシテ渡支セントスル場合ハ「青少年雇入制限令」及同關係法

令ノ適用ノ有無ニ關シ調査チ爲スコト

(ヌ)取扱要領一ノ(ナ)ニ該當スル在支接客營業者ノ本邦ニ於テ雇入レタル婦女ニ對シ渡支身分證明書チ與ヘントスル場合ハ各警察署毎ニ營業者ノ所持スル在支領事館警察署發給ノ證明書ニ其ノ發給セシ員數チ記入シ署印チ押捺スルコト

取扱要領一ノ(ル)但書ニ該當スル配偶者ニ對シ渡支身分證明書チ與ヘントスル場合ハ婚姻ノ爲一時歸國シタル者ノ所持スル在支領事館警察署發給ノ證明書ニ配偶者ノ氏名、年令チ記載シ署印チ押捺スルコト

(ル)十五才未滿ノ同伴者ハ之チ世帶主其ノ他ノ引卒者ノ渡支身分證明書ニ併記シ寫眞ハ之チ省略スルコト

(ヲ)關係軍、官廳團体ニ對スル證明書ハ[illegible]トキハ第一三號様式ニ依ル團体渡支身分證明書チ發給スルコト

(ワ)渡支身分證明書再下附ノ出願アリタル場合ハ曩ニ發給シタル警察署ニ願人ノ寫眞チ添附照會ノ上事實ニ相違ナキトキニ限リ再

下附ヲ爲スコト

(カ)一時歸國中ノ在支邦人ニシテ在支帝國領事館發給ノ證明書ヲ所持スル者再渡支前證明書ノ有效期間ヲ經過シタル爲證明ヲ出願シタルトキハ其ノ遲延ニ付正當ノ理由アル場合ニ限リ居所又ハ出發港(航空機ノ出發地ヲ含ム)所轄警察署長ハ其ノ所持スル在支帝國領事館發給ノ證明書ニ奧書證明ヲ爲スコト

六、出發港又ハ航空機ノ出發地所轄警察署長ハ正規ノ手續ニ依ラズ又ハ一時歸國者ニシテ證明書ノ有效期間ヲ失シタル者ヲ發見シタルトキハ乘船又ハ塔乘ヲ阻止スルコト

證明書ノ發給手續ニ瑕疵アリト認メラルル場合ハ重大ナル支障ナキ限リ之ヲ發給シタル關係方面ニ通報シ注意ヲ喚起スルニ止メ其ノ乘船又ハ塔乘ヲ阻止セザルコト

七、警察署長ノ發給セル渡支身分證明書ニ關シテハ第一四號樣式ニ依リ毎月末日現在ヲ以テ調査シ翌月十日迄ニ本省ニ報告ノコト

第一號樣式

渡支身分證明書

寫眞

契印

本籍

現住所

職業

氏名

生年月日

一、支那ヘ渡航ノ必要トスル

目的

事由

期間

右證明ス

年 月 日

警察署長官 氏名 印

第七十一號樣式（海軍省ノ分）

身分證明書

官　氏　名

年月日生

右ハ　　　　　ノ爲渡支スルモノナリ

右證明ス

昭和　　年　　月　　日

廳長　氏　　名　印

第十二號樣式

寫眞

渡支身分證明書下附願

一、本籍

二、現住所

三、職業

四、氏名（及別名）

年　月　日生

五、兵役關係

六、支那ニ渡航ヲ必要トスル目的理由

七、渡航ノ經路及行先地

八、期間　自昭和　年　月　日　至昭和　年　月　日

九、關係軍官廳發給證明書

一、現支那ニ居住セル事實

右之通リ相違無之候條渡支身分證明書發給相成度此段及御願候也

昭和　年　月　日

右　氏　名　印

警察署長　殿

第十三號様式

團体渡支證明書

引率責任者

番號

寫眞

本籍

現住所

職業

氏名

年月日生

番號	本籍 住所	職業	藝名又ハ別名	氏名	年令

右ノ一行　名ハ[illegible]ノ目的ヲ以テ外務省又ハ興亞院ノ承認ニヨリ昭和　年　月　日[illegible]　日間ノ予定ニテ　ニ[illegible]

[문서 18]

남방 파견 도항자에 관한 건(1942.3.12, 3.16, 6.13)

남방 파견 도항자에 관한 건[타이완 군사령관] 1942년 3월 12일

육군성 수령 육아밀수(陸亜密受) 제2259호

비(秘) 전보역(譯) 3월 12일 19시 30분 발, 22시 40분 착

수신: 대신

발신: 타이완 군사령관

대전(台電) 제602호

육밀전(陸密電) 제63호에 관해서 '보르네오'로 갈 위안 토인[25] 위안부 50명을 가능한 한 파견할 것을 남방총군(南方総軍)이 요구한 바, 육밀전(陸密電) 제623호에 근거하여 헌병이 조사 선정한 아래 경영자 3명의 도항 인가를 신청한다.

아래

에히메현[愛媛縣] 오치군[越智郡] 나미카타무라[波方村] 1236 타이베이주[臺北州] 지룽시[基隆市] 리신정[日新町] 2-6 무라세 긴이치[村瀬近市] 42세,

조선 전라남도 제주도 수림면(輸林面) 협재리(挾才里) 10 타이베이주[臺北州] 지룽시[基隆市] 니쭝정[義重町] 4-15 도요카와 고키치[豊川晃吉] 35세,

고치현[高知県] 나가오카군[長岡郡] 가이료무라[介良村] 370(?) 가오슝주[高雄州] 차오저우군[潮州郡] 차오저우가[潮州街] 267 하마다 우노[浜田ウノ] 51세

끝.

25) 현지인.

남방 파견 도항자에 관한 건[육군성 부관] 1942년 3월 16일

육아밀수(陸亜密受) 제2259호 기원청(과명) : 타이완군

남방 파견 도항자에 관한 건

1942년(쇼와17) 3월 16일

부관이 타이완군 참모장 앞으로

반전안(返電案) (암호)

육아밀전(陸亜密電)

3월 12일자 대전(台電) 제602호의 건 명에 따라 인가되었음.

육아밀전(陸亞密電) 188 1942년(쇼와17) 3월 16일

남방 파견 도항자에 관한 건[타이완군 참모장] 1942년 6월 13일

아밀(亜密) 2259-1

비(秘) 전보역(譯) 6월 13일 11시 15분 발

수신 : 부관

발신 : 타이완군 참모장

대전 제935호

금년 3월 대전(台電) 제602호로 신청한 육아밀전 제188호의 인가에 따라 '보르네오'로 파견한 특종 위안부 50명에 관한 현지 도착 후의 실황은, 인원이 부족하고 일[稼業]을 견디지 못하는 자 등이 발생하였기 때문에 20명을 더 증원할 필요가 있다고 하여, 아래의 인솔자가 오카[岡]부대에서 발급한 초청 인가증을 휴대하고 타이완에 돌아온 사실은 어쩔 수 없었다고 인정되므로, 위안부 20명 증파에 대해 양해를 바란다.

또한 이후에 이처럼 소수의 보충 교대 증원 등의 필요가 발생할 경우에는 위와 같이 적절히 처리하고자 하니 미리 양해를 구한다.

아래

지룽시[基隆市] 리신정[日新町] 2-6 무라세 킨이치[村瀬近市]

끝. 비(秘)

0495

陸亜密受第二二九九號

秘

電報譯

三月一二日午前後一九時三〇分發
三月一二日午前後二二時四〇分著

發信地

17.3.13

17.3.14 陸軍省 第308號 兵備課

大臣宛　發信者　台湾軍司令官

台電第六〇二號

陸密電第六三號ニ関シ「ボルネオ」行キ慰安土人五〇名為シ得ル限リ派遣方南方總軍ヨリ要求セルヲ以テ陸密電第六三號ニ基キ憲兵調査選定セル左記経営者三名渡航認可アリ度申請ス

左記

愛媛縣越智郡波方村一二三六 台北州基隆市日

新町二ノ六　村瀬近市　四十二歳　朝鮮全羅南道済
州島翰林面挟才里十　台北州基隆市義重町四ノ一五
豊川晃吉　三十五歳　高知県長岡郡介良村三七〇　高
雄州潮州郡　潮州街二六七　浜田ウノ　五十一歳

終

第八六頁

0491

保存期限 三年
決裁指定
決行指定

政務次官 参与官 回付
決裁後 決裁前
連帯課名 恩賞 軍事 軍務 兵務

受領 陸亜密受第二三五九号
発翰
起元庁（課名） 台湾軍

件名 南方派遣渡航者ニ関スル件

大臣 委
次官 委
政務次官
参与官
高級副官
主務局長
主務課長
主務副官
官房御用掛
主務課員
書記官
審案
筆記者

主務局課

番號 兵備第三〇八號
受領 昭和 年 月 日
提出 昭和十七年三月十六日

大臣官房
受領 昭和 年 月 日
結了 昭和 年 月 日

決後行同覧（決裁）

局長
課長

副官ヨリ臺湾軍参謀長宛

返電案（暗号）

陸亜密電

三月十二日附臺電第六〇二号ノ件

認可セラル　依命

956

陸亜密電　一八八

昭和拾七年参月拾六日

陸亞密受 二三九一

秘 電報譯

六月一三日午後一時一五分發

發信地 台灣軍

官 宛

發信者 台灣軍參謀長

副

台電 第九三五號

本年三月台電第六〇二號申請陸亞密電第一八八號
認可ニ依ル「ボルネオ」ニ派遣セル特種慰安婦五十名ニ
關スル現地着後ノ實況人員不足シ稼業ニ堪ヘザル者
等ヲ生スル爲尚二十名增加ノ要アリトシ左記引率者
部隊發給ノ呼寄認可證ヲ携行歸台セリ事實止ム
ヲ得ザルモノト認メラルルニ付慰安婦二十名增派諒承

番號 取扱 32

相成度

尚將來此ノ種少數ノ補充交代增員等必要ヲ生ズル場合ニハ右ノ如ク適宜處理シ度豫メ諒承アリ度

左記

基隆市日新町二ノ六村瀨近一

[문서 19]

심리전 작전반 일본인포로 심문보고 49호(1944.8.20~9.10)[26]

심리전 작전반 일본인포로 심문보고(Japanese Prisoner of War Interrogation Report) 49호(1944.8.20~9.10)

「심리전 작전반 일본인포로 심문보고」 49호

1944년 8월 20일~9월 10일

미국전쟁정보국 심리전팀

인도-버마 전선의 미군 부속

APO G89

일본군 전쟁포로	심문장소:	레도 포로수용소(Ledo Stockade)
심문보고 No.49	심문일:	1944년 8월 20일~9월 10일
	보고일:	1944년 10월 1일
	작성자:	T/3 알렉스 요리치(Alex Yorichi)

포로들:	20명의 조선인 위안부
체포일:	1944년 8월 10일
수용소 도착 일자:	1944년 8월 15일

---

26) 여성가족부 2014년 보고서『Ⅱ. 일본군'위안부' 피해자 관련 사료 체계적 분류집』, 104~110쪽의 번역을 이용함.

머리말

이 보고서는 미얀마에서 미트키나(Myitkyinn, 밋치나) 함락 이후 소탕작전이 진행되던 1944년 8월 10일경에 잡힌 두 명의 일본인 민간인과 20명의 조선인 '위안부'를 심문해서 얻은 정보에 바탕을 두고 있다.

이 보고서는 어떻게 일본이 조선인 위안부를 충원했는지, 위안부들이 어떤 상황에서 생활하고 일했는지, 이들이 일본인 병사들과 가지고 있었던 관계와 반응은 무엇인지 그리고 군사 상황에 대해 어떻게 이해하고 있었는지를 보여준다.

'위안부'는 병사의 편의를 위해 일본 군대에 소속된 매춘부 혹은 '직업적인 군대 종사자들'(professional camp followers)이다. '위안부'는 특이한 일본적인 단어다. 다른 보고서에서 볼 수 있는 바와 같이 '위안부'는 일본군이 싸우기 위해 가는 곳에는 어디에서건 발견된다. 그러나 이 보고서는 일본이 모집하고 미얀마에 주둔하고 있던 일본 군대에 소속된 조선인 '위안부'만을 다룬다. 일본은 1942년에 이러한 여성 703명 정도를 배에 실어 미얀마로 보낸 것으로 보고되고 있다.

모집

1942년 5월경에 일본인 업자들은 동남아시아에서 일본이 정복한 새로운 영토에 '위안 서비스'를 제공할 조선인 여성을 모집할 목적으로 조선에 도착했다. "이 서비스"의 본질은 밝히지 않았으나, 병원에 있는 부상자를 찾아가 붕대를 묶어주고 일반적으로 병사들을 편안하게 하는 일과 관련되어 있을 것이라고 다들 생각했다. 이들 관리들은 돈을 많이 버는 기회이며 가족의 빚을 갚을 수 있는 기회이고 일은 쉽고 새로운 땅인 싱가포르에서 새로운 삶을 살 수 있다는 희망 등으로 유인했다. 이러한 거짓 약속에 속아 많은 여성들이 해외 근무에 응했으며 몇 백 엔이 선금으로 주어졌다. 이런 여성들의 대다수는 무지하고 교육을 받지 못한 이들이었으며 소수는 이전부터 "세상에서 가장 오래된 직업"과 관계를 맺고 있었다. 이들이 서명한 계약서로 인해 이들은 군대 규정을 적용받았으며 이들이 미리 지급한 가족의 빚에 따라 6개월에서 1년까지의 기간 동안 '가정부' 일을 하기로 되어 있었다.

약 800명의 여성들이 이런 식으로 모집되었으며 이들은 일본인 '집주인'과 함께 1942년 8월 20일경에 미얀마에 발을 들여놓았다. 이들은 8~22명에 이르는 짝을 지어 왔다. 여기에서 이들은 미얀마의 각지로, 통상 일본 군대 캠프 근처에 있는 원만한 크기의 도심지로 분산되었다. 마지막에는 이들 집단 중 4개가 미트키나 근교에 자리를 잡았다. 그 근교는 쿄에이(Kyoei), 킨수이(Kinsui), 바쿠신로(Bakushinro), 그리고 모모야(Momoya)였다. 쿄에이 집은 "마루야마 클럽"이라고 불렸으나, 이 여성들이 미트키나에 도착했을 때는 미트키나 주둔군 사령관인 마루야마 대령이 자신의 이름을 떠올린다고 반대했기 때문에 간판을 바꾸었다.

성격

심문을 통해 보건대 조선인 '위안부'는 평균적으로 약 25살이고, 무지하고, 유치하며, 변덕스럽고 이기적이다. 이들은 일본인의 기준이나 백인의 기준에서 보더라도 예쁘지 않다. 이들은 자기중심적인 경향이 있으며 자신에 대해 말하기를 좋아한다. 낯선 이 앞에서는 조용하고 얌전을 피우지만, "여성의 엉큼한 간계를 알고 있다." 자신들의 '직업'을 싫어한다고 주장하며, 그것에 대한 이야기나 가족에 대한 이야기를 하고 싶어 하지 않는다. 전쟁 포로로서 미트키나와 레도(Ledo)에서 미국인 병사에게 받은 친절한 대우 때문에 미국인 병사들이 일본인 병사보다 더욱 정이 있다고 느낀다. 그녀들은 중국인 군대와 인도인 군대를 두려워한다.

생활과 작업 상황

미트키나에서 이 여성들은 통상 커다란 2층집(일반적으로 학교 건물)에서 살며 각각 따로 독립된 방을 가지고 있었다. 그곳에서 생활하고, 자고, 그리고 영업을 했다. 미트키나에서 이들은 일본 군대로부터 어떠한 정기적인 음식 배급도 받지 않았던 까닭에 집주인들이 음식을 준비했다. 이들은 미얀마의 다른 이들과 비교한다면 거의 호사스러운 삶을 살았다. 이는 미얀마에서 두 번째 해를 보내는 이들에게는 더욱 그러했다. 이들이 필요로 하는 음식과 물건은 엄격한 배급 규정을 적용받지 않았기 때문에 이들은 잘 살았으며, 원하는 물건을 살 수 있는 충분한 돈을 가지고 있었다. 이들은 고국에서 온 '위문품'을 받은 병사들이 이들에게 준 많은 선물에 더해서 옷, 신발, 담배, 그리고 화장품을 살 수 있었다.

미얀마에 있었을 때 이들은 장교와 사병들과 함께 스포츠 행사에 참가해 즐거운 시간을 가졌으며, 소풍, 오락, 그리고 사교 식사에도 참여했다. 이들은 축음기도 가지고 있었으며 시내에서는 쇼핑도 할 수 있었다.

가격 체제

이들이 영업을 하는 조건은 군대에 의해 규제되었으며, 혼잡한 지역에서 규정은 매우 엄격하게 시행되었다. 군대는 혼잡한 지역에서는 가격, 우선권, 그리고 특정 지역에서 작전을 하는 여러 부대를 위한 시간표 등의 체계를 갖추어야 할 필요성을 느꼈다. 심문에 근거하여 평균적인 체제를 그려보면 다음과 같다.

1. 병사 오전 10시에서 오후 5시까지 1.50엔 20분에서 30분
2. NCOs 오후 5시부터 오후 9시까지 3.00엔 30분에서 40분
3. 장교 오후 9시에서 자정까지 5.00엔 30분에서 40분

이는 중앙 미얀마에서의 평균 가격이었다. 장교들은 20엔을 지불하면 밤을 새울 수 있었다. 미트키나에서 마루야마 대령은 이 평균 가격을 거의 절반으로 낮추었다.

스케줄

병사들은 위안소가 너무 북적거린다는 불평을 자주 했다. 많은 경우에 이들은 접대를 받지 못했으며 군대가 체류시간을 매우 엄격하게 관리했기 때문에 빨리 나와야 했다. 이런 문제를 해결하기 위해 육군은 특정한 부대를 위해 특정한 날을 할당했다. 그날에는 부대에서 나온 통상 두 명의 병사가 신원을 확인하기 위해 위안소 앞에 있었다. 헌병 한 명도 질서를 유지하기 위해 현장에 나와 있었다. 아래는 제18사단이 매이묘(Maymyo)에서 주둔할 당시 이 사단의 여러 부대가 '쿄에이' 위안소를 이용할 수 있는 스케줄이다.

일요일 --- 제18사단 본부 직원

월요일 --- 기갑부대

화요일 --- 기술자

수요일 --- 휴일 그리고 일주일에 한 번 있는 신체검사

목요일 --- 군의관

금요일 --- 산악포병

토요일 --- 수송단

장교는 일주일에 7일 밤을 올 수 있었다. 위안부들은 이러한 스케줄로도 너무나 혼잡해서 모든 손님을 다 받을 수 없었으며 이는 많은 병사들의 감정을 상하게 했다고 불평했다.

병사는 위안소에 와서 가격을 지불하고 왼쪽에는 가격이, 다른 쪽에는 위안소의 이름이 적힌 약 2인치 정도 되는 마분지 티켓을 받았다. 그러고 나서 병사들의 신원이나 직위는 "줄을 서서 자신의 차례가 되는 동안" 확인되었다. 위안부는 손님을 거부할 수 있는 권리가 있었다. 이는 너무 취한 사람을 거절하는 경우에 가끔 이용되었다.

월급과 생활환경

'집주인'은 각 여성이 계약서에 서명할 당시 진 빚이 얼마냐에 따라 이 여성의 총수입의 50~60%를 받았다. 이는 평균 한 여성의 총 수입이 1,500엔 정도 되었으며 절반인 750엔이 '집주인'에게 넘겨졌음을 의미한다. 많은 '집주인'들은 이 여성들에게 음식과 다른 물품에 높은 가격을 매겨 넘겼으므로 이 여성들의 삶은 아주 어려울 수도 있었다.

1943년 후반에 군은 빚을 갚은 일정 여성들은 귀국할 수 있다는 명령을 내렸다. 그리하여 어떤 여성들은 조선에 돌아갈 수 있게 되었다.

심문은 또한 이들 여성들의 건강 상태가 양호함을 보여준다. 이들은 모든 종류의 피임약과 도구를 공급받았으며 가끔 병사들은 군이 나누어 준 자신의 피임도구를 가져오기도 했다. 이들은 위생문제에 관한 한 자신들과 손님 모두를 보살피는 훈련이 잘 되어 있었다. 일본인 군의관이 일주일에 한 번씩 위안소를 방문했으며, 병이 걸린 여성들을 치료하고, 격리시키고, 병원으로 보냈다. 이와 같은 절차가 군대 내에서도 실시되었지만 재미있는 사실은 병사가 성병으로 격리되어 있는 기간에도 월급을 못 받지는 않았다는 점이다.

일본 군인에 대한 반응

이들에게 일본인 장교나 사병과의 관계를 심문하는 과정에서 중요한 이름이 두 개 정도 언급되었다. 이는 미트키나 주둔군 사령관인 마루야마 대령과 지원병을 지휘해 온 미즈카미 장군(Maj. Gen. Mizukami)이었다. 전자는 고압적이고, 이기적이며, 냉정해서 부하들을 위한 고려는 하지 않았다. 후자는 선하고, 친절한 사람이었으며 훌륭한 군인으로 그 밑에서 일하는 이들을 최대로 생각해 주었다. 대령이 위안소에서 살다시피 했다면 장군은 한 번도 방문한 적이 없다. 미트키나의 함락과 함께 마루야마 대령은 탈주했다고 전해지지만 미즈카미 장군은 그의 부하들을 피난시킬 수 없었기 때문에 자살했다고 한다.

병사들의 반응

"위안소가 만원이어서 병사들이 줄을 서서 자신의 차례를 기다려야 하는 상황이 되면 이들은 쉬이 부끄러워했다"고 말한 한 위안부에 따르면 평균적인 일본인 병사들은 위안소에 있다는 사실을 창피하게 여겼다고 한다. 그래서 결혼을 제안한 경우가 수도 없이 많았으며 어떤 경우에는 실제로 결혼을 하기도 했다.

위안부를 보러 온 가장 최악의 장교와 사병은 술에 만취되고 다음날이 되어서야 떠나는 이들이었다. 모든 여성들은 입을 모아 사실이라고 동의했다. 그러나 이와 마찬가지로 아무리 취했어도 일본인 병사들은 군대에 관련된 일이나 기밀을 말하지는 않았다고 입을 모았다. 여성들이 약간의 군대에 관련된 일에 대해 말머리를 꺼낼 수 있었지만 장교나 사병 모두 응답이 없었으며 오히려 "여자가 알 일이 아닌 이야기를 꺼낸다고 우리를 꾸짖었다"고 한다. 마루야마 대령조차도 취중에도 이러한 일을 말하는 법이 없었다.

병사들은 고국에서 온 잡지, 편지 그리고 신문을 받는 일이 얼마나 즐거운 것인가를 자주 표현했다. 이들은 또한 잡지, 비누, 수건, 칫솔, 작은 인형, 립스틱, 그리고 나막신 등으로 가득한 '위문품 상자'를 받았다고 말하곤 했다. 립스틱과 나막신은 분명 여성용이어서 위안부들은 고국에서 이러한 물건을 보내는 이유를 잘 이해할 수 없었다.

군사 상황에 대한 반응

위안부들은 그들의 후퇴와 체포의 시점을 포함하여 지금까지도 미트키나 주변에서 전개되는 군사적인 상황에 대해서는 거의 아는 바가 없었다고 볼 수 있다. 그러나 특기할 만한 가치가 있는 정보가 약간 있다.

"미트키나와 활주로에 대한 초기 공격으로 약 200명의 일본인이 전투에서 죽었으며 약 200명이 도심을 방어하도록 남겨졌다. 탄약은 아주 적었다."

"마루야마 대령은 부하들을 분산 배치시켰다. 다음 며칠 동안 적은 무차별 사격을 해댔다. 어떤 특정한 목표물이 없었던 관계로 이들의 공격은 소모적이었다. 다른 한편 일본인 병사들은 한 번에 한방을 쏘도록, 그것도 명중시킬 확신이 있는 경우에 한정하라는 명령을 받았다."

적이 활주로의 서쪽을 공격하기 전에 미트키나 주변에 주둔하고 있던 병사들은 북부와 서부에 대한 연합군의 공격을 막기 위해 다른 곳으로 분산 배치되었다. 약 400명의 군사가 남겨졌는데 대다수는 114연대 소속원이었다. 마루야마 대령은 도심이 공격 대상이 되리라고 예상치 못했음이 분명하다. 나중에 미즈카미 장군의 제56사단이 2개 연대 이상 되는 증원군을 데리고 왔으나 도심을 지킬 수 없었다.

여성들은 연합군의 폭격이 강렬하고 섬뜩해 마지막 며칠 동안 간이호에서 살다시피 했다고 말했다. 1~2명은 심지어 거기에서조차 일을 했다고 한다. 위안소는 폭격을 맞았으며 위안부 여러 명이 부상을 당하기도 하고 죽기도 했다.

후퇴와 체포

'위안부'들의 후퇴와 급기야 붙잡히게 된 이야기는 다소 모호하고, 생각은 혼란스러웠다. 여러 보고서에서 보건대 이야기는 다음과 같이 진행되었던 것 같다. 7월 31일 밤, 3개 위안소(라쿠신로는 킨수이와 합해졌다)의 '위안부들', 가족, 그리고 허드렛일을 하던 이들 63명은 조그만 배를 타고 에워와디강을 건너기 시작했다. 이들은 결국에 와잉마우(Waingmaw) 근처에서 내렸다. 이곳에서 8월 4일까지 머물러 있었으나 와잉마우에는 들어가지 않았다. 그곳에서 이들은 한 병사 집단을 따라 길을 나섰으며 8월 7일 적과 사소한 교전이 있었고 일행은 흩어졌다. 이 여성들은 3시간 간격으로 병사들을 따르라는 지시를 받았다. 이 명령을 지켰지만 강가에는 병사가 하나도 보이지 않았으며 강을 건널 방법도 없었다. 이들은 근처에 있던 집에 머물렀다. 8월 10일 한 영국인 장교가 이끄는 카친 병사들에 의해 체포되었다. 이들은 미트키나로 인도되었으며 그리고 나서는 나도 레도 스톡케이드에 데리고 와 심문을 하고 이 보고서를 작성했다.

선전

(※한 문장 전체를 알아볼 수 없음)

한 여성은 마루야마 대령에 관한 (이는 분명 마루야마군대의 호소였을 것이다) 리플릿을 기억하고 있지만 믿지는 않았다. 다른 이들은 병사들이 때때로 리플릿에 대한 이야기를 하는 것을 들었지만 별다른 주목을 받지는 못했다. 그러나 특기할 만한 것은 한 장교가 "일본은 이 전쟁에서 이길 수 없다"는 말을 했다고 한다.

요청

(※한 문장 전체를 알아볼 수 없음)

여성들은 '위안부'들의 체포를 이야기하는 리플릿이 이들의 체포를 군대가 알아 다른 여성들의 생명을 위험에 빠뜨리는 일이 없게 해달라고 요청했다. 이들은 자신들이 체포되었다는 사실을 조선에 투하하는 것은 괜찮을 것이라고 생각했다.

첨부 'A'

(1) 다음은 이 보고서에서 이용된 정보를 얻기 위해 신문한 조선인 '위안부' 20명의 이름과 일본인 민간인 2명의 이름이다. 조선인 이름은 발음대로 표기한다.

이름	나이	주소
1. 신 ■■■	21	경상남도, 진주
2. 곽 ■■■	28	경상남도, 삼천포, 유마이(yumai)
3. 반 ■■■	26	경상남도, 진주
4. 진가 ■■■	21	경상북도, 대구
5. 전 ■■■	27	경상남도, 진주
6. 김 ■■■	25	경상북도, 대구
7. 김 ■■■	19	경상북도, 대구
8. 김 ■■■	25	경상남도, 마산
9. 김 ■■■	21	경상남도, 금보쿠(Kumboku)
10. 김 ■■■	22	경상남도, 대구
11. 김 ■■■	26	경상남도, 진주
12. 박(Pa) ■■■	27	경상남도, 진주
13. 전 ■■■	21	경상남도 개이산(Keisan) 군, 가요멘 촌 (Kayomen Mura)
14. 코케(Koke) ■■■	21	경상남도, 함양(Kanyo), 세키보쿠(Sekiboku), Me, Kyu Ruri
15. 연(Yon) ■■■	31	평안남도, 평양
16. 오푸(Opu) ■■■	20	"
17. 김 ■■■	20	경기도, 京城
18. 하 ■■■	21	"
19. 오키(Oki) ■■■	20	경상북도, 대구
20. 김 ■■■	21	전라남도, 광주

일본 민간인		
1. 키타무라, [redacted]	38	경기도, 京城
2. 키타무라, [redacted]	41	경기도, 京城

心理戰作戰班報告書 (Japanese Prisoner of War Information Report) No. 49

UNITED STATES OFFICE OF WAR INFORMATION
Psychological Warfare Team
Attached to U.S. Army Forces India-Burma Theater
APO 689

Japanese Prisoner of War Interrogation Report No. 49.	Place interrogated:	Ledo Stockade
	Date interrogated:	Aug. 20 - Sept. 10, 1944
	Date of Report:	October 1, 1944
	By:	T/3 Alex Yorichi

Prisoners:	20 Korean Comfort Girls
Date of Capture:	August 10, 1944
Date of Arrival at Stockade:	August 15, 1944

SECRET

PREFACE:

This report is based on the information obtained from the interrogation of twenty Korean "comfort girls" and two Japanese civilians captured around the tenth of August, 1944 in the mopping up operations after the fall of Myitkyina in Burma.

The report shows how the Japanese recruited these Korean "comfort girls", the conditions under which they lived and worked, their relations with and reaction to the Japanese soldier, and their understanding of the military situation.

A "comfort girl" is nothing more than a prostitute or "professional camp follower" attached to the Japanese Army for the benefit of the soldiers. The word "comfort girl" is peculiar to the Japanese. Other reports show the "comfort girls" have been found wherever it was necessary for the Japanese Army to fight. This report however deals only with the Korean "comfort girls" recruited by the Japanese and attached to their Army in Burma. The Japanese are reported to have shipped some 703 of these girls to Burma in 1942.

RECRUITING:

Early in May of 1942 Japanese agents arrived in Korea for the purpose of enlisting Korean girls for "comfort service" in newly conquered Japanese territories in Southeast Asia. The nature of this "service" was not specified but it was assumed to be work connected with visiting the wounded in hospitals, rolling bandages, and generally making the soldiers happy. The inducement used by these agents was plenty of money, an opportunity to pay off the family debts, easy work, and the prospect of a new life in a new land - Singapore. On the basis of these false representations many girls enlisted for overseas duty and were rewarded with an advance of a few hundred yen.

The majority of the girls were ignorant and uneducated, although a few had been connected with "oldest profession on earth" before. The contract they signed bound them to Army regulations and to work for the "house master" for a period of from six months to a year depending on the family debt for which they were advanced.

SECRET

Approximately 800 of these girls were recruited in this manner and they landed with their Japanese "house master" at Rangoon around August 20th, 1942. They came in groups of from eight to twenty-two. From here they were distributed to various parts of Burma, usually to fair sized towns near Japanese Army camps. Eventually four of these units reached the Myitkyina vicinity. They were; Kyoei, Kinsui, Bakushinro, and Momoya. The Kyoei house was called the "Maruyama Club", but was changed when the girls reached Myitkyina as Col. Maruyama, commander of the garrison at Myitkyina, objected to the similarity to his name.

PERSONALITY:

The interrogations show the average Korean "comfort girl" to be about twenty five years old, uneducated, childish, whimsical, and selfish. She is not pretty either by Japanese or Caucasian standards. She is inclined to be egotistical and likes to talk about herself. Her attitude in front of strangers is quiet and demure, but she "knows the wiles of a woman." She claims to dislike her "profession" and would rather not talk either about it or her family. Because of the kind treatment she received as a prisoner from American soldiers at Myitkyina and Ledo, she feels that they are more emotional than Japanese soldiers. She is afraid of Chinese and Indian troops.

LIVING AND WORKING CONDITIONS:

In Myitkyina the girls were usually quartered in a large two story house (usually a school building) with a separate room for each girl. There each girl lived, slept, and transacted business. In Myitkyina their food was prepared by and purchased from the "house master" as they received no regular ration from the Japanese Army. They lived in near-luxury in Burma in comparison to other places. This was especially true of their second year in Burma. They lived well because their food and material was not heavily rationed and they had plenty of money with which to purchase desired articles. They were able to buy cloth, shoes, cigarettes, and cosmetics to supplement the many gifts given to them by soldiers who had received "comfort bags" from home.

While in Burma they amused themselves by participating in sports events with both officers and men, and attended picnics, entertainments, and social dinners. They had a phonograph; and in the towns they were allowed to go shopping.

PRICE SYSTEM:

The conditions under which they transacted business were regulated by the Army, and in congested areas regulations were strictly enforced. The Army found it necessary in congested areas to install a system of prices, priorities, and schedules for the various units operating in a particular area. According to interrogations the average system was as follows:

- 5 -

1. Soldiers	10 AM to 5 PM	1.50 yen	20 to 30 minutes
2. NCOs	5 PM to 9 PM	3.00 yen	30 to 40 minutes
3. Officers	9 PM to 12 PM	5.00 yen	30 to 40 minutes

These were average prices in Central Burma. Officers were allowed to stay overnight for twenty yen. In Myitkyina Col. Maruyama slashed the prices to almost one-half of the average price.

SCHEDULES;

The soldiers often complained about congestion in the houses. On many occasions they were not served and had to leave as the army was very strict about overstaying leave. In order to overcome this problem the Army set aside certain days for certain units. Usually two men from the unit for the day were stationed at the house to identify soldiers. A roving MP was also on hand to keep order. Following is the schedule used by the "Kyoei" house for the various units of the 18th Division while at Maymyo;

Sunday --------- 18th Div. Hdqs. Staff
Monday --------- Cavalry
Tuesday -------- Engineers
Wednesday ------ Day off and weekly physical exam.
Thursday ------- Medics
Friday --------- Mountain artillery
Saturday ------- Transport

Officers were allowed to come seven nights a week. The girls complained that even with the schedule congestion was so great that they could not care for all guests, thus causing ill feeling among many of the soldiers.

Soldiers would come to the house, pay the price and get tickets of cardboard about two inches square with the price on the left side and the name of the house on the other side. Each soldier's identity or rank was then established after which he "took his turn in line". The girls were allowed the prerogative of refusing a customer. This was often done if the person were too drunk.

PAY AND LIVING CONDITIONS;

The "house master" received fifty to sixty per cent of the girls' gross earnings depending on how much of a debt each girl had incurred when she signed her contract. This meant that in an average month a girl would gross about fifteen hundred yen. She turned over seven hundred and fifty to the "master". Many "masters" made life very difficult for the girls by charging them high prices for food and other articles.

In the latter part of 1943 the Army issued orders that certain girls who had paid their debt could return home. Some of the girls were thus allowed to return to Korea.

The interrogations further show that the health of these girls was good. They were well supplied with all types of contraceptives, and often soldiers would bring their own which had been supplied by the army. They were well trained in looking after both themselves and customers in the matter of hygiene. A regular Japanese Army doctor visited the houses once a week and any girl found diseased was given treatment, secluded, and eventually sent to a hospital. This same procedure was carried on within the ranks of the Army itself, but it is interesting to note that a soldier did not lose pay during the period he was confined.

REACTIONS TO JAPANESE SOLDIERS:

In their relations with the Japanese officers and men only two names of any consequence came out of interrogations. They were those of Col. Maruyama, commander of the garrison at Myitkyina, and Maj.Gen. Mizukami, who brought in reinforcements. The two were exact opposites. The former was hard, selfish and repulsive with no consideration for his men; the latter a good, kind man and a fine soldier, with the utmost consideration for those who worked under him. The Colonel was a constant habitue of the houses while the General was never known to have visited them. With the fall of Myitkyina, Col. Maruyama supposedly deserted while Gen. Mizukami committed suicide because he could not evacuate the men.

SOLDIERS' REACTIONS:

The average Japanese soldier is embarrassed about being seen in a "comfort house" according to one of the girls who said, "when the place is packed he is apt to be ashamed if he has to wait in line for his turn". However there were numerous instances of proposals of marriage and in certain cases marriages actually took place.

All the girls agreed that the worst officers and men who came to see them were those who were drunk and leaving for the front the following day. But all likewise agreed that even though very drunk the Japanese soldier never discussed military matters or secrets with them. Though the girls might start the conversation about some military matter the officer or enlisted man would not talk, but would in fact "scold us for discussing such un-lady like subjects. Even Col. Maruyama when drunk would never discuss such matters."

The soldiers would often express how much they enjoyed receiving magazines, letters and newspapers from home. They also mentioned the receipt of "comfort bags" filled with canned goods, magazines, soap, handkerchiefs, toothbrush, miniature doll, lipstick, and wooden clogs. The lipstick and clogs were definitely feminine and the girls couldn't understand why the people at home were sending such articles. They speculated that the sender could only have had themselves or the "native girls" in mind.

REACTION TO THE MILITARY SITUATION:

It appears that they knew very little about the military situation around Myitkyina even up to and including the time of their retreat and capture. There is however some information worth noting:

"In the initial attack on Myitkyina and the air strip about two hundred Japanese died in battle, leaving about two hundred to defend the town. Ammunition was very low.

"Col. Maruyama dispersed his men. During the following days the enemy were shooting haphazardly everywhere. It was a waste since they didn't seem to aim at any particular thing. The Japanese soldiers on the other hand had orders to fire one shot at a time and only when they were sure of a hit."

Before the enemy attacked on the west air strip, soldiers stationed around Myitkyina were dispatched elsewhere to stem the Allied attack in the North and West. About four hundred men were left behind, largely from the 114th Regiment. Evidently Col. Maruyama did not expect the town to be attacked. Later Maj. Gen. Mizukami of the 56th Division brought in reinforcements of more than two regiments but these were unable to hold the town.

It was the consensus among the girls that Allied bombings were intense and frightening and because of them they spent most of their last days in foxholes. One or two even carried on work there. The comfort houses were bombed and several of the girls were wounded and killed.

RETREAT AND CAPTURE:

The story of the retreat and final capture of the "comfort girls" is somewhat vague and confused in their own minds. From various reports it appears that the following occurred: on the night of July 31st a party of sixty three people including the "comfort girls" of three houses (Bakushinro was merged with Kinsui), families, and helpers, started across the Irrawaddy River in small boats. They eventually landed somewhere near Waingmaw. They stayed there until August 4th, but never entered Waingmaw. From there they followed in the path of a group of soldiers until August 7th when there was a skirmish with the enemy and the party split up. The girls were ordered to follow the soldiers after a three hour interval. They did this only to find themselves on the bank of a river with no sign of the soldiers or any means of crossing. They remained in a nearby house until August 10th when they were captured by Kachin soldiers led by an English officer. They were taken to Myitkyina and then to the Ledo stockade where the interrogations which form the basis of this report took place.

PROPAGANDA:

The girls knew practically nothing of any propaganda leaflets that had been used against the Japanese. They had seen a few leaflets in the hands of the soldiers but most of them were unable to understand them as they were in Japanese and the soldiers refused to discuss them with the girls. One girl

208

- 6 -

remembered the leaflet about Col. Maruyama (apparently it was Myitkyina Troop Appeal), but she did not believe it. Others heard the soldiers discussing leaflets from time to time but no tangible remarks resulted from their eavesdropping. However it is interesting to note that one officer expressed the view that "Japan can't win this war".

<u>REQUESTS.</u>

None of the girls appeared to have heard the loudspeaker used at Myitkyina, but they did overhear the soldiers mention a "radio broadcast".

They asked that leaflets telling of the capture of the "Comfort girls" should not be used for it would endanger the lives of other girls if the Army knew of their capture. They did think it would be a good idea to utilize the fact of their capture in any droppings planned for Korea.

APPENDIX "A"

Following are the names of the twenty Korean "comfort girls" and the two Japanese civilians interrogated to obtain the information used in this report. The Korean names are phoneticized.

	NAME	AGE	ADDRESS
1.	Shin	21	Keishonando, Shinshu
2.	Kak	28	" Sanzenpo, Yunai
3.	Pan	26	" Shinshu
4.	Chinge	21	Keishohokudo, Taikyu
5.	Chun	27	Keishonando, Shinshu
6.	Kim	25	Keishohokudo, Taikyu
7.	Kim	19	" "
8.	Kim	25	Keishonando, Masan
9.	Kim	21	" Kumboku
10.	Kim	22	" Taikyu
11.	Kim	26	" Shinshu
12.	Pe	27	" "
13.	Chun	21	" Keisan Gun, Keyomen Mura
14.	Koke	21	" Kenyo, Sekiboku Mo, Kyu Ruri
15.	Yon	31	Heiannando, Keijo
16.	Opu	20	" "
17.	Kim	20	Keikido, Keijo
18.	Ha	21	" "
19.	Oki	20	Keishohokudo, Taikyu
20.	Kim	21	Zenranando, Koshu

Japanese Civilians:

	NAME	AGE	ADDRESS
1.	Kitamura,	38	Keikido, Keijo
2.	"	41	" "

Ⅱ. 위안소 설치

[문서 1]

야전주보규정 개정에 관한 건(1937.9.18)

第59호

1937년(쇼와12) 9월 18일

기원청(과명) 의량과(衣糧課)

야전주보규정 개정에 관한 건

(중간 생략)

야전주보규정 개정 설명서, 12.9.15, 의량과

야전주보규정 (1904(메이지37).2.9 육달 14)	야전주보규정 개정안(육달)	개정 이유
제1조, 야전주보는 전지에서 군인 군속에게 필요한 수용품을 정확하고 염가로 판매하는 것을 목적으로 한다. (이하 생략)	제1조, 야전주보는 전지 또는 사변지에서 군인·군속, 기타 특히 종군을 허가받은 자에게 필요한 일용품·음식물 등을 정확하게 염가로 판매하는 것을 목적으로 한다. ~~전항 이외~~ 야전주보(에서)[27]는 (전항 이외) 필요한 위안시설을 둘 수 있다.	야전주보 이용자의 범위를 명료하게 하고 또 대진(對陣) 간에 위안시설을 둘 수 있다는 점을 인정할 필요가 있기 때문임. (이하 생략)

27) 본문과 같이 괄호 안에 들어간 단어 혹은 문장에 밑줄 친 부분은 원 사료에서 수기로 삽입된 내용을 의미한다.

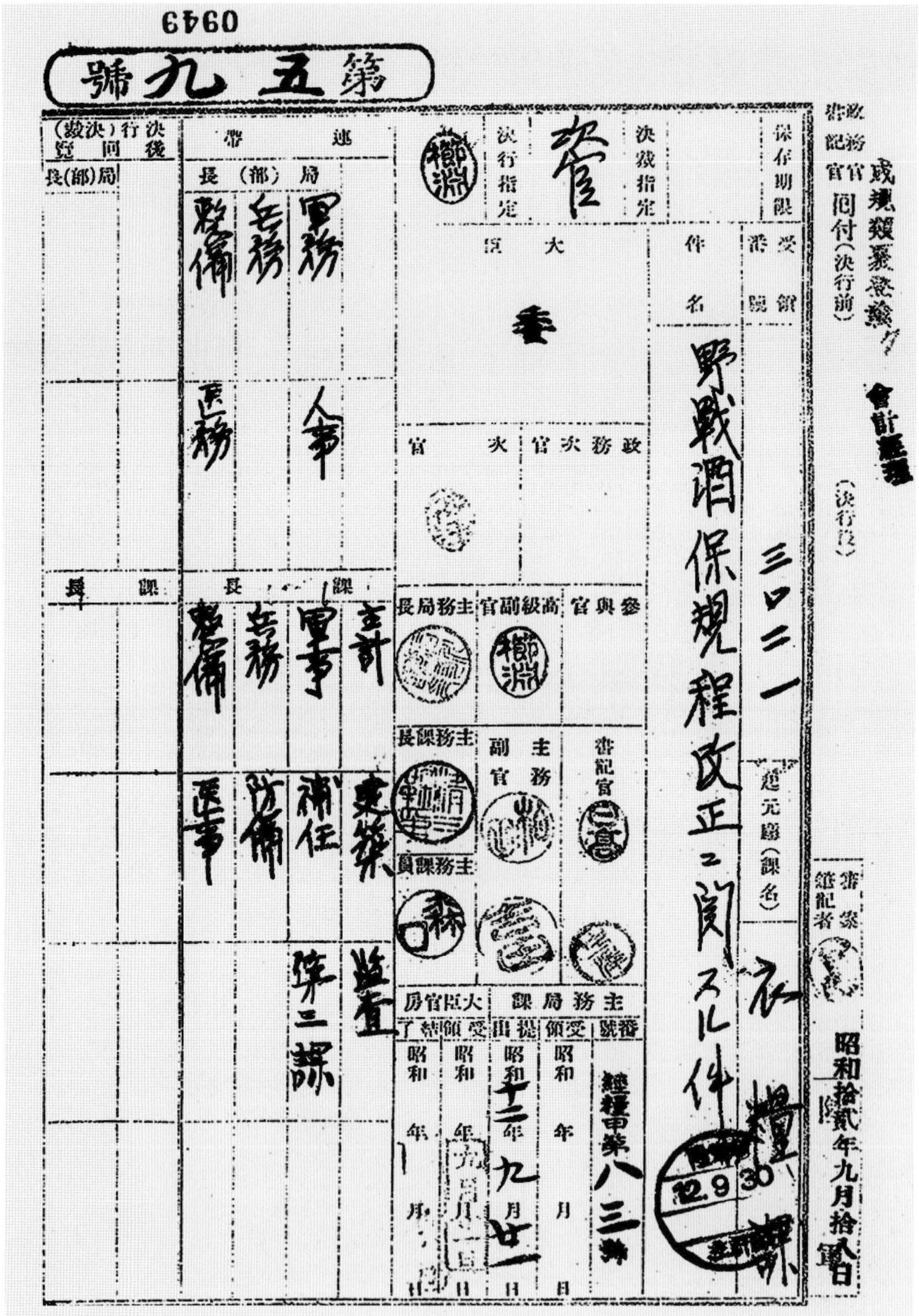

0949

第五九號

成規類纂登錄ノ 會計課

政務書記官 回付（決行前）（決行後）

保存期限	決裁指定	決行指定

受領番號 三ロ二一

起元課（課名） 衣糧課

件名 野戦酒保規程改正ニ関スル件

大臣

政務次官 次官

參與官 高級副官 主務局長

主務課長 主務副官 書記官

主務課員

連帶 局（部）長：軍務 兵務 整備 人事 醫務

課長：主計 軍事 兵務 整備 建築 補任 防備 醫事 第二課 監査

主務局課

番號	受領	提出	受領	結了
經理甲第八三號	昭和 年 月 日	昭和十二年九月廿一日	昭和 年 月 日	昭和 年 月 日

12.9.30

審査記者

昭和拾貳年九月拾八日

野戰酒保規程改正説明書

一三、九、一五
衣糧課

陸軍

野戰酒保規程（明三七、九、二九 陸達二〇四）	野戰酒保規程改正案（陸達）	改正理由
第一條 野戰酒保ハ戰地ニ於テ軍人軍屬ニ必要ノ需用品ヲ正確且廉價ニ販賣スルヲ目的トス	第一條 野戰酒保ハ戰地又ハ事變地ニ於テ軍人軍屬其ノ他特ニ從軍ヲ許サレタル者ニ必要ナル日用品飲食物等ヲ正確且廉價ニ販賣スルヲ目的トス 前項ノ外野戰酒保ハ必要ナル慰安施設ヲナスコトヲ得	野戰酒保利用者ノ範圍ヲ明瞭ナラシメ且對陣間ニ於テ慰安施設ヲ爲シ得ルコトヲモ認ムルヲ要スルニ依ル
	第二條 本規程（達）ニ於テ所管	所屬長官ノ意義ヲ

[문서 2]

화류병의 적극적인 예방법(1939.6.26)

제11군 제14병참병원
육군 군의 소위 아소 데쓰오[麻生徹男]

목차

1. 서언

어떤 질병이 환자와 그 주위의 사람들과 관련된 이해관계가 크다면, 그 질병의 사회적 의의가 크다고 할 수 있다. 급성 전염병을 별개로 취급한다면, 이러한 의미에서 화류병은 평시 · 전시를 막론하고 결핵 못지않은 중요성을 가지고 있다. 그렇다면 화류병 박멸이라는 목적을 관철하기 위해서는, 오늘날까지 고찰된 여러 가지 대책 중에서 한 가지 작은 부분에 대해서만 고집하거나 한 가지 작은 부분만 제거해서는 안 되며, 적절히 전면적으로 충실을 기해야만 한다.

즉 목적은 기존 환자를 치료하고 건강한 자에게 전염이 되지 않도록 하는 것이기 때문에 기존 환자와 건강한 자 각각에게 필요한 치료 예방의 여러 문제와 함께 사회적 요인에 대한 조사 연구를 필요로 한다. 전염원, 병의 종류별·병세별 등의 빈도, 수량에 대한 통계적 관찰을 하여, 장래를 위한 대책에 이바지하는 바가 있어야만 한다. 그리고 이러한 것 중에는 사람에 따라 어떤 것을 적극적 혹은 소극적으로 구별하는 의도가 있는데, 이 증세와 같이 중대한 사회성을 가지고 있는 질병에 대해서는 모든 대책이 평등한 발언권을 갖는다.

2. 창부

작년 1월 본관이 상하이[上海] 교외 근무 중, 1일 명령에 따라 새로 오지에 진출한 창부의 성병검사를 했다. 이때 피검자는 반도 부인[28] 80명, 내지 부인[29] 20명이다. 반도인 가운데 화류병이 의심되는 자는 극히 소수였으나, 내지인의 대부분은 현재 급성 증상은 보이지 않으나 매우 의심스러운 상태인 자 뿐으로 연령도 대부분 20세가 넘었으며, 그 중에는 곧 40세가 되는 자도 있어 기존에 매음업을 수년 동안 했던 자뿐이었다. 반도인은 나이가 어리고 동시에 초심자가 많아서 흥미롭다. 이는 후자 가운데에는 이번 사변 때에 응모하여 교육도 받지 않은 채 보충되었다고 할 수 있는 자들이 섞여 있기 때문일 것이다.

일반적으로 창부의 질은 연령이 어릴수록 양호하다. 즉 "뮌헨시의 검사에서는 2,686명의 창부 가운데 화류병에 걸린 자는 26.5%에 달하며 연령별로 보면,

16세 이하인 자	19
16세~18세	104
18세~21세	239
21세~30세	281

28) 조선인 여성.

29) 일본인 여성.

또한 해당 시의 미성년자로서, 3년간 판결 받은 어린 나이의 창부 가운데 화류병 진단을 받은 자는

15세 55.0%
16세 61.5%
17세 68.6%

로 어릴수록 병에 걸릴 확률이 적었다. 또한 '슈투트가르트'의 창부 565명에서는

14세~21세 55.0%

뮌헨시에서는 1908년 23.5%, 파리시에서는 58.0%가 되었다. 또한 1932년(쇼와7) 후쿠오카현[福岡県]에서 연령 40세까지 조사했는데, 20세 이하인 자의 수는

예기(藝妓) 56.3%
창기(娼妓) 29.1%
작부(酌婦) 44.6%
여급(女給) 46.5%

를 보였다. 즉 창부의 약 절반은 연령 30세 이하인 자라고 할 수 있을 것이다. 따라서 어린 연령의 창부를 보호하는 것이 중요하며, 의의도 있다. 그렇다면 전장으로 보내는 창부는 연령이 어린 자를 필요로 한다. 그리고 본관은 모처에서 성병검사 중에 누차 본 바와 같이 양쪽 서혜부(鼠蹊部, 샅)에 임파선종 수술 흉터를 가진, 명백하게 이전에 화류병의 낙인이 찍힌, 닳고 닳은 여자 부류는 다시 생각해봐야 한다. 이것은 어떠한 성병검사를 실시한다고 하더라도 황군 장병에게 보내는 선물로는 실로 가당치 않기 때문이다.

일단 전장에 보내는 창부는 내지의 마지막 항만에서 충분히 걸러야 할 필요가 있다. 하물며, 내지에서 굴러먹은 여자를 다시 전지(戰地)로 보내는 것은 언어도단의 사태[30]라고 할 수 있다.

---

30) 최악의 사태.

이와 유사한 문제로서, 현지 지나의 창부 및 난민 가운데 병에 걸린 매음자에게서 보이는 매독성 질환의 침윤은 놀랄만하다.

따라서 군이 만약 필요하면 군용 위안소를 만들어 우리가 감독하거나, 그렇지 않은 자는 단호히 대처해야 한다. 독일 쾰른시의 수비병 사이에서 일시적으로 화류병이 만연하였는데, 특히 엄중하게 진행된 성병검사도 효과가 없고 감염자가 22%에 달하는 높은 비율을 보였다. 이것은 즉 사창(私娼)에 의한 것이었다. 이 때문에 해당 시에서는 영 · 미국의 선례에서 배워 여자 경관을 두고 엄격하게 단속하여 현저한 효과가 있었다고 한다. 여기에서 주의해야 할 것은 지나 창부 가운데 어떤 자는 예방법 중 특히 '콘돔' 사용을 기피하며, 더 심각한 경우에는 이것을(콘돔을) 파기한다고 한다. 이는 적의 모략으로 전력(戰力)이 소비되는 것과 동일한 결과를 초래한다.

3. 성병검사

화류병이 만연하고 전염이 쉬우며 박멸하기 어려운 중대한 원인은 임질의 근본적인 치료가 어렵다는 데 있다. 게다가 이것이 한번 부인의 하복부 여러 장기 안에 침투하는 경우를 생각하면 충분히 짐작할 수 있다. 그렇다면 성병검사는 효과가 없는 것일까. 오늘날까지의 문헌에 비추어보면, 이른바 성병검사 제도가 있는 공창과 밀음(密淫) 매매로 인한 감염률은 둘 다 우열을 가리기 어려우며, 마치 성병검사 무용론을 증명하는 것 같다. 그렇다면 본관은 지금 여기에서 성병검사에 대하여 한번 고찰해 보고자 한다. 그 역사적인 기원은 오래되었으며, 이미 1162년 런던 시외 사우스 워크의 유곽에 대한 「윈체스터 승정(僧正)의 명령서」라는 것이 있고, 1413년 및 1469년에 취리히 및 루체른 시회(市會)의 이에 관한 규정이 있다. 이후 1828년에 이르러 파리시에서 창부 등록제도를 시행하여, 이에 따라 의사의 감독을 받도록 통제하였다. 그리하여 오늘날의 성병검사 제도의 기초가 확립되었다.

그런데 1908년 헤히트는 그 매음자의 일부분, 즉 불과 5% 또는 10% 정도 밖에 되지 않는 성병검사는 전혀 쓸모가 없다고 주장하였다. 그뿐만 아니라 오늘날에도 무용론을 주장하는 자가 적지 않다. 그들은 등록 창부 수가 매음부 전체 수에 비하여 매우 적다고 주장한다. 수가 판명된 베를린, 쾰른, 파리시 등에서 이러한 밀음자(密淫者)는 공창의 7~10배에 달한다고 한다. 아마 오늘날의 일본 내지도 같은 상황일 것이다. 더구나 현재 전장에서도 이와 유사한 현지 밀음자의 출몰을 인정하지만 대국적으로 보면, 군(軍)은 그 통제 아래에 두는 특수위안소를 설치했기 때문에, 이 성병검사 용론[31]은 전혀 적용되지 않으며, 또한 최근의 보고에 따르면, 뉘른베르크 및 '보헤미아'에서 여러 차례 진행한 성병검사가 효과를 보았다고 한다. 그런데 성병검사가 유효하다고 하더라도 그 합리성을 결여하면 더 심각한 폐해를 낳는다. 즉 성병검사 효과의 위생적 · 전폭적인 발양을 바란다면, 이후 발생한 감염자의 격리, 치료가 반드시 필요하다.

이를 동반하지 않은 성병검사는 전혀 효과가 없다. 본관은 모처에 머물며 근무하던 중, 이러한 점을 통렬히 느꼈다. 그 무렵까지 군에서는 이에 대한 일정한 방침이 없었고, 겨우 가능한 것은 대도시에 있는 지방인 의원에게 치료를 의뢰하는 정도에 그쳤다. 그 후 1년 반이 지나 본관도 해당 검사에서 손을 뗀 지가 오래되었기에 현재 상황에 대해서는 잘 알지 못하나, 이 성병검사 후에 치료를 철저히 하지 않는다면 애초에 무엇을 위해 성병검사를 하는 것인가. 이를 적절히 해결하기 위해서라도 군은 하나의 확실한 통제가 필요하다. 다음으로, 있을 수 없는 일이지만 성병검사의 폐해를 그냥 넘길 수 없는 게 한 가지 있다. 즉 그 검사자와 영업자 또는 피검사자 간의 정실(情實) 문제다. 유명한 예로 유럽에서는 '릴 사건'이 있다. 뒷골목 세계의 배후에 있는 자는 때로는 얕잡아 볼 수 없는 권력을 쥐는 일도 있다. 적어도 군용 특수위안소 내에서는 이와 같은 사실이 없다고 생각되지만, 우리는 여기에서 배울 점이 많다. 즉, 검사 · 감독의 위치에 있는 자가 개인적으로 업소를 출입하거나 또는 창부와 만나는 등의 일은 한 번 생각해 볼 필요가 있는 문제다. 하물며 그 직권을 남용하여 무언가 획책하는 바가 있다면 유감 천만이다. 그리고 단순히 호기심을 자극해서 그 분야의 완전한 비전문가가 검사 시행 같은 것을 한다는 것은 언어도단이라고 할 수 있다.

그리고 창부 검사와 함께 기녀 검사도 필요하다. 본관이 모처에서 근무하던 중에 2개의 업소를 검사했다. 그중 하나는 새롭게 군용 특수위안소로 만들어진 곳인데, 판잣집 가옥으로 각 방에 세척소가 있고, 표 발매소, 출입구, 기타 여러 설비가 거의 이상에 가까웠다. 다른 하나는 지나 가옥을 이용한 것으로 방의 구분, 세척소 등의 여러 설비가 제대로 갖추어져 있지 않았다. 아니나 다를까 개설 후에 양 지역에서 병에 걸렸다는 환자는 극히

---

31) 무용론의 오자로 추측됨.

소수이긴 했지만, 후자에서 환자의 대부분이 나왔다는 사실은 주목할 만한 점이다. 이렇게 함으로써 통제 아래에 있는 군용 기루에서는 성병검사의 성과를 올릴 수 있었다. 그렇지만 그 성과를 과신하여 일반 병사 사이의 매음 위험성을 경시해서는 안 된다.

4. 알코올 음료

예로부터 술과 여자는 떼려야 뗄 수 없는 관계라고 했다. 술은 온갖 약 가운데 최고이기는 하지만, 대체로 '알코올'의 약리적 작용이 인체에 영향을 미치는데, 첫 번째 단계로는 억제작용이 없어지며, 따라서 도덕적 비판능력이 떨어지게 된다. 그리하여 평소에 맨 정신으로는 못하는 자라고 해도, 아무렇지 않게 화류 거리로 걸어 들어갈 수 있는 결과를 낳게 된다. 또한 '정력'이 떨어지기 때문에 행위시간도 길어지고, 그리하여 스스로 화류병에 걸리는 위험에 몸을 내던지는 사태를 초래한다. 더욱이 이른바 술기운으로 만사에 기운이 넘쳐나, 예방적 조작, 예방제의 사용을 포기한다. 롬홀트가 "'알코올'은 보호제의 사용을 원하지 않는다"라고 보고했는데, 실로 그러하다. '알코올'과 화류병의 관계는 근래 여러 방면에서 조사되는데, 포렐에 따르면 182명의 남자 가운데 취한 상태에서 화류병에 걸린 자는 76.6%, 랑그슈타인(ラングスタイン)에 따르면 179명의 여자 가운데 43.8%, 또한 메일러는 1,225명 중 17.7%, 헤히트는 약 1천 명 중에서 43.0%라고 보고했다.

더욱 흥미로운 것은 와인이 7백 명의 남자들에게 조사한 바, 독신자 가운데 30.0%, 아내가 있는 자 가운데 51.0%가 된다는 것이다. 이는 즉 처자가 있고, 분별력이 있는 남자는 술 없이는 감히 이 같은 모험은 할 수 없다는 것이다.

군대의 오락소(娛樂所)에서 알코올을 멀리한다면 현저하게 화류병이 감소한다는 것은 영국 군대의 통계가 보여준다. 즉 수용 환자 1천 명에 대한 알코올 질환과 화류병의 비율은 다음과 같다.

연차	1886~1980	1891~1900	1901	1902	1903	1904	1905	1906	1907	1909	1901~1909	1906~1909
알코올 질환(%)	3.1	2.1	2.6	2.6	1.5	1.3	1.2	1.7	1.4	0.7	1.8	1.15
화류병(%)	207.6	143.7	95.6	110.1	109.1	107.6	90.5	99.4	84.4	68.4	102.6	79.4

이것을 보면, 알코올에 따른 질병이 감소할수록 화류병도 감소하고 있음을 알 수 있다. 또한 스토다트의 보고에 따르면, 매사추세츠주에서는 금주령 발포 이래로 화류병 발병 수가 저하되었다고 한다. 이쿠테만(イクテマン)의 보고에 따르면 레닌그라드에서 화류병 전염의 25.0%는 음주 결과다. 한편 미국 군대는 1900년 이래로 주보(酒保)에서 알코올 음료를 완전히 금지한 결과, 사병들이 어쩔 수 없이 술집이나 카페에 가는 상황이 되어 역으로 화류병이 증가하였다고 한다. 이 점에 대한 세심한 숙려가 없다면 용두사미가 된다. 어쨌든 간에 화류병의 전파에 알코올이 중대한 역할을 한다는 사실은 그 누구도 부정할 수 없다. 게다가 일단 걸린 화류병 경과에 미치는 알코올의 영향을 생각한다면 적당히 넘어갈 일이 아니다.

본관은 이러한 견지에서 군대 내에서 술 소비를 최소한으로 할 것을 간절히 바란다. 하물며 오늘날까지 군대 내 여러 사고의 대부분이 이른바 '술' 때문에 발생했다는 사실은 이 확신을 더욱 확고하게 만든다.

군용 특수위안소는 향락의 장소가 아니며, 위생적인 공동변소이기 때문에 군에서도 위안소 내에서 주류를 금지하는 것은 오히려 당연하다. 하지만 본관이 위안소를 감시하던 중에 주류를 마신 흔적을 자주 본 것은 매우 유감스러운 일이다. 이 때문에라도 영업자를 감시하고 창부를 감독하고, 나아가 이들을 교육 · 지도할 필요가 있다.

5. 금욕

금욕이 유해하다고 하는 자가 있다. 그들은 성욕 금기 현상까지 나열하며 그 유해함을 설명한다. 본관이 생각하기로 성욕과 정력이라는 것은 개개인에 따라 상당히 차이가 있다. 어떤 자는 욕구가 별로 강하지 않아 색욕을 억제하기 위해 그다지 의지력을 발휘하지 않아도 되지만, 어떤 자는 성욕이 강렬하여 어떻게 해도 이를 억제하기 어렵다. 금욕이 유해하여 그 결과 생식기 신경쇠약증을 일으키고, 전립선 비대나 이른바 색정성 부고환염(副睾丸炎) 등을 야기하는 사례가 과연 어느 정도나 될까.

요컨대, 금욕 목적을 관철시키는 것은 위생적 생활법을 전제로 한다. 근면히 땀을 흘려 일하고, 한편으로는 적당한 위안의 길을 강구하여, 색욕이 발휘될 틈을 만들지 않는 것이 첫 번째 조건이다. 이것은 각 개인의 품성 · 성격 · 신념 등에 따라서 좌우되는 문제로, 조금은 추상론이라는 문제가 있기 때문에 더 서술하지는 않겠다. 본관의 개인적 생각이지만 동아(東亞) 1백 년의 대계(大計) 위에서 생각한다면, 앞으로 1~2년 금욕을 한다고 해도 충분하다고 할 수 있다.

6. 화류병의 인식

무릇 적을 섬멸하고자 한다면 적을 잘 알아야만 한다. 화류병에 대한 전쟁도 마찬가지다. 적의 병력, 독력(毒力)에 무지해서는 안 된다. 단지 군대 내부뿐만 아니라, 창부에 대한 충분한 인식이 필요하다. 레셀은 창부의 감독을 개선하기 위해 노력하여 하나의 법(法)을 제안하고 이것을 매음 규율로 명명했는데, 이 규율이 지켜진다면 창부의 화류병이 감소될 것이다. 생각해 보면 이것은 단지 창부를 위한 것만이 아니며, 그 사용자들에게도 이익이 클 것이다. 즉 항상 성교에 냉정한 목격자는 결코 그녀들을 다른 방법으로는 구하지 않을 것이다.

이러한 의미에서도 군용 위안소의 창부는 항상 감독·지도할 필요가 있다.

더불어 그녀들의 사용자인 남자 측에서도 한층 더 인식할 필요가 있다. 속된 표현으로 "매독기미와 색기가 없는 남자는 없다"라고 하여, 유럽 여러 나라에서도 16~17세기경에는 매독을 수치스럽게 여기지 않고 오히려 질병과 정사에 관하여 말하는 것을 명예처럼 여겼다. 만성 임질이 얼마나 치료하기 어려운가? 일단 뇌신경세포 중에 파고든 스피로헤타가 생명에 어떠한 영향을 미치는가? 이것은 개인의 문제에 그치는 것이 아니라 가정, 자손, 나아가 민족의 소질 저하에까지 반드시 곤란한 결과를 초래한다. 생각이 여기에까지 미치다보면 우리처럼 의학을 배운 사람이 아니어도 섬뜩해질 것이다.

이 때문에 군대 내에서 철저한 성교육은 중차대한 문제라고 할 수 있다. 최근 미국 군대에서는 이를 위해 선전 삐라, 소책자 등의 배포 및 사진, 특히 활동사진을 통해 현저한 효과를 얻었다고 한다. 이러한 화류병에 대한 계몽운동이야말로 각 부대 위생부원에게 부과된 중대한 임무라고 할 수 있다.

7. 협의의 예방법

협의의 예방법에 대하여 한 마디 하기 전에, 군대 내에서 자주 보이는 포경 문제를 언급하고자 한다. 즉, 오늘날까지 화류병 예방을 위해서 다수의 포경자들을 수술한 사례는 없었기 때문에, 예전의 사례인 종교적 절제자와 비절제자를 대상으로 감염률을 비교하겠다.

브라이튼 스타인이 네덜란드령 인도의 군대에서 조사한 바에 따르면, 15,000명의 토인(土人), 즉 포피를 절제한 병졸은 화류병이 16.0%로, 그 가운데 매독은 80.8%였으나, 18,000명의 유럽인, 즉 (포피를) 절제하지 않은 병사에게서는 화류병이 41.0%이고 그 가운데 매독은 84.1%에 달했다.

또한 롬에 따르면 2,468명의 환자에게서 비절제자의 39.1%는 하감(下疳)[32]과 매독이 나타났으나, 절제자는 15.0%에 그쳤다. 확실히 포경을 가진 자의 제경(除莖)[33]은 쉽게 불결해지고 항상 습기가 차 있어 병균이 잘 배양된다고 할 수 있다. 따라서 이와 같은 자는 가능하면 장정 검사 후 또는 입영 직후에 치료하여 화류병 예방의 원대한 계획에 일조하도록 해야 할 것이다.

이어서 군대 내에서의 협의의 예방법에 대하여 언급하려 하는데, 원래 화류병 발생률은 평시의 군대와 전시의 군대 사이에 질적 · 양적으로 크게 차이가 있다. 예를 들어 미국 군대의 경우 대전 전까지는 16.0%였으나, 동원 직후에는 벌써 40.0%가 되었다. 하물며 바쁘기 짝이 없는 전장에서는 말할 것도 없을 것이다. 그 예방법은 오늘날까지 동서양을 막론하고 대부분 동일하게 약물 보호제에 의한 것, 콘돔에 의한 것. 혹은 이것들을 병용하는 것 및 성교 후의 세척, 소독에 의한 것 등이 있다. 본관은 이것들 전부를 장려하는 것을 원칙으로 삼고자 한다.

이를 위해 사용하는 구체적인 약품의 조성 등은 실로 다종다양하기 때문에 지금 여기에서 서술하기는 어려우나, 핵심은 신용할 수 있는 물품을 선정하는 데 있다. 위생재료창구에서 수령하는 경우는 별도로 하고, 때에 따라 민간의 제품을 보급받는 일이 있기 때문에 이 점은 특히 주의해야 한다. 최근 어떤 종류의 약품에서 국소 부위를 과도하게 자극

---

32) 음부에 궤양이 생기는 성병. 음식창(陰蝕瘡)이라고도 함.

33) 음경(陰莖)의 오자로 추측됨.

하여 사용하기 곤란하다고 호소하는 경우를 여기저기서 볼 수 있기 때문이다. 또한 콘돔도 최근에는 대부분 황화고무 제품으로 품질도 향상되었기 때문에 양호해졌으나, 그 중에는 오랜 기간 보존하면 약해지는 것도 있으므로 주의를 요한다. 내지에서는 고무 제품을 통제한다고 하는데 단지 자동차 타이어용에 그치지 말고, 이를 위해서도 양질의 원료를 얻어 제품이 조악해지지 않도록 노력해야 한다.

성교 후의 세척, 소독에 보호제의 잔여물 또는 소독 비누, 그 외의 액을 사용하는 자가 있다. 그렇지만 이 중요한 처치를 할 수 있는 적당한 장소를 어딘가에 마련할 필요가 있다. 그 장소를 창가(娼家)의 안으로 하던가 혹은 밖으로 하던가.

일반적으로 성교 후 소독의 시간이 빠르면 빠를수록 병에 걸릴 확률은 적어진다. 이는 당연한 이치일 것이다. 네덜란드 해군 내에서 얻은 결과를 참조하면 다음과 같다.

경과된 시간	1시간	2시간	3시간	5시간	7시간	9시간	10시간
병에 걸린 자의 비율	0.08%	0.55%	0.77%	1.57%	2.17%	3.62%	7.40%

성교 후의 예방적 소독이 얼마나 필요한지 알 수 있다. 유럽의 군대 내에는 이 소독소를 병참지 등에서는 길 가운데에 공동변소 방식으로 설치하거나, 혹은 병영 내에 설치하는 사례도 있으나, 본관은 전술한 이유에 따라 창가(娼家) 내에, 그리고 성교하는 각 방마다 설치해야 한다고 생각한다. 이 점에서 1938년(쇼와13) 봄에 개업할 당시의 상하이[上海] 옛 군공로(軍工路) 부근 양가(楊家) 육군위안소의 설비는 이상적으로 완성되었다.

당시 소독약은 카멜레온액[34]을 사용하였다. 창가(娼家) 안의 오직 1개소에 이것을 두는 방식은, 본관이 알고 있는 범위에서는 부적당하다.

이와 같이 하는 예방법의 결과는 과연 유효한 것일까? 미국 해군의 성과는 주목할 만한 가치가 있다. 1907년경 미국에서는 각각의 부대가 임의적으로 실행하고 있었으나, 1909년에는 몇 개소에서는 강제적으로 실행했다. 1916년 미국 해군에 적을 둔 자는 화류병에 걸린 경우 및 자신의 경솔함으로 질병을 얻은 경우는 그 치료 기간 중에 급료를 받을 수 없게 하였다. 또한 예방법은 다음과 같이 규정되었다. 즉 예방 도구를 휴대하는 경우는 별도로 하고, 휴대하지 않은 자는 배로 돌아간 후 혹은 길 찾기가 편리한 곳에 설치한 장소

34) chameleom solution, 과망간산칼륨의 수용액을 의미한다.

에서 위생부원의 감독 아래에서 소독을 받게 했다. 이 방법을 장려하여 실행했기 때문에 1910년 이후 화류병 환자 수는 감소했다. 게다가 1917 · 1918년에는 대전 중이었음에도 불구하고 급격하게 그 수를 감소시킬 수 있었다. 이는 전시(戰時) 상황에서 당국이 적절하게 조치한 결과라고 할 수 있다.

또한 라이드의 보고에 의하면 1917년 포츠머스 수비병의 화류병 환자 수는 92%인데, 보이든도 그 방법으로 좋은 성적을 거두어 923명 가운데 임질은 1명도 없었으며, 매독이 유일한 사례라고 보고했다. 런던의 한 군대에서도 동일한 방법을 통해 1913년에는 화류병 환자가 95.6%였던 것을 1917년 말에는 35.0%로 감소시킬 수 있었다. 마찬가지로 싱가포르 주둔군 내에서는 예방법 채용 이후 15.8%에서 3.4%로 감소시킬 수 있었다. 또한 산기오기(サンギオルギ)에 따르면 이탈리아에서는 예방용 연고의 사용을 장려하여 1906년에는 56%였던 것을 1923년에는 28.32%로 감소시킬 수 있었다.

어쨌든 이러한 예방적 조치는 확실히 효과가 있다. 그러나 이 때문에 그 효과를 과신하여 잘못된 안전감각을 가질 필요는 결단코 없다.

8. 환자의 취급

일단 화류병에 걸리면 가급적 빠르고 철저하게 조기치료를 수행해야만 한다. 본관이 난징[南京]에 있던 중 병참병원에서 외래환자를 치료할 때에 종종 환자 혹은 부대에 부속된 위생 하사관이 해당 병원에서 치료에 사용하는 분량 이외의 약을 여분으로 청구하는 경향이 있었다. 이 원인을 조사하다가 보니, 하나는 자신들의 질병이 부대 군의에게 알려지는 것을 두려워하는 것이었고, 하나는 군의(軍醫) 가운데 자기가 감독하는 부대 내에서 이와 같은 약물이 소비되는 것을 좋아하지 않아, 결국에는 환자 자신이 자비로 약물을 구입하거나, 혹은 전술한 것 같은 경향으로 나타난 것이다.

화류병의 치유 결정은 항상 곤란한 문제다. 그렇지만 현재 이 지역 내에서는 종래와 같이 중지의시(中支醫示) 제45호에 정해진 대로 실행하는 것 외에 방법은 없다. 그리고 중지의시(中支醫示) 제5호, 중지병감의(中支兵監醫) 제85호에 따른 화류병 환자 조사표도 금후 한층 강화시켜 각 작전시기별로 조직적 · 통계적으로 관찰하는 것도 필요하다.

이때 문제가 되는 것은 이른바 '화류병 병졸의 특전'이다. 즉 그들은 화류병 환자로 수용되어 전투기간 동안 생명의 안전을 보장받는다.

정말로 화가 치민다. 그들의 전우 중 평소 성실하여 화류병에 걸리지 않는 자가 탄환이 비처럼 퍼붓는 가운데 몸을 드러내고 있는 동안에, 그들은 살바르산(salvarsan)이나 프로타르골(protargol)을 벗 삼아 안일하게 병원생활을 하고 있다. 더구나 병원 내에서 그들의 행동거지는 결코 양호하지 않다. 따라서 헤히트는 매독이든 임질이든 증상이 없어지면 곧바로 전선으로 보내야 하며, 또 전선에 있는 동안 주사치료를 통해 완쾌시키는 일도 가능하다고 했다. 나이셀은 참호 내에서의 살바르산과 수은 요법을 제창하였는데, 이것은 실현시키지 못하고 있다.

평시라면 수천 발 가운데 한 발 정도 포신 내 파열 위험을 방지하고자 방아쇠에도 끈을 붙여 연습하는 중포(重砲)도, 실제 전장에서는 끈 같은 개재물(介在物)은 문제가 되지 않는다. 살바르산에도 천에 하나의 위험은 있다. 그렇지만 전장에서는 사태의 여하에 따라 문제가 되지 않을 때도 있어야 한다. 군의 전투력 저하 방지를 위하여 어쩔 수 없는 일이다.

9. 결론

오늘날까지 여러 대책이 세계 각국의 군대에서 시도되고 있다. 육군 군의단에서 발행한 피부 및 화류병 강의록에서도 상세하게 논의되어 핑겔 이하 14명 사람들의 의견이 기재되어 있다. 그런데 이들은 대략적으로 동일한 것을 논하며, 본관 또한 이것과 대략적으로 동일한 결론을 얻게 되었다. 그렇지만 이 정당하다고 여겨지는 각 대책의 확실한 수행을 언제, 어떠한 경우에라도 달성하고자 하는 간절한 바람은 결코 남에게 뒤지지 않는다. 이상 각 항에 걸쳐 있는 조치에 관한 견해로부터, 본관은 다음의 각 조목을 결론으로 삼고자 한다. 즉,

1. 군대 내에서 화류병에 관한 교육
   화류병이 무엇인지를 인식하는 게 필수다.
2. 개인 예방법의 장려 실행
3. 국소적인 정밀한 신체검사
   월례 신체검사 시 특히 주의를 요함.

4. 알코올 음료의 제한

즉 이를 대체하는 것으로 보다 고상한 오락 시설을 필요로 함. 음악, 활동사진, 도서 혹은 운동이 좋음. 생각건대 16mm 토키(talkie)에 의한 영화 정도, 약간 연구를 한다면 전선 가까운 각지에서 시행하는 것이 그다지 곤란하지 않음. 창루(娼樓)가 아닌 군용 오락소의 설립도 희망함. 이렇게 하여 병사들 스스로 금욕을 신경쓰지 않도록 좋은 풍습을 양성해야 함.

5. 성병검사는 정확하고 엄정해야 함.

더욱더 창가(娼家), 업소주인(樓主) 감독을 필요로 함. 병에 걸린 창부의 치료, 격리는 반드시 실행해야 함. 이를 위해 병참지구 내에는 특수 병원을 필요로 하며, 그 여성들에게도 후송 치료를 받을 수 있도록 전체 기관을 통일해야 함.

6. 창부의 질적 향상 및 선택

동시에 사창에 대한 경계와 전염원에 대한 철저한 추적도 필요함.

7. 방역 군기 엄수

앞서 기술한 각 항의 목적 달성은 실로 군기의 진작, 방역 군기의 고양에 달려 있음. 화류병 대책도 광의의 방역 작업임. 앞으로 병참 사령부는 이를 위해 더욱 자기의 의료 능력을 증진하고 충실을 기울이던가, 또는 다른 유력한 위생·방역 기관에 작업의 일부를 양도해야만 함.

8. 앞서 기술한 각 방면의 여러 요인의 전체적·통계적 연구는 미래와 사회에 대한 문제로써 중요한 역할을 하는 것임.

1939년(쇼와14) 6월 26일 이상.

1.

花柳病ノ積極的豫防法

第十一軍第十四兵站病院

陸軍軍醫少尉　麻生徹男

目次

一、緒言

二、娼婦

三、検黴

四、アルコール飲料

五、禁慾

六、花柳病ノ認識

七、狹義ノ豫防法

八、患者ノ取扱

九、結言

陸軍

2、

一、緒言

或ル疾病ニシテ患者及ビ其ノ周囲ノ者ニ関聯スル利害関係ガ大ナレバ、其ノ疾病ノ社會的意義ハ大イナリト言フ可シ。此ノ意味ニ於テ花柳病ハ其ノ平時、戰時タルヲ問ハズ、急性傳染病ハ別シテ、結核ニ劣ラヌ重要性ヲ有スルモノナリ。サレバ其ノ撲滅ノ目的貫徹ニハ今日マデ考察セラレタル諸種対策ノ中ノ一小部分的固執一小部分的欠除モ不可ニシテ、宜シク全面的充實ヲ期セザル可カラズ。

即チ目的トスルハ、既患者ヲ治療シ、健康者ニ傳染セザル如クスルニ所アルヲ以テ、既患者、健康者各個ヘノ治療豫防ノ諸問題ト共ニ、其ノ対社會的因子ノ調査研究ヲ必要トス。傳染源、病種別、轉歸別、等ノ頻度数量ノ統計的觀察ヲ為シ、將来ヘノ対策ニ資スル所有ラザル可カラズ。而シテ此等ノ内、人アリテカ或ル物ヲ積極、或ル物ヲ消極ナリト區別スル趣キアルモ、本症ノ如ク重大社會性ヲ有スル疾病ニ於テハ總テノ対策ガ平等ナル發言權ヲ有スルモノナリ。

二、娼婦

昨年一月小官上海郊外勤務中、一日命令ニヨリ、新ニ奥地ヘ進出スル娼婦ノ検黴ヲ行ヒタリ。コノ時ノ被検者ハ半島婦人八十名、内地婦人二十名余ニシテ、半島人ノ内花柳病ノ疑ヒアル者ハ極メテ少数ナリシモ、内地人ノ大部分ハ現ニ急性症状コソナキモ、[illegible]甚ダ如何ハシキ者ノミニシテ、年齢モ殆ド二十歳ヲ過ギ中ニハ四十歳ニモナリナントスル者アリテ既往ニ賣淫稼業ヲ数年経来シ者ノミナリキ。半島人ノ若年

陸軍

4.

齢且ツ初心ナル者ノ多キト興味アル対象ヲ為セリ。
ソハ後者ノ内ニハ今次事変ニ際シ應募セシ未教育
補充トモ言フ可キガ交リ居リシ為メナラン。
一般ニ娼婦ノ質ハ若年齢程良好ナルモノナリ。即チ
「ミユシヘン」市ニ於ケル検査ニテハ、二六八六人ノ娼婦中、花
柳病ニ罹レル者ハ二六、五％ニ及ビ年齢別ニセバ

十六歳以下ノ者	一九
十六歳—十八歳	一〇四
十八歳—二十一歳	二三九
二十一歳—三十歳	二八一

且ツ該市未成年者ニシテ三ヶ年間ニ判決サレシ年
若キ娼婦ノ中ニテ花柳病ヲ受ケ居タリシ者ハ

十五歳	五五、〇％
十六歳	六、五％

十七歳　六八、六%

ニシテ若年程罹患率ハ少ナリ。又「スットガルト」ノ娼婦五六五人ニテハ

十四歳──二十一歳　五五、〇%

「ミュンヘン市ニ於テハ一九〇八年ニ三、五%、パリー市ニ於テハ五八、〇%トナレリ。又昭和七年福岡縣ニ於ケル年齢四十歳マデノ調査ニテ、二十歳以下ノ者ノ数ハ

藝妓　五六、三%

娼妓　二九、一%

酌婦　四四、六%

女給　四六、五%

ヲ示セリ。即チ娼婦ノ約半数ハ年齢二十歳以下ノ者ト言フヲ得ベシ。故ニ若年ノ娼婦ニ保護ヲ加ヘル事ガ重要ニシテ、意義アル事ナリ。サレバ戰地

陸軍

6.

へ送リ込マルル娼婦ハ年若キ者ヲ必要トス。而シテ小官某地ニテ検黴中屢々見シ如キ両鼠蹊部ニ横痃手術ノ瘢痕ヲ有シ明ラカニ既往花柳病ノ烙印ヲオサレシ、アバズレ女ノ類ハ敢ヘテ一考ヲ與ヘタシ。此レ皇軍将兵ヘノ贈リ物トシテ、實ニ如何ハシキ物ナレバナリ。如何ニ検黴ヲ行フトハ言ヘ。

一應戦地ヘ送リ込ム娼婦ハ内地最終ノ港湾ニ於イテ、充分ナル淘汰ヲ必要トス。マシテ内地ヲ喰ヒツメタガ如キ女ヲ戦地ヘ鞍變ヘサス如キハ、言語道断ノ沙汰ト言フ可シ。

此レト類似セル問題トシテ現地支那ノ娼婦及ビ難民中ノ有病賣淫者ヘノ黴毒性疾患ノ浸潤驚ク可キモノアルガ如シ。此レ等ニ対シテハ軍トシテ若シ必要ナラ軍用慰安所トシテ我ガ監督下ニ入ルヽカ、然カラザル者ニ対シテハ断乎トシテ処置ス可キナリ。
独乙ケルン市ノ守備兵間ニ一時花柳病ガ蔓延シ、
特ニ厳重ナル検黴モ効果ナク羅患者三%ト言フ高
率ヲ示セリ。此レ即チ私娼ノ跋扈ニヨルモノナリキ。
此ノ為メ該市ニテハ英米ノ先例ニナラヒ女警官ヲ置キ
コノ粛正ニアタラシメ著効ヲ奏シタリト言フ。ココニ注意
ス可キハ支那娼婦ノ内或ル者ハ予防法殊ニコンドーム
ノ使用ヲ忌避シ、其ノ甚シキハ之レヲ破棄スト。此レ敵
ノ謀略ニヨリ戦力ノ消耗セラルヽト同一結果タリ。

三、検黴

花柳病蔓延、容易ナル傳染及ビ其ノ撲滅ノ困難ナル
重大原因トシテハ淋疾ノ根治シ難キニアリ。シカモ此レガ
一度ビ婦人ノ下腹諸臓器内ニ喰ヒ込ミシ場合ヲ考ヘ

陸軍

ンカ、思ヒ半バニ過ギルモノアラン　サレバ検黴ハ無効ノモノナランカ。今日マデノ文献ニ徴スルニ所謂検黴制度ヲ有スル公娼ト密淫賣ヨリ受クル感染率ハ両者相伯仲シ、アタカモ検黴無用論ヲ証明セル如キ感アリ。サレバ小官ハ今此所ニ検黴ニツキ一考察ヲ與ヘ見ン。

其ノ歴史的起源ハ古ク、既ニ、一一六二年倫敦市外「サウスワーク」ノ遊廓ニ対スル「ウインチェスター」僧正ノ命令書ナルモノアリ、一四三年及ビ一四六九年ニ「チユーリツヒ」及「ビルツエルン」市會ノ之レニ関スル規定アリ。其ノ後一八二八年ニ至リ巴里市ニ於テ娼婦ノ登録ヲ行ヒ、之レニヨリ醫師ノ監督ヲ受ク可ク統制セリ。カクテ今日ノ検黴制度ノ基礎確立ヲ見タリ。

然ルニ一九〇八年「ヒト」ハ其ノ賣淫者ノ一小部分、即チ僅々五%或ハ一〇%ニシカ及バザルガ如キ検黴ハ全ク無用ナリト唱ヘ出セリ。彼ノミナラズ今日ニテモ無用論ヲ唱ヘル者ナシトセズ。彼等ハ登録娼婦数ハ賣淫婦全体数ニ比シ全ク少数ナリト言ヘリ。数ノ判明セル伯林、「ケルン」、巴里市等ニテハ此レ等密淫者ハ公娼ノ七乃至十倍ニ達セリト。恐ラク今日ノ日本内地ニテモ同様ナラン。然カモ今次戦地ニテモ其レト、類似セル現地密淫者ノ出没ヲ認メ得ルモ、大局ヨリ見軍ハ其ノ統制下ニ置ク特殊慰安所ヲ設置スル故此ノ検黴用論ハ全ク適用サレズ、且ツ最近ノ報告ニヨレバ「コルンベルヒ」及ビ「ボヘミヤ」ニテ、頻回ナル検黴ガ効ヲ與ヘザリシト言フ。而シテ検黴ガ有効ナリトテモ、其ノ當ヲ得ラズバ更ニ一歩ノ進メル敵ナ害ヲ生ム。即チ検黴効果ノ衛生的全幅的發揚ヲ望マバ其ノ後ニ来ル罹病者ノ隔離、治療コソ必須ノモノナレ。

陸軍

10.

此レヲ伴ハザル検黴ハ全ク有名無實ノ甚ダシキモノナリ。小官ハ某地在勤中此ノ実痛切ニ感ゼシモノナリキ。此ノ頃マデハ軍ニハ此レニ対スル一定ノ方針無ク唯出来得ル所ニテハ大都市ニアル地方人医院ニ治療ヲ依頼スルニ止マリ居レリ。其ノ後一年有半ハ過ギ小官モ該検査ヨリ遠ザカル事永キニ亘ルヲ以ッテ目下ノ状況ニハ詳ラカナラザルモ、此ノ検黴ノ後ニ来ル治療ノ徹底無キトセンカ、ソモ検黴ハ何ノ為メゾ。宜シク軍ハ此ノ為メニモ一ツノ確タル統制ヲ必要トス。次ギニ有リ得ベカラザル事ナルガ検黴ノ弊害トシテ見逃セ得ザル一事アリ。即チソノ検査者ト営業者乃至被検者間ノ情實問題ナリ。コノ有名ナル例トシテ欧州ニテハ「リール」事件アリ。蓋シ闇ノ世界ノ背後ニ立ツ者ハ時ニ侮ル可カラザル権力ヲ有スル事アリ。

少クトモ軍用特殊慰安所内ニテハ、カクノ如キ事實ハナシト思フモ、吾人ニハ之レヨリ教ヘラルヽ事ハ多々アリ。即チ検査監督ノ位置ニアル者ノ個人的登樓或ヒハ接娼ノ如キハ一考ヲ要ス可キ問題ナリ。マシテ其ノ職權ヲ濫用シ其ノ間何事カ畫策スル所アルハ遺憾千万ナリ。又單ニ好奇心ヲソヽリ、其ノ道ニ全ク無想定見ノ者、検査ヲ行フ如キハ言語道断ト言フ可シ。

更ニ娼婦ノ検査ト共ニ妓樓ノ検査モ必要トス。小官某地勤務中ニケ所ノ妓樓ノ検査ヲ行ヒタルガ其ノ一ツハ新ニ軍用特殊慰安所トシテ建造セル、バラック式家屋ニシテ各室ニ洗滌所ヲ有シ、切符發賣所、出入口其ノ他ノ諸設備殆ンド理想ニ近ク、他ハ支那家屋ヲ利用セルモノニシテ其ノ室區分、

陸軍

洗滌所等ノ諸設意ノ如ク行カズ、果セル哉其ノ開設后両地ニテ罹患セリト称スル患者ハ極クナノ数ナリトハ言ヘ、其ノ後者ニテ殆ド占メラレアリシハ注目ニ値ス。斯クスル事ニヨリテ検黴ノ成績ハ統制下ニアル軍用妓楼ニ於テハ挙ゲ得ルモノナリ。然レドモ其ノ成績ヲ過信シ、一般兵間ニ売淫危険ヲ軽視サス可カラズ。

四、アルコール飲料

古来酒ト女ハ附キモノト言フ可シ。酒ハ百薬ノ長ニハアレ凡ソ「アルコール」ノ薬理的作用ノ人体ニ及ボス第一期ニ於テ、抑制作用ガ無クナリ、従ッテ道徳的批判能力ガ落チ目トナル。カクテ平素、素面ニテハ能ハザル者ニテモ平気ニテ花柳ノ巷ヘ歩ヲ入レ得ル結果トナル。又「ポテンツ」ガ下ル故、行為時間モ永クナル、斯クテ自ラ花柳病罹患ノ危険ニ身ヲ曝ス事態ヲ招来ス、且ツ所謂酒機嫌ト言フ代物ニテ、万事気ガ大トナリ、豫防的操作、豫防剤ノ使用ヲ放擲ス。「ロムホルト」ニヨリ「アルコール」ハ保護剤ノ使用ヲ喜バズ」ト報告セラレアルガ、實ニ宜ナナル哉。「アルコール」ト花柳病トノ関係ハ近来諸方面ニテ調査セラレ、「フォーレル」ニヨレバ、一八二人ノ男子ニテ「アルコール状態」ニテ花柳病ヲ得シモノハ、七六、六%「ラングスタイン」ニヨレバ一七九人ノ女子ニテ 四三、八%更ニ「メーラー」ハ一二三五人中 一七、七%「ヘヒト」ハ約一〇〇〇人中ニテ四三、〇%ト報ゼリ。

更ニ興味アルハ「ワイン」ガ七〇〇名ノ男子ニツキ調査セル所、独身者ニテ 三〇、〇% 妻帯者ニテ五〇、〇%

陸軍

14.

トナレリ。之レ即チ妻子アリ、分別アル男ハ到底酒無シニ斯クノ如キ冒険ハ敢ヘテ為シ得ザルモノナラン。

軍隊ノ娯楽所ヨリ「アルコール」ヲ遠ザケバ著シク花柳病ガ減ナンストハ英國ノ軍隊ノ統計ガ示セリ。

即チ収容患者一〇〇〇人ニ対スル割合ハ

年次	アルコール性疾患	花柳病
一八八六―一八九〇	三、一	二〇七、六
一八九一―一九〇〇	二、一	一四三、七
一九〇一	二、六	九五、六
一九〇二	二、六	一〇、一
一九〇三	一、五	一〇九、一
一九〇四	一、三	一〇七、六
一九〇五	一、二	九〇、五
一九〇六	一、七	九九、四

一九〇七	一、四	八四、四
一九〇八	〇、七	六八、四
一九〇一—一九〇九	一、八	一〇二、六
一九〇六—一九〇九	一、一五	七九、四

之レニヨレバ「アルコール」ニ因ル疾病ガ減少セバ花柳病亦減少スルガ明白トナレリ。又「ストッダート」ノ報告ニヨレバ、「マッサユセット州」ニテハ禁酒令發布以来花柳病ノ數ハ低下セリト。「イクテマン」ノ報告ニヨレバ「レイニングド」ノ花柳病傳染ノ二五、〇%ハ飲酒ノ結果ナリキト。然ルニ才米國ノ軍隊ニテ一九〇〇年以来酒保ニ於テ「アルコール」飲料ヲ全ク嚴禁シタル結果、士卒ハ止ムナク酒場ヤ、「カフエー」ニ行ク狀態トナリ、却ツテ花柳病ノ增加ヲ見シト言フ、此ノ点細心熟慮セザレバ龍頭蛇尾ノ類トナル。何レニセヨ花柳病ノ傳播ニ「アル

16.

コールレハ重大ナル役割ヲ有スル事實ハ何人モ否ム
ヲ得ズ。然カモ一旦罹ツタ花柳病ノ經過ニ及ボ
ス「アルコール」ノ影響ヲ考ヘ見ルナラ、其ノ思ヒ半バニ
過グルモノアラン。
小官ハ此ノ見地ヨリ軍隊内ニテ最小限度ノ酒ノ消費
セラレン事ヲ切望スルモノナリ。増シテ今日マデ軍隊内
諸事故ノ大部分ガ所謂「酒ノ上カラ」ナル事實ハ此ノ
確信ヲ益々強固ニスルモノナリ。
軍用特殊慰安所ハ享樂ノ場所ニ非ズシテ衛生
的ナル共同便所ナル故、軍ニ於テモ慰安所内ニテ酒
類ノ禁止サレアルハ寧ロ当然ノ事ナリ。然レドモ小
官慰安所監視中屢々酒類飲用ノ跡ヲ見シハ
甚ダ遺憾トスル所ナリ。此ノ為メニモ営業者ノ監
視、娼婦ノ監督、引イテハ之レ等ノ教育指導ヲ

必要トスル。

五、禁慾

禁慾ハ有害ナリト言フ者アリ。彼等ハ性慾禁忌現象マデ羅列シ、其ノ有害ヲ説ク。小官ハ思フ、性慾ト精力トハ個人々々ニヨリ非常ナル相違アリト、或ル者ニテハ其ノ強クモ非ラザル色慾ヲ抑制スルニ、左程意志ノ力ヲ籍ラザルモ可ナルガ、或ル者ニテハ性慾ガ強烈ニテ如何ニシテモ之レヲ抑壓シ得ズト言フガ如シ。禁慾ガ有害ニシテ其ノ結果生殖器神経衰弱症ヲ起シ、攝護腺腫大ヤ所謂色情性副睾丸炎等ヲ惹起セシ實例ガ果シテ幾何アリヤ。要スルニ、禁慾ノ目的貫徹如何ハ衛生的生活法ヲ前提トス。勤勉旨々トシテ働キ傍ラ適当ナル慰

陸軍

18.

安ノ道ヲ講ジ、色慾ノ乗ズル隙ヲ作ラヌガ第一條件ナリ。此レ各個人ノ品性、性格、信念等ニテ左右セラル、問題ニシテ些カ抽象論トナルヲ以ッテ更ニ述ブルヲ得ズ。 小官一人ノ考ヘヨリセバ、想ヒヲ一度ビ東亜百年ノ大計ノ上ニ走ラサバ此所一年、二年ノ禁慾尚餘リ有リト言フ可シ。

六、花柳病ノ認識

凡ソ敵ヲ殲滅セント欲セバ敵ヲヨク知ラザル可カラズ。対花柳病戦ニ於テモ亦然リ。敵ノ兵力、毒力ニ無智ナル可カラズ。独リ軍隊内ニ於テノミナラズ娼婦ニ対シテモ充分ナル認識ヲ與フルヲ要ス。

「レッセル」ハ娼婦監督ノ改善ニ努メ、一法ヲ提案シ之レヲ賣淫規律ト命名シ、之レヲ以ッテセバ娼婦ノ

([illegible])

花柳病ヲ減少セシメ得ルトセリ。思フニ之レハ独リ娼婦ノ為メノミナラズ、彼女等ノ用益者達ニモ利スル所多大ナラン。即チ常ニ性交ノ冷静ナル目撃者ハ彼女等ヲ他ニシテハ決シテ求メ得ザルモノナリ。此ノ意味ニ於テモ軍用慰安所ノ娼婦ハ常ニ監督指導スルヲ必要トス。

更ニ彼女等ノ用益者タル男子側ニ於テモ其レヨリモ一層ノ認識ヲ必要トス。俗ニ「カサ氣ト色氣ノ無キ男ハ無シ」ト言ヒ、欧州諸國ニ於テモ十六、七世紀頃ニハ黴毒タルヲ恥トセズ己ノ病氣情事ニ就キ語ルヲ名譽ノ如ク心得居タリト。

慢性淋疾ノ如何ニ治療シ難キカ、一旦脳神経細胞中ニ喰ヒ入リシ「スピロヘータ」ノ如何ニ其ノ生命力ニ影響ヲ有スルカ、独リ個人ノ問題ノミナラズ、家庭、

陸軍

20.

子孫ニ引イテハ民族ノ素質ノ低下ニマデ必ズ因果ヲ持ツモノナリ。思ヒヲ此所ニ致サバ吾々医学ヲ修メシ者ニ非ズトモ慄然タルモノアラン。

此ノ故ニ軍隊内ニ於ケル性教育ノ徹底ハ重且ツ大イル問題ナリト言フヲ得ベシ。近時米國ノ軍隊ニ於テハ、コノ為メ宣傳ビラ、小冊子等ノ配布、及ビ写眞、殊ニ活動写眞ニヨリ著効ヲ收メツ、アリト言フ。此ノ花柳病ニ対スル啓蒙運動コソ一ツニ隊附衛生部員ニ課セラレタル重大任務トモ言フヲ得ベシ。

七、狹義ノ豫防法。

狹義ノ豫防法ニツキ一言スル前ニ、軍隊内ニテ屢々見ル包茎ノ問題ニ言及セント欲ス。即チ今日マデ花柳病豫防ノ為メ多数ノ包茎者ニ就キテ手術ヲ行ヒタル例ハ無キヲ以ツテ昔ヨリ見ル宗教的切除者ト非切除者ニツキ罹病率ノ比較ヲ行フ。

「ブライテンスタイン」ガ蘭領印度ノ軍隊ニテ調査セル所ニヨレバ一五〇〇〇ノ土人即チ包皮ヲ切除セシ兵卒ニテハ花柳病一六、〇％ニテ其ノ内黴毒ハ〇、八％ナリシモ、一八〇〇〇人ノ欧州人即チ切除セザル兵士ニテハ花柳病ハ四〇、〇％ニテ其ノ内黴毒ハ四〇、一％ニ達シ居レリ。

又「ロエブ」ニヨレバ、二四六八人ノ患者ニテ非切除者ノ三九、一％ハ下疳ト黴毒ヲ有セシガ切除者ニテハ一五、〇％ニ過ギズト。 確カニ包茎ヲ有スル者ノ陰茎ハ不潔ニナリ易ク常ニ湿潤ニテ病菌ノ良キ培床トナル事ハ肯定出来得ル。

故ニ斯クノ如キ者ハ出来得ベクンバ壮丁検査ニ引キ續キカ、入営直後ニカ治療ヲ加ヘ、以ツテ花柳病

22.

豫防ノ遠大ナル計畫ノ一助トモ爲シタシ。
次ギニ軍隊内ニ於ケル狹義ノ豫防法ニ就イテ言及スルガ抑々花柳病ノ發生率ハ平時ノ軍隊ト戰時ノ軍隊トニテ質的ニモ量的ニモ大イニ趣キヲ異ニス。例ヘバ米國ノ軍隊ニテ大戰前マデ一六、〇%ナリシガ既ニ動員直后ニハ四〇、〇%トナレリ。增シテ戰場倥偬ノ間ニ於テオヤ。其ノ豫防法ニ至リテハ今日マデ洋ノ東西ヲ問ハズ略同一ニシテ藥物保護劑ニヨルモノハ、コンドムニヨルモノ或ヒハ之等ヲ併用スルモノ及ビ交接后ノ洗滌、消毒ニヨルモノ等アリ。 小官ハ之等總テヲ勵行スルヲ以ツテ本則ト致シタシ。
之レニ使用スル具体的藥品ノ組成其ノ他ハ實ニ多種多樣ナル故、今此所ニ述ベ得ザルモ、要ハ信用セラル可キ品物ヲ選定ス可キニ有リ。

衛生材料廠ヨリ受領スル場合ハ別トシ時ニ民間製品ヲ補給セラルル事有ルヲ以ッテ此ノ点特ニ注意ヲ必要トス。最近或ル種ノ品ニテ局所刺戟過大ニシテ使用ニ耐ヘズト訴フルヲ散見セシヲ以ッテナリ。又「コンドーム」モ近時殆ド硫化ゴム製品トナリ品質モ向上セシヲ以ッテ良好ナルモ中ニハ保存永キニ亘レバ脆弱トナルモノアリ。注意ヲ要ス。内地ニテハ「ゴム」製品ノ統制アリト言フ、唯ニ自動車タイヤ用トシテノミナラズ、此ノ為メニモ良質ノ原料ヲ得、製品粗悪ナラザル如ク勉メザル可カラズ。

交接后ノ洗滌、消毒ニハ保護剤ノ残餘或ハ消毒石鹸、其ノ他ノ液ヲ使用スルモノアリ、然レドモ肝心ノ此ノ処置ヲ行フ可キ適当ナル場所ヲ何レカノ地ニ求メルヲ要ス。ソハ娼家ノ内ニテカ或ヒハ外ニテカ。

24.

凡ソ交接后消毒ノ時間ガ早ヤケレバ早キ程罹病率ハ少ナリ。此レ當然ノゴトナラン。即チ和蘭海軍ニテ得タル結果ヲ参照セバ

經過セシ時間	罹病者率
一時間	〇、〇八％
二時間	〇、五五％
三時間	〇、七七％
五時間	一、五七％
七時間	二、一七％
九時間	三、六二％
十時間以上	七、四〇％

トナリ、如何ニ交接後ノ豫防的消毒ガ必要ナルカヲ知ル。欧米ノ軍隊内ニテハ此ノ消毒所ヲ兵站地等ニテハ街ノ中ニ共同便所式ニ設ケ、或ヒハ兵営内ニ設

ケシ例アルモ小官ハ前述ノ理由ニヨリ娼家内、然カモ交接ノ各室毎ニ設ケタシ。此ノ点ニ於昭和十三年春開業当時ノ上海旧軍工路附近楊家陸軍慰安所ノ設備ハ理想的ニ完成シアリキ。当時消毒薬ハ「カメレオン水」ヲ使用セリ。娼家ノ内ノ唯一ケ所ヲ之レニ宛テル如キハ小官ノ取扱ヒシ範囲ニ於テハ不適当ナリキ。

斯クノ如クシテ行ハレタル豫防法ノ結果ハ果シテ有効ナルモノナランカ。 米国海軍ニ於ケル成績ハ注目ニ値ス。 一九〇七年頃同国ニ於テハ各々ノ隊ニ任意ニ行ハシメ居タリシガ、一九〇九年ニハ数ケ所ニ強制的ニ実行セシメタリ。 一九一六年米国海軍ニ籍ヲ置ク者ハ花柳病ニ罹レル場合及ビ自己ノ不謹慎ヨリ疾病ヲ得タ場合ハ其ノ治療期間中

陸軍

ハ給料ヲ與ヘザルコトニセリ。又豫防法ハ次ギノ如キ規定トセリ、即チ豫防具ヲ携帯セル場合ハ別トシ、然ラザル者ハ歸艦后、或ヒハ道順ノ便利ナル地ニ設ケラレタル場所ニテ衛生部員ノ監視下ニ消毒ヲ受クベシト。此ノ方法ヲ勵行セシガ為メ一九一〇年以降花柳病患者数ハ減ナセリ、然カモ一九一七、一九一八年ハ大戰中ナリシモ拘ハラズ急激ニ其ノ数ヲ減ナシ得タリ。コレ戰時ニ対スル當局処置ノ宜シキヲ得タル結果ト言フ可シ。

又「ライド」ノ報告ニヨレバ一九一七年ポーツマス守備兵間ノ花柳病数ハ九二%トナリ、ボイデンモ此ノ方法ニテ好成績ヲ得、九二三人ノ内淋疾ハ一人モナク、黴毒ガ唯一例ナリキト報告セリ。倫敦ニ於ケル一軍隊ニテモ同様ナル方法ニテ一九一三年花柳病患者九五六‰ナリシヲ一九一七年末ニハ三五〇‰ニ減少セシメ得タリ。同様「シンガポール」ノ駐屯軍内ニテハ豫防法採用以来一五、八%ヨリ三、四%ニ減少セシメ得、又「サンギオルギ」ニヨルト伊國ニテハ豫防用軟膏ノ使用ヲ勵行セシヨリ、一九〇六年ノ五六‰ヲ一九一三年ニハ三二‰ニ減少シ得タルト言フ。

兎モ角モ此レ等豫防的処置ハ確カニ有効ナルモノナリ。然シ此レガ為メニ、其ノ効果ヲ過信シ誤マリシ安全感ヲ持ツ必要ハ断ジテナイ。

八、患者ノ取扱

一旦花柳病ニ罹リシナラバ可及的早ク早期治療ノ徹底ヲ遂行セザル可カラズ。 小官在南京中、兵站病院外来患者治療時 屢々患者或ヒハ一

28

隊附衛生下士官兵ヨリ花柳病薬ヲ当方ノ治療ニ使用セシ量以外ニ餘分ニ請求スル傾キアリ。此ノ原因ヲ探索セシニ、一ツハ彼等ガ自己ノ疾病ヲ隊附軍醫ニ知ラルヽヲ恐レ、一ツハ軍醫中ニモ自己監督ノ隊内ニテ斯クノ如キ薬物ノ消費セラルヽヲ好マズ、引イテハ患者自身ガ自費ニテ薬物ヲ購入スルカ、或ヒハ前記ノ如キ傾向トナリテ現ハレタルモノナリキ。

花柳病ノ治癒ノ決定ハ常ニ困難ナル問題タリ。然レドモ目下当地域内ニ於テハ従来ノ如ク、中支醫示第四五号ニ定メアル如ク行フヨリ他ニ方法ヲ得ズ。 更ラニ中支醫示第五号、中支兵監醫第八五号ニヨル花柳病患者調査表ノ如キモ今后一層強化サレ、各作戦期毎ノ組織的統計的観察モ必要ナリ。

此ノ際問題トナルハ所謂「花柳病士卒ノ特典」ト言フ事ナリ。即チ彼等ハ花柳病患者トシテ収容セラレ、一戰闘期間生命ノ安全ヲ保証セラル。實ニ、イマ〱シキ限リナリ。彼等ノ戰友ノ平素眞面目ニシテ花柳病ノ汚レニ染マザル者ハ身ヲ弾丸雨飛ノ中ニ曝露セル間、彼等ハ「サルバルサン」ヤ「プロタルゴール」ヲ友トシ、安逸ナル病院生活ヲ爲シ居レリ。然カモ彼等ノ病院内ニ於ケル起居動作ハ決シテ良好ナラズ。サレバ「ヘヒト」ハ黴毒ニテモ淋疾ニテモ症状ガ消失セバ直チニ戰線へ送ル可シト言ヒ、且ツ戰線ニ居ル間注射ヲ行ヒ治療ヲ完了スル事モ困難ナラズト追加セリ。「ナイセル」ハ塹壕内デノ「サルバルサン」ト水銀療法ヲ提唱シタルモ、之レハ實現サルヽニ至ラズ。

陸軍

30.

平時ナラバ数千發ニ一發ノ砲身内破裂ノ危険ヲ防止ス可ク引キ金ニモ紐ヲ附シテ演習シタル室砲モ、實戰場ニ於テハ紐如キ介在物ハ問題トナラズ。「サルバルサン」ニモ千ニ一餘ノ危険無キニシモ非ズ。然レドモ戰場ニ於テハ事態如何ニテ、問題トナラザル時モアルベシ。軍ノ戰闘力低下ノ防止ニハヤムヲ得ヌコトナリ。

九、結言

今日マデ色々ノ対策ガ世界各國ノ軍隊ニテ試ミラレタリ。陸軍軍醫團發行皮膚及花柳病講義錄ニ於テモ詳細ニ論議セラレ「フィシデル」以下十四名ノ人々ノ意見ガ記載シアリ。而シテ此等ハ略同一ノ事ヲ論ジ、小官亦其ノ等ト略同一ノ結論ヲ得タルモノナリ。サレド此ノ正當ト思ハルヽ各対策ノ確實ナル遂行ヲ何時如何ナル場合ニ於テモ達成セント切望スルハ決シテ人後ニ墜チザルモノナリ。以上各項ニ亘リシ措見ヨリ、小官ハ左記諸條目ヲ以ツテ結言ト為ス。　即チ

一、軍隊内ニ於ケル花柳病ニ関スル教育
　花柳病ノ何物タルカヲ認識スルコト必須ナリ。

二、個人的豫防法ノ勵行。

三、局所的精密ナル身体検査
　月例身体検査時特ニ注意スルヲ要ス。

四、アルコール飲料ノ制限
　即チ此レニ代ルモノトシテ、ヨリ高尚ナル娯樂施設ヲ必要トス。音樂、活動寫眞、圖書或ヒハ運動ガ良イ。

思フニ、十六ミリ「トーキー」ニヨル映畫位、少シク研究セバ、前線近ク各地ニテ行フニ左程困難ナラズ。娼樓ニ非ラザル軍用娯樂所ノ設立モ希望ス。斯クシテ兵員自ラ禁慾ヲ意トセザルノ良風ヲ養成ス可キナリ。

五、検黴ハ的確ニシテ嚴正ナル可シ。

更ニ娼家、樓主ノ監督ヲ必要トス。罹患娼婦ノ治療、隔離ハ必ズ行フ可シ。此ノ爲メ兵站地区内ニ於テハ特殊病院ヲ必要トシ、彼女等ニモ後送治療ノ可能ナル如ク全機關ヲ統一シタシ。

六、娼婦ノ質的向上及ビ選擇。

同時ニ私娼ヘノ警戒ト傳染源ノ徹底的追及モ必要ナラン。

七、防疫軍紀ノ嚴守。

前記各項ノ目的達成ハ實ニ軍紀ノ振作、防疫軍紀ノ高揚ニアリ。花柳病対策モ廣義ノ防疫作業タル可ク將来、兵站司令部ハ此ノ為メ更ニ自己ノ医療能力ヲ増進充實セシムルカ、或ハ他ノ有力ナル衛生、防疫機関ニ作業ノ一部ヲ譲渡ス可キナリ。

八、前記各方面ノ諸因子ノ全体的、統計的研究ハ対將来、対社會ノ問題トシテ重要ナル役割ヲ演ズルモノナリ。

昭和拾四年六月廿六日

以上。

陸軍

[문서 3]

긴바라 세쓰조 업무일지 주요기록, 전편 1-(가) (1939.3.12~5.30)

1939년 3월 31일

1. 만주사정. 호소미[細見] 대좌(大佐, 대령) 상황 보고

[가, 나 생략]

다. 국경수비대 군의(軍醫) 근무상황

(전략)

병사들은 더욱 심각한데, 불의의 외상 1천 건의 대부분은 싸움과 쟁투에 기인하며, 상관 폭행은 평균 매일 1건의 비율로 발생하는 상황으로 실로 한심스럽기 짝이 없다. 국경 참호 내 생활의 물적 · 심적 위안 후생책에 대해서는 발본적인 대책이 필요하다.

(중략)

1939년 4월 15일 의무국장 과장회보

[1 생략]

2. 마쓰무라[松村] 나미[波]집단 군의부장 보고

(전략)

성병 예방 등을 위해 병사 100명당 1명의 비율로 위안대를 들여온다. 1,400~1,600명. 치료는 박애병원에서 담당하며, 그 비용은 누주(樓主)[35]가 부담한다. 성병검사는 주 2회 실시한다.

(이하 생략)

---

35) 위안소 업자.

昭和一四、三、二一〜一四、五、三〇

金原節三業務日誌摘録 前編 その一のイ

当時 陸軍省医事課高級課員

防衛研修所戦史室

複製史料

全然なく一考を要す。

兵によるものは更らに著しく、不法行為1,000件の大部分は喧嘩争斗に起因し、上官暴行は平均毎日1件の割にて発生する状況にて、まことに寒心に堪えず。只陸續内外状況の物的心的慰安所を築設すことは指導的施策を必要とす。

二　給養

米麦混食を廃止せる部隊あり。すなわち、23Dでは七分づき、独立守備隊では胚芽米

性病予防等のため兵100人につき1名の割合で慰安隊を編入す。1,400—1,600名。治療は博愛病院にて行い、その費用は楼主これを負担す。検黴は週2回。

3。紅色材料並麻薬報告。

作戦緩和のためもあり、現在紅色材料の補給順調で、市支廠を通じ1万8千両が集積しあり。各部隊共、おおむね所要の器械薬物を整備貯蔵しあり。

現地調弁は外地においては止むを得ざるも

[문서 4]

군인 군대의 대주민 행위에 관한 주의 건 통첩(1938.6.27)

1938년(쇼와13) 7월 1일부터

1938년(쇼와13) 7월 31일까지

진중일지

보병제9여단

7월 27일, 흐리고 소나기

(1~3 생략)

4. 북지나방면군 참모장으로부터 군인 군대의 대주민 행위에 관한 주의 아래와 같이 통첩이 있었음.

방군참(方軍参)2밀(密) 제161호
군인 군대의 대주민 행위에 관한 주의 건 통첩
1938년(쇼와13) 6월 27일
북지나방면군참모장 오카베 나오자부로[岡部直三郎]

1. 군 점거 지역의 치안은 쉬저우 회전[徐州會戰] 결과 일시 호전된 것으로 보이나, 최근에는 산둥[山東]성 방면의 교통선 회복이 활발해지고 북부 징한[京漢] 서방지구 공산유격대의 활동은 베이징[北京] 북방지구를 거쳐 종래의 평화경계 동방면까지 확대되는 등 또다시 역전 경향을 보이고 있다. 치안회복의 앞길이 실로 다난(多難)해 보인다.
2. 치안회복의 진전이 늦어지는 주요한 원인은 후방안정을 담당할 병력의 부족에 있다는

것은 물론이지만, 한편 군인 및 군대의 주민에 대한 불법행위가 주민의 원한을 사서 반항의식을 부채질하고 공산 항일계 분자의 민중 선동의 구실이 되어 치안공작에 중대한 악영향을 미치는 게 적지 않다.

그런데 여러 정보에 따르면 이 같은 강렬한 반일의식이 세차게 일어나는 원인은 각지에서 일본군인의 강간사건이 전반적으로 전파되어 실로 상상 외의 심각한 반일감정을 양성한 것에 있다고 한다.

3. 원래 산둥, 허난[河南], 허베이[河北] 남부 등에 있는 홍창회(紅槍會), 대도회(大刀會) 및 이와 유사한 자위단체는 예로부터 군대의 약탈, 강간 행위에 대한 반항이 치열했다. 특히 강간에 대해서는 각지의 주민이 일제히 일어나 죽음으로 보복하는 것이 상식이다(1938년(쇼와13) 10월 6일 방면군이 배포한 홍창회 습성에 대하여를 참조). 따라서 각지에서 빈발하는 강간은 단지 형법상의 죄악에 그치는 것이 아니라 치안을 해치고, 군 전반의 작전행동을 저해하고, 폐를 국가에 끼치는 중대하 반역행위라 할 수 있다. 부하를 통솔하는 책임이 있는 자는 국군, 국가를 위해 읍참마속(泣斬馬謖)하여 타인으로 하여금 경계하는 마음을 갖도록 하여 또 다시 이러한 행위 발생을 절멸하는 것이 필요하다. 만약 이것을 불문에 붙이는 지휘관이 있다면, 이를 불충한 신하라 할 것이다.
4. 위와 같이 군인 개인의 행위를 엄중하게 단속함과 더불어 한편으로는 가능한 한 신속하게 성적 위안설비를 갖춰서 설비가 없기 때문에 본의 아니게 금지하는 것을 어기는 자가 없도록 하는 것이 긴요하다.

(이하 생략)

自昭和十三年七月一日
至同　七月卅一日

陣中日誌

歩兵第九旅團

七月二十七日
曇驟雨

一、警備隊司令部ハ宿縣ニ位置ス

二、密偵ノ報告ニ依レハ張家圍子（任橋東北方六粁）王庄（任橋西北方六粁）附近ニ蟠居シアリシ共産匪（匪首不明）約千五百ハ靈璧方向ニ移動セリト

三、及川少將及納見大佐ハ昨二十六日無事青島上陸ノ旨瀧口少佐ヨリ電報アリ

四、北支那方面軍參謀長ヨリ軍人、軍隊ノ對住民行爲ニ關スル注意左記ノ通リ通牒アリ

方軍參二密第一六一號

昭和十三年六月二十七日

北支那方面軍參謀長　岡部直三郎

軍人軍隊ノ對住民行爲ニ關スル注意ノ件通牒

一、軍占據地域内ノ治安ハ徐州會戰ノ結果一時好轉セ

二

ジヤニ看受ケラレシモ最近ニ至リ山東省方面ニ於ケル交通線ノ復旧トナリ　又北部京漢線西方地區共産遊撃隊ノ活動ハ北京北方地區ヲ経テ從來ノ平和境冀東方面ニ迄擴大セラルヽ等再ヒ逆轉ノ傾向ヲ示シツヽアリ、治安回復ノ前途實ニ多難ナルヲ覺エシム

治安回復ノ進捗遅々タル主ナル原因ハ後方安定ニ任スル兵力ノ不足ニ在ルコト勿論ナルモ一面軍人及軍隊ノ住民ニ對スル不法行爲カ住民ノ怨嗟ヲ買ヒ反抗意識ヲ煽リ共産抗日系分子ノ民衆煽動ノ口實トナリ　治安工作ニ重大ナル悪影響ヲ及ホスコト尠シトセス

而シテ諸情報ニヨルニ斯ノ如キ強烈ナル反日意識ヲ激成セシメシ原因ハ各所ニ於ケル日本軍人ノ強姦事件カ全般ニ傳播シ實ニ豫想外ノ深刻ナル反日感情ヲ

醸成セルニ在リト謂フ、

三、以來山東、河南、河北南部等ニ在ル紅槍會、大刀會及之ニ類スル自衛團體ハ古來軍隊ノ掠奪、強姦行爲ニ對スル反抗熾烈ナルカ特ニ強姦ニ對シテハ各地ノ住民一齊ニ立ケ死ヲ以テ報復スルヲ常トシアリ（昭和十三年十月六日方面軍ヨリ配布セル紅槍會ノ習性ニ就テ參照）

從テ各地ニ頻發スル強姦ハ單ナル刑法上ノ罪惡ニ留ラス治安ヲ害シ軍全般ノ作戰行動ヲ阻害シ累ヲ國家ニ及ホス重大反逆行爲ト謂フヘク部下統率ノ責ニアル者ハ國軍、國家ノ爲ニハ泣テ馬謖ヲ斬リ他人ヲシテ戒心セシメ再ヒ斯ル行爲ノ發生ヲ絕滅スルヲ要ス若シ之ヲ不問ニ附スル指揮官アラハ是不忠ノ臣ト謂ハサルヘカラス

四、右ノ如ク軍人個人ノ行爲ヲ嚴重取締ルト共ニ一面成ルヘク速ニ性的慰安ノ設備ヲ整ヘ設備ノ無キタメ不本意ナカ

ヲ禁ヲ侵ス者無カラシムルヲ緊要トス。

五、右ノ外討伐部隊カ戦闘上ノ必要ニ基クニ非ラスシテ單ニ敵兵ノ存在セシ故ニ或ハ住民地附近ノ交通ヲ匪賊カ破壊セリトノ理由ニ依リ住民ノ家屋ヲ焼却スルカ如キハ徒ニ無辜ノ住民ヲシテ自暴自棄ニ陥リ匪賊ニ投セシムル結果トナルヲ以テ住民地ノ焼却ハ嚴ニ之レヲ禁止スルヲ要ス
近時各遊撃部隊ハ縣政府ヲ作リ相當組織アル行政ニ努ギアルヲ以テ討伐部隊ノ行爲住民ヲ庇護スルノ態度ニ出テサルニ於テハ住民ヲシテ日本軍ヨリモ反ッテ遊撃部隊ヲ徳トスルニ至ラシムヘシ

六、前述ノ諸項ハ從來屢々注意セラレシ所ナルク其徹底特ニ實行部隊タル中隊以下ニ對スル徹底十分ナラサル憾アリ此際特ニ下級部隊ヘノ徹底ヲ期シ信賞必罰ヲ以テ臨マレ度ク命ニ依リ通牒ス

[문서 5]

지나사변 경험에서 본 군기진작대책(1940.9.19)

부외비

1940년(쇼와15) 9월 육군성 인쇄

육밀(陸密) 제1955호

지나사변 경험에서 본 군기진작대책

포병대본부

본 책은 지나사변의 경험에 기초하여 군기진작상 주로 군대에서 주의할 사항을 기술한 것으로 내용은 더 첨삭할 여지가 있으나 교육지도의 참고용으로 인쇄한다.

육밀(陸密) 제1955호

교육지도 참고자료 송부의 건 관계 육군부대 통첩

1940년(쇼와15) 9월 19일 육군성 부관 가와하라 나오이치[川原直一]

「지나사변 경험에서 본 군기진작대책」 교육지도 참고용으로 송부함.

지나사변 경험에서 본 군기진작대책

목차

(생략)

제2, 사변지에서 대체로 주의해야 할 사항

(생략)

5. 사변지에서는 특히 환경을 정리하고 위안시설에 대해 주도면밀한 배려를 하여 살벌한 감정과 정욕을 완화 억제하는 것에 유의할 필요가 있다.

환경이 군인의 심리 나아가서는 군기의 진작에 영향이 있다는 것은 두말할 필요가 없다. 따라서 병영(숙사)의 기거 설비를 적절하게 하고, 여러 위안시설에 유의할 필요가 있다. 특히 성적 위안소에서 받는 병사의 정신적 영향은 가장 솔직하고 크다. 따라서 이에 대한 지도 감독의 적절 여부는 사기의 진흥, 군기의 유지, 범죄와 성병의 예방 등에 크게 영향을 미친다는 점을 염두에 두어야 한다.

(생략)

부록, 주요 다발 범죄의 약간에 대한 일부 관찰

2. 약탈, 강간, 도박 등에 대하여

지나사변 발발부터 1939년(쇼와14) 말에 이르는 사이에 군법회의에서 처형된 자는 약탈, 동[36] 강간 치사 상해 420명, 강간, 동[37] 치사 상해 212명, 도박 494명에 이른다. 기타 지나인에 대한 폭행, 방화 참살 등의 소행 역시 여기저기에 보인다.

원래 이런 종류의 범죄는 황군의 본질에 반하는 악질적인 것으로, 군기를 문란하게 할 뿐만 아니라 사변지 민중의 항일의식을 부채질 해 치안공작을 방해하여 지나 측 및 제3국의 선전 재료로 이용되어 황군의 명성에 상처를 입히고, 나아가서는 대외정책에도 불리하게 영향을 미쳐, 성전 목적 수행을 저해하는 등 그 폐해는 실로 막대하다. 군대 간부는 부하의 교육지도를 적절하게 하고 특히 이번 성전 목적을 일개 병사에 이르기까지 철저하게 주지시켜 그 행동을 여기에 맞출 수 있도록 함과 더불어 위안 기타 여러 시설을 강화하는 등 각종 수단을 강구하여, 이런 종류의 범행을 방지하고 황군의 진가를 발양할 필요가 있다.

(이하 생략)

---

36) 약탈.

37) 강간.

部外秘

陸密第一九五五號

支那事變ノ經驗ヨリ觀タル

軍紀振作對策

砲銃隊本部

OACMIRS-MB-120

Copy 1

本冊ハ支那事變ノ經驗ニ基キ軍紀振作上主トシテ軍隊ニ於テ留意スヘキ事項ヲ記述セルモノニシテ内容更ニ推敲ノ餘地アルモ教育指導ノ參考トシテ印刷ニ附スルコトトセリ

陸密第一九五五號

教育指導參考資料送付ノ件關係陸軍部隊ヘ通牒

昭和十五年九月十九日　陸軍省副官　川原直一

「支那事變ノ經驗ヨリ觀タル軍紀振作對策」教育指導ノ參考トシテ送付ス

支那事變ノ經驗ヨリ觀タル
軍紀振作對策

目次

所ニシテ之ニ依リテ將兵ヲシテ常ニ軍紀ヲ嚴正ニシ志氣ヲ振起シ團結ヲ强化シ戰力ヲ發揮スルコトヲ得ヘシ特ニ戰場ノ機微ノ間ニ實施セル精神教育ハ深キ感銘ヲ與ヘ發奮興起ノ基トナルハ想像外ニシテ平時ニ於テ見ラレサル所ナリ而シテ戰地ニ於テ最モ困難トスルハ資料ノ乏シキニアリ特ニ現下軍隊下級幹部ノ精神教育能力ニ鑑ミ之カ資料ヲ作製配布スルノ著意ヲ必要トス

又戰地ニ於ケル起居ハ不規則ニ亙リ易キヲ以テ機會ヲ求メテ軍紀訓練ヲ實施スルハ價値大ナルモノアルヘシ

尙從來犯行者取調ノ結果ニ徵スルニ陸軍刑法、同懲罰令ニ關スル必要事項ノ教育不十分ナルタメ不知ノ間ニ犯罪非行ヲナセルモノ尠カラサルヲ以テ苟モ此等教育ノ不徹底ニ基キ勳功アル部下ヲシテ犯罪者タルノ汚名ヲ蒙ラシムルコトナキヲ要ス

五　事變地ニ於テハ特ニ環境ヲ整理シ慰安施設ニ關シ周到ナル考慮ヲ拂ヒ殺伐ナル感情及劣情ヲ緩和抑制スルコトニ留意スルヲ要ス

環境カ軍人ノ心理延イテハ軍紀ノ振作ニ影響アルハ贅言ヲ要セサル所ナリ故ニ兵營(宿舍)ニ於ケル起居ノ設備ヲ適切ニシ慰安ノ諸施設ニ留意スルヲ必要トス特ニ性的慰安所ヨリ受クル兵ノ精神的影響ハ最モ率直深刻ニシテ之カ指導監督ノ適否ハ志氣ノ振興、軍紀ノ維持、犯罪及性病ノ豫防

等ニ影響スル所大ナルヲ思ハサルヘカラス

第三、其ノ他

一、在郷軍人ニ對スル教育指導ニ就テ

今次事變勃發後二ヶ年間ニ發生セル在支全軍ノ犯罪ヲ役種別ニ就テ調査スルニ

豫備役	四六三	一、三六二
後備役	六一四	
補充兵役	二八五	
現役		三一二

ニシテ應召者ニ極メテ多ク又應召者ノ犯セシ罪質ハ軍成立ノ根元ニ觸ルル對上官犯或ハ聖戰完遂ヲ妨害スヘキ掠奪、强盜、强姦等極メテ惡質ナルモノ多發シアリ此ニ依リテ觀ルモ軍紀振作上在鄉軍人ノ敎育指導ニハ格別ナル配慮ヲ要スルモノト思料セラル

二、事變地在留邦人ノ取締指導ニ就テ

部隊ノ駐留、移動ヲ問ハス最モ關係深キハ邦人居留民ナルヘシ過去ノ事例ニ依リ之ヲ觀察スルニ

敎育能力ノ不十分竝ニ下級者ノ軍紀ニ對スル觀念ノ缺如ニ基因スル所大ナリト思料セラル尙幹部ノ軍紀振作ニ關スル監督指導的確ヲ缺キ事犯生起スルモ表面ヲ糊塗シ斷乎タル處分ノ實施ヲ躊躇シ爲ニ逐次重大事犯ヲ累加セシメアルモノ少カラサルコト竝ニ飮酒カ犯行直接ノ動機トナレルモノ多キコトハ敎育指導上特ニ注意ヲ要スル所ナリ

本事犯ハ軍隊存立ノ根本ヲ破壞スル虞アルモノナルヲ以テ深ク其ノ原因ヲ究メ徹底セル對策ヲ講シ之ヲ豫防スルト共ニ一度事犯生起セハ斷乎タル處置ニ出テ以テ軍紀ヲ確立スルヲ要ス

二、掠奪、强姦、賭博等ニ就テ

支那事變勃發ヨリ昭和十四年末ニ至ル間ニ軍法會議ニ於テ處刑セラレシ者ハ掠奪、同强姦致死傷四二〇、强姦、同致死傷三一二、賭博四九四ニ達シアリ其ノ他支那人ニ對スル暴行、放火慘殺等ノ所爲亦散見スル所ナリ

抑〻此種事犯ハ皇軍ノ本質ニ戻ル惡質犯ニシテ軍紀ヲ紊ルノミナラス事變地民衆ノ抗日意識ヲ煽リ治安工作ヲ妨ケ支那側及第三國ノ宣傳資料ニ利用セラレテ皇軍ノ聲價ヲ傷ケ延イテハ對外政策ニモ不利ナル影響ヲ及ホシ聖戰目的ノ遂行ヲ阻害スル等其ノ弊害誠ニ大ナルモノアリ宜シク軍隊幹部ニ於テ部下ノ敎育指導ヲ適切ニシ特ニ今次聖戰ノ目的ヲ一兵ニ至ルマテ徹底セシメ其ノ行動

ヲ之ニ即應セシムルト共ニ慰安其ノ他ノ諸施設ヲ强化スル等各種ノ手段ヲ講シ以テ此種犯行ヲ防遏シ皇軍ノ眞價ヲ發揚スルヲ要ス

三、經理上ノ非違行爲ニ就テ

經理上ノ非違行爲ノ防遏ニ就テハ各種ノ機會ニ於テ上司ヨリ屢〻注意ヲ喚起セラレタル所ナルモ事犯ハ依然トシテ續出シアリ

而シテ往々其ノ手段極メテ巧妙ニシテ尋常ノ手段ヲ以テハ之カ警防容易ナラサルモノアルコト、甚シキハ巧妙ナル方法ニ依リ賄賂ヲ要求セルカ如キモノアルコト、非行者ノ大部ハ遊興ニ耽リ而モ長期間ニ亙リ犯行ヲ繼續セルモノ多キコト竝ニ事變ニ當リ軍關係業務ニ從事スルニ至レル軍屬等ニ在リテハ地力ノ風習ヨリ推斷シテ此種非違行爲ニ對スル是非ノ觀念透徹セサルモノアルコト等ハ監督指導上留意ヲ要スル所ナリ

民間業者中ニハ各種ノ老猾ナル術策ヲ以テ軍關係者ニ接近シ不正手段ニ依リ利益ヲ壟斷セントスルモノヲ生シ易キ社會ノ實相ニ鑑ミ本事犯ノ防遏ニ就テハ特ニ深甚ナル配慮ヲ必要トス

二一

[以下略]

[문서 6]

상하이특별시 자베이경찰서장이 경찰국장에게 보낸 공문(1940.2.20)

상하이특별시 자베이[閘北]경찰서장이 경찰국에 보낸 공문(1940년 2월 20일)

정자(政字) 제369호

사유: 경내 위안소 조합회가 조직된 정황 보고

규약, 신청서 등 첨부
1940년 2월 20일

루[盧] 경찰국장께 보고합니다.

보고 내용은 본서에서는 일전에 경기 활성화를 도모하라는 가노[嘉野] 지도관의 지시가 있었고, 아키야마[秋山] 지도관이 홍커우 자베이구 위안조합회 설립을 허가하고 위안소를 관리할 임시규약과 위안소 등기신청서, 기녀 등기신청서를 만들어 위안소 기녀 영업허가증과 위안소 영업허가증을 발급하여 영업 활동을 보호하고 있습니다. 현재 계속해서 수시로 감독하고 있습니다. 조합회 규약과 신청서, 조합회 직원 명단을 갖추어 보고 드리니 살펴봐 주시기 바랍니다.

첨부:
위안소 관리 임시규약 1부
위안소 영업등기신청서 1부
기녀 등기신청서 1부
조합회 직원 명단 1

자베이경찰서 서장 샤오지에쉰[蕭介勳] (직인)

1940년 2월 19일

지령고

지령

상하이특별시 경찰국 지령 字 제 호
자베이경찰서에 영을 내림.

경내 위안소 조합회가 조직된 정황 보고 건

년 월 일

(메모)

본 안건은 다른 지령이 있었으므로 시행하지 않았음.

자베이위안조합회

1. 위 조합회에서는 2월 1일부터 위안소 및 기녀, 남자 종업원 등 3종의 영업허가증을 팔고 있음.
2. 허가증 발급비는 위안소 매달 30위안, 기녀 매달 4위안, 남자 호객꾼 3위안임.
3. 기녀는 일주일에 한 차례 건강검진을 받아 해당 조합회에서 건강증명서를 발급받아야 영업할 수 있음.
4. 츄장로 송바이이리[松栢里], 위러리[餘樂里] 일대의 위안소는 술집인 경우가 많은데, 해당 조합회에서 증서를 발급받은 실제 숫자는 정확히 알 수 없음.

상하이시 홍커우 자베이구 위안조합의 위안소 관리 임시규약

본 조합 성립 목적은 자베이 구내 경기가 활성화되고 인구가 많아진 것을 고려할 때, 위안 영업에 대해 확실히 통제할 필요가 있어 본회를 설립하고 위안소 관련 모든 사무를 관리함으로써 성병을 근절하고 건강을 유지하는 것임. 이 목적을 살리기 위해 임시규약 몇 개 조를 정하였는데 다음과 같음.

(1) 본 규약은 홍커우 자베이 경내에 적용함.

(2) 조합장이 자베이경찰서의 감독 지휘를 받아 모든 사무를 지휘함.

(3) 본회에 조합장 1인, 조합원 5인, 의사 1인, 간호사 1~2인, 기타 직원 몇 명을 둠.

(4) 홍커우 자베이구 내에서 위안소를 영업 중인 사람은 모두 위안소 신청서 3부와 2촌(寸)짜리 본인 반신 사진 4장을 본회에 올려 심사를 받은 뒤 자베이경찰서에서 영업허가증을 발급받아야 개업할 수 있음.

(5) 기녀는 매달 3회에 걸쳐 본 조합 지정 의사에게 건강검진을 받고 성병에 걸리지 않은 상태를 확인받은 뒤 영업할 수 있음.

(6) 위안소 내부를 반드시 청결하게 하고 소독용품을 비치해야 함.

(7) 기녀는 위안소 문밖이나 길가에서 호객 행위를 할 수 없음.

(8) 16세 미만 여자는 기녀가 될 수 없음.

(9) 업종을 변경할 때에는 수령했던 영업허가증을 본회에 반납해야 함. 자베이경찰서에서 폐기함.

(10) 본 규약 중 한 조항이라도 위배하면 정황에 따라 10일 이하의 영업정지 또는 휴업, 영업허가를 취소함.

(11) 본회에서는 매달 최소 2회 회의를 개최하여 일체 진행사항을 토론하되, 긴급사항이 발생하면 임시회의를 소집하여 결정함.

(12) 본 규약의 미진한 사항은 수시로 개정할 것임.

(13) 본 규약은 자베이경찰서 허가를 받은 날로부터 시행함.

상하이시 홍커우 자베이구 위안조합회

년　　월　　일

위안소 영업등기신청서

위안소 주인 성명	(상호)	사진
연령		
본적		
개설지점		
기녀수		
개업일자		
비고		

년 월 일 신청인

기녀 등기신청서

위안소 주인 성명		개설지점	
본인 성명			본인 사진
연령			
본적			
창부가 된 원인			
가족상황/남편유무			
원주소			
비고			

상하이시 홍커우 자베이 위안조합회 직원 명단

회장 허첸겅[何乾賡]

부회장 왕천룽[王臣龍]

서기 왕잉칭[王瀛清]

의사	왕춘더[王春德][38]
조사원	자오시산[趙錫山][39]
	차오창싱[曹長興]
	인하이칭[尹海淸]
사환	양창푸[楊昌福]

기녀 등기신청서

(문서 형식은 앞의 문서와 동일)

위안소 영업등기신청서

(문서 형식은 앞의 문서와 동일)

위안소 영업허가증

상하이시 홍커우 자베이구 위안소 조합회

영업허가증 발급

영업허가증 발급 신청에 대해 본회에서 현장 조사하여 합격하였으므로 허가증을 발급함.

신청인   에게 발급하니 수령할 것.

년   월   일

조합장

38) 중국적십자사 의사.

39) 선 성찰국 형사.

통역 메모

1. 본 경찰국에서는 기녀 영업제한 규칙이 없는 관계로 조합회를 승인할 방법이 없음. 승인건을 국무(局務)회의에 부쳐 토론할 수 있음.
2. 위안회 조직은 기녀 영업제한 수단의 한 가지이나 비공식 기구이므로 해당 경찰서에서 처리하면 되고 경찰국 차원의 허가를 받을 필요 없음. 그러나 조합규약 조문은 수정해야 할 것임.

경찰국장 루잉[盧英]의 의견

회의를 열어 토론할 필요는 없고 위생과와 해당 경찰서에서 처리하면 됨.

3월 8일

위생과장이 경찰국장에게 올린 짧은 보고문

국장의 지시에 따라 위생과에서 자베이경찰서와 함께 해당 구 위안소 조합회 안건에 대해 조사한 결과, 자베이경찰서에서 올린 상하이시 홍커우 자베이구 위안조합회 위안소 관리 임시규약 및 등기신청서 등 문건 첨부 보고문에서 임시규약을 수정하는 것 외에는 처리할 사항이 없었습니다. 본 시에는 기녀 영업제한 및 창기 신체검사 규정이 없어 먼저 임시로 수리해 두었습니다. 지령에 따라 규약을 수정하여 올리니 살펴봐 주시기 바랍니다.

첨부: 규약 수정안 및 보고 원문, 규약 원문 등

위생과 과장 위안쥐판[袁矩範]

위생과장 보고 일역문[40]

---

40) 위의 내용과 동일함.

지도관이 일역문을 읽고 내린 지시

동의함.

단, 상하이특별시 시정부 사회국에 연락할 것.

상하이특별시 경찰국장이 자베이경찰서에 보낸 훈령

공문 종류: 훈령

송달 기관: 자베이경찰서

1940년 5월 14일

훈령 위자(衛字) 제55호

자베이경찰서에 영을 내림

자베이경찰서에서 올린 '경기 활성화 운운'한 보고(위안소 관리 임시규약 1부, 위안소 영업등기신청서 1부, 기녀 등기신청서 1부, 조합회 직원 명단 1부 첨부)의 조합회 청구 안건에 대해 검토한 결과, 본 시에는 기녀 영업제한 및 창기 신체검사 규정이 없어 먼저 임시로 수리할 것. 보고했던 위안소 관리 임시규약의 타당하지 않은 내용은 수정하여 첨부 신청서와 함께 보존하고, 수정한 규약 내용은 복사하여 자베이경찰서에서 조합에 전달하여 지키게 할 것. 해당 조합회는 동업 조합의 성질이 있으므로 한 부를 더 복사하여 사회국에서 보존할 것.

첨부: 개정한 규약 1부

경찰국 국장 루잉[盧英]

1940년 5월

개정된 규약
상하이시 홍커우 자베이구 위안조합의 위안소 관리 임시규약

본 조합 성립 목적은, 자베이 구내 경기가 활성화되고 인구가 많아진 것을 고려할 때, 위안 영업에 대해 정돈할 필요가 확실히 있지만, 경찰국에서 창기 통제 및 신체검사 규약을 공표한 적이 없어 먼저 임시로 본회 설립을 청하여, 위안소 관련 모든 사무를 관리함으로써 성병을 근절하고 건강을 유지하는 것임. 이 목적을 살리기 위해 임시규약 몇 조를 정했는데 다음과 같음.

(1) 본 규약은 홍커우 자베이 경내에 적용함.

(2) 조합장이 상하이특별시 경찰국과 자베이경찰서의 감독 지휘를 받아 모든 사무를 지휘함.

(3) 본회에 조합장 1인, 조합원 5인, 의사 1인, 간호사 1~2인(의사와 간호사는 모두 면허증을 소지한 자), 기타 직원 몇 명을 둠. 직원 명단은 경찰서에 보고하여 허가를 받을 것. 직원 변동이 있을 때에도 미리 경찰서에 보고하여 허가를 받을 것.

(4) 홍커우 자베이 구내에서 위안소를 영업 중인 사람은 모두 위안소 신청서 3부와 2촌(寸)짜리 본인 반신 사진 4장을 본회에 올려 심사를 받은 뒤 영업허가증을 발급받아야 개업할 수 있음. 동회에서는 월별 영업표를 상하이특별시 경찰국과 자베이경찰서에 보고하여 기록을 보존하게 함.

(5) 기녀는 매달 3회에 걸쳐 본 조합 지정 의사(면허증 소지한 자)에게 건강검진을 받고 성병에 걸리지 않은 상태를 확인받은 뒤 영업할 수 있음.

(6) 위안소 내부를 반드시 청결하게 하고 소독용품을 비치해야 함.

(7) 기녀는 위안소 문밖이나 길가에서 호객 행위를 할 수 없음.

(8) 16세 미만 여자는 기녀가 될 수 없음.

(9) 업종을 변경할 때에는 수령했던 영업허가증을 본회에 반납하여 폐기함. 본회에서는 그 사실을 상하이특별시 경찰국 및 자베이경찰서에 보고함.

(10) 본 규약 중 한 조항이라도 위배하면 정황에 따라 10일 이하의 영업정지 또는 휴업, 영업허가 취소함.

(11) 본회에서는 매달 최소 2회 회의를 개최하여 일체 진행사항을 토론하되, 긴급사항이

발생하면 임시회의를 소집하여 결정함.

(12) 본 규약의 미진한 사항은 수시로 개정할 것임.

(13) 본 규약은 상하이특별시 경찰국의 허가를 받은 날로부터 시행함.

상하이시 홍커우 자베이구 위안조합회

1940년 5월 4일

政字第卅二號 二十九年二月廿四五到科

上海特別市警察局摘由單

何處	閘北警察署
呈令	呈一件
附件	規約申請書等如文
事由	為呈報境內組織慰安所組合會情形由

政字第 號

中華民國廿九年二月廿日下午九時0分到

承辦何科 行政科

簽擬

辦法

局長 批示

呈文

上海特別市警察局閘北警察署

呈為呈報事竊職署前為振興市面[illegible]

鈞局秋山指導官核准設立虹口閘北區慰安組合會訂立管理慰安所臨時規約慰安所營業登記申請書妓女登記申請書辦理發給慰安所妓女及招待執照保護營業現仍繼續存在除隨時監督外理合檢同規約申請書及該會職員名單具文呈報仰祈

鈞長鑒核備查謹呈

局長盧

附呈 管理慰安所臨時規約壹份

慰安所營業登記申請書壹份

妓女登記申請書壹份

組合會職員名單壹紙

閘北警察署署長蕭介熙

中華民國二十九年二月十九日

指令

上海特別市警察局指令　字第　號

令閘北警察署

呈一件為呈報境內組織慰安所聯合會情形　由

中華民國　年　月　日

第　字　號

指令稿

中華民國　年　月　日

本案已另令知照故指令未發

王[illegible]

閘北慰安組合會

1、該會自二月一日實行出售慰安所及妓女男招待等三種營業許可証書

2、證費慰安所每月三十元妓女每月四元男招待每月三元

3、妓女營業每星期檢驗身體一次由該會發給檢驗証

4、慰安所以虬江路松柏里餘樂里一帶爲最多酒排間亦有向該會領証者實數不詳

上海市虹口閘北區慰安組合會管理慰安所臨時規約

本組合成立之目的為鑒於區內市面繁盛人口眾多對于慰安営業確有限制之必要特設本會管理慰安所一切事宜以期撲滅花柳保持健康爲本旨茲定臨時規約數條於后

(一) 本規約於虹口閘北區域適用之

(二) 組合長應受閘北警察署監督指揮辦理一切事宜

(三) 本會設組合長一人組合員五人醫師一人看護一人或二人其他員役數人

(四) 凡在虹口閘北區域營業慰安所者均須先行填具慰安所申請書三份本人二寸半身照片四張呈送本會審核後轉請閘北警察署發給許可執照方准開業

(五) 妓女每月須經本組指定醫師檢驗三次確無花柳病者始准營業

(六) 慰安所内設備必須清潔衛生置備消毒用品

(七) 妓女不准在門外或路旁強行拉客

（五）妓女每月須經本組指定醫師檢驗三次確無花柳病者始准營業

（六）慰安所內設備必須注意衛生置備消毒用品

（七）妓女不准在門外或路旁強行拉客

（八）未滿十六歲女不得為妓女

（九）改業必須將所領之執照呈繳本會轉呈閘北警察局核銷

（十）違背本規約各條之一者應酌量輕重停止營業（十日以下）或令歇業吊銷執照

（十一）本會每月至少開會二次討論一切進行事項遇有緊急事項得招開臨時會議議決施行

（十二）本規約如有未盡事宜得隨時更正之

（十三）本規約自奉閘北警察署核准之日施行

上海市[illegible]閘北區慰安組合會

中華民國　年　月　日

慰安所營業登記申請書

（牌號）

慰安所主姓名	年齡	籍貫	開設地點	妓女人數	開業日期	備考

照片

中華民國　　年　　月　　日　申請人

妓女登記申請書

慰安所主姓名	本人姓名	年齡	籍貫	爲娼原因	家族狀況 有無丈夫	原住所	備考
開設號數							
	本人照相						

上海市虹口閘北慰安組合會職員名單

計開

會長 何乾賡

副會長 王臣龍

書記 王瀛清

醫生 王春德

調查員 趙錫山

曹長興

尹海清

茶役 楊昌福

妓女登記申請書

慰安所主姓名	本人姓名	年齡	籍貫	為娼原因	家庭狀況有無丈夫	原住所	備考
開設地點							
	本人照相						

慰安所營業登記申請書（鮮僑）

慰安所主姓名	
年齡	
籍貫	
開設地點	
妓女人數	
開業日期	
備考	

照片

中華民國　　年　　月　　日　申請人

慰安所營業許可證

上海市虹口閘北區慰安所組合會

為發給營業許可證事

茲據

申請給證營業

經本會查明合格准予

給證

右給　　收執

中華民國　年　月　日給

組合長

譯簽

1 本局因無娼妓取締規則不能承認可將其意見提交局務會議討論可也

2 慰安會組織係取締上一種手段因非公式該警署可以辦理無須本局許可惟規約內條文仍應修正

此件無須開會提出討論由衛生科函復警署辦理可也 英 三八

先呈
局長閱
再呈

謹簽呈者奉
鈞座諭批交職科與閘北警察署辦理該區慰安所組合
會一案遵查該署轉呈上海市虹口閘北區慰安組合會呈
理慰安所臨時規約及登記申請書等件請求備案等情
經核得除所呈規約須酌加修改外尚無不合擬於本市
未經公佈取締及檢驗娼妓規則以前姑准備案並指令該
署轉飭遵照辦理是否有當理合將修改規約簽請
鑒核示遵謹呈
局長盧

五科

附修改規約及原呈原規約等件

衛生科科長袁矩範[袁矩範印]謹簽呈

局長備考ノ如ク当衛生科ニシテ閘北
警察署長ト連絡ヲ考慮シ該地ノ慰安
所組合ニ對シ管理スヘシト命セラレ
査スルニ閘北署長ヨリ進達シ来リタ
ル該慰安所組合規約ヲ別紙ノ通リ
修正セシメ本市娼妓取締規則及
之カ検査規定施行細則ニ準據セシメ
業務ヲ経営セシムルモノト思考ス。サレハ該
署ニ右旨示達スルコトニシテ可ナリヤ

警察局

指導官核批「訳文」

行

但須與社會局聯絡為要

警察局

檢驗目 15

16

上海特別市警察局稿

文別	訓令
送達機關	閘北警察署
類別	
附件	
事由	為該區呈請慰安組合会組織一件[illegible]准備案並仰遵照改正規約办理 / 分呈社会局備案仰即知照由

局長盧

二十九年 月 日 午 時交辦
二十九年 月 日 午 時 [illegible]
二十九年 月 日 午 時 蓋印

秘書 科長 主任 科員

收文 字第 號
發文 衛字第 65 號
檔案 字第 號

本件限中華民國[illegible]年五月拾四日發出

股 登記

令

衛訓令　衛字第65號

令閘北警察署

為令遵事前據該署呈為振興市面云云 案查

暨檢備查等情並附呈管理慰安所臨時規約一份

慰安所營業登記申請書一份妓女登記申請書一份

組合會職員名單一紙[illegible]經核[illegible]該組合會請求

備案一節在本市未經正式取締及檢驗娼妓規則

以前姑准備案所呈管理慰安所臨時規約[illegible]文

字[illegible]改正[illegible]辦理

再核組合會係同業公會性質應再分呈社會局

備案併仰知照此令

附發改正規約一份

局長盧○

中華民國廿九年五月　　日

監封 王寶彝
標封 楊忠震

臨時規約

上海市虹口南北區慰安組合會管理慰安所臨時規約

本組合成立之目的為鑒於區內市面繁盛人口眾多對於慰安營業確有整頓之必要於警察局未經公布取締及檢驗娼妓規則以前呈請特設本會管理慰安所一切事宜以期撲滅花柳保持健康為本旨爰定臨時規約數條於后

(一)本規約祇限於虹口南北區內適用之

(二)組合長應受上海特別市警察局及南北警察署監督指揮辦理一切事宜

(三)本會設組合長一人組合員五人醫師一人看護一人或二人均須領有部證者其他員役數人呈報警察局核准備案如有更動

亦須先行呈請核准

(四) 凡在虹口閘北區內營業慰安所者均須先行填具慰安所申請書三份本人二寸半身照片四張呈送本會審核後發給許可執照方准開業一面再將營業之按月列表分呈上海特別市警察局及閘北警察分局備查

(五) 妓女每月須經本組指定醫師(須領有部證者)檢驗三次確無花柳病者始准營業

(六) 慰安所內設備必須清潔衛生置備消毒用品

(七) 妓女不准在門外或路旁攬行招客

(八) 未滿廿歲者不得為妓女

（九）改業必須將許領之許可執照呈繳本会核銷並由本会分呈上海特別市警察局及閘北警察局備案

（十）違背本規約各條之一者得酌量情形停止営業（十日以下）或令歇業吊銷執照

（十一）本会每月至少開会二次討論一切進行事項遇有緊急事項得招開臨時会議議決施行

（十二）本規約如有未盡事宜得隨時呈請更正之

（十三）本規約自呈奉上海特別市警察局核准之日施行

上海市虹口閘北区慰安組合会

中華民國　年　月　日

[문서 7]

자베이경찰서에서 상하이특별시 경찰국장에게 보낸 보고(1940.7.9)

자베이경찰서에서 상하이특별시 경찰국장에게 보낸 보고(1940년 7월 9일)

정자(政字) 1968호

사유 : 홍커우 자베이구 위안소 조합회가 보내온 회원 및 직원 명단 보고

루[盧]국장께 보고합니다.

츄쟝로[虯江路] 95농(弄) 2호 소재 상하이시 홍커우 자베이구 위안소 조합회 조합장 허첸경[何乾賡]이 해당 조합회의 6월분 직원 명단, 위안소 호수(戶數) 등기 보고표를 보내왔으므로 검토하고 보고하니 살펴봐 주시기 바랍니다.

첨부 :
홍커우 자베이구 위안소 조합회 직원 명단 및 위안소 등기 호수 보고표 각 1부

자베이경찰서 서장 샤오지에쉰[蕭介勳] (직인)

1940년 7월 9일

경찰국 국장의 지령고(指令稿)

보고 내용은 모두 살펴보았음. 해당 서에서 보낸 위안소 등기 보고표는 보존할 것. 조합회 직원 명단 중 의사 왕춘더[王春德]와 간호사 왕샤오메이[王小妹]에게 일주일 안으로 면

허증을 갖추도록 명하고, 갖추지 못할 시에는 규정에 따라 고용할 수 없음. 처리 결과를 보고할 것.

1940년 7월 25일

상하이시 홍커우 자베이구 위안소 조합회에 등기 필한 위안소 보고표

위안소 주인 성명	개설지점	문패	기녀수	개설 일자
장구이잉[張桂英]	츄쟝로[虯江路] 송바이리[松柏里]	38호	6명	1940년 6월 1일
장아다[張阿大]	츄쟝로 송바이리	8호	5명	1940년 6월 1일
자오천린[趙陳林]	츄쟝로 송바이리	26호	7명	1939년 11월 1일
펑씨[馮氏]	츄쟝로 송바이리	32호	7명	1939년 12월 1일
천아이메이[陳愛妹]	츄쟝로 송바이리	33호	5명	1939년 11월 1일
루어이메이[羅義妹]	츄쟝로 송바이리	25호	7명	1940년 2월 1일
동루진[董陸金]	츄쟝로 송바이리	34호	5명	1940년 2월 1일
양아수[楊阿樹]	동바오싱로[東寶興路]	8호	2명	1940년 6월 1일
송샤오메이[宋小妹]	동바오싱로	260호	7명	1940년 5월 1일
루터신[路特新]	광동가(廣東街)	16호	3명	1940년 2월 1일
왕샤오메이[王小妹]	광동가 산두어리[三多里]	4호	4명	1940년 6월 1일
장아얼[張阿二]	광동가 산두어리	5호	4명	1390년 11월 1일
샤오진원[蕭金文]	광동가 산두어리	6호	7명	1939년 11월 1일
종순즈[鐘順志]	츄쟝로 순싱리[順興里]	9호	2명	1940년 5월 1일
왕리쓰[王李氏]	츄쟝로 순싱리	14호	2명	1940년 5월 1일
루샤오메이[陸小妹]	츄쟝로 순싱리	19호	2명	1940년 6월 1일
챠오레이인[喬未銀]	하이능로[海能路]	31호	4명	1940년 4월 1일
나나[那那]	하이능로	26호	3명	1940년 1월 1일
왕위전[王玉珍]	하이산로[海山路] 잉성리[映生里]	3호	4명	1939년 2월 1일
순페이쓰[孫費氏]	츄쟝로 위러리[餘樂里]	19호	6명	1940년 1월 1일

상하이시 홍커우 자베이 위안소 조합회 조합장 허첸겅[何乾賡] (직인)
츄쟝로 95농(弄) 2호

1940년 /월 2일

상하이시 홍커우 자베이구 위안소 조합회 직원 명단

회장	허첸경[何乾賡]
부회장	왕천룽[王臣龍]
서기	왕잉칭[王瀛淸]
조사원	자오시산[趙錫山]
	정바오산[鄭寶山]
의사	왕춘더[王春德]
간호사	왕샤오메이[王小妹]
사환	탄스성[談世生]

상하이시 홍커우 자베이 위안소 조합회 조합장 허첸경[何乾賡] (직인)
츄장로 95농(弄) 2호

1940년 7월

경찰국장과 일본 특무 고문실의 지령고(指令稿)

보고 내용은 모두 살펴보았음. 해당 서에서 보낸 위안소 등기 보고표는 보존할 것. 조합회 직원 명단 중 의사 왕춘더[王春德]와 간호사 왕샤오메이[王小妹]에게 일주일 안으로 면허증을 갖추도록 명하고, 갖추지 못할 시에는 규정에 따라 고용할 수 없음을 해당 경찰서에 전달하여 시행하게 할 것.

1940년 7월 17일

일본 특무 고문실 의견서(일본어)[41]

경찰국 위생과 과장 위안쥐판[袁矩範]이 경찰국장 루잉[盧英]에게 올린 간략한 보고문

결재 내용: 보고 내용대로 시행할 것.

보고 내용은 일전에 자베이경찰서에서 올린 위안소 조합회의 수입 잉여금 처리 방법에 관해 위생과에서 보고했고, 고문실로 보내 답을 받으라는 지시가 있었습니다. 아키야마[秋山] 지도관의 의견(번역문 첨부)은 '조합회 수입 잉여금은 조합회에서 처리하고 경찰국에 보고할 필요가 없음'으로 위생과에서 올린 방안과 다릅니다. 아키야마 지도관의 지령을 해당 경찰서에 전달하여 시행하게 했습니다.

위생과 과장 위안쥐판[袁矩範]

8월 9일

위안소 조합 예산은 위안소에서 처리한다는 아키야마 지도관의 지령을 접수함.

아키야마 지도관 지령(중국어 번역본)

조합회 수입 잉여금은 해당 조합회에서 처리할 것. 경찰국에 보고할 필요 없음. 지출은 서장이 감독하니 경찰국에서 관리하지 말 것.

---

41) 위의 내용과 동일함.

(일본어 메모)

위안소 조합 수입 잉여금 법정화폐(法幣) 14514.9위안에 대한 처분은 가토[加藤] 지도관이 경찰국 고문에게 문의하여 지시할 것임. 직원 명단과 위안소 호수 등기표는 경찰국에 보낼 것.

아키야마 지도관 의견(중국어 번역문)

조합 수입금은 위안소에서 관리하고 경찰국으로 보내 관리하게 할 필요 없음. 의사와 간호사 면허증 확인은 필요함.

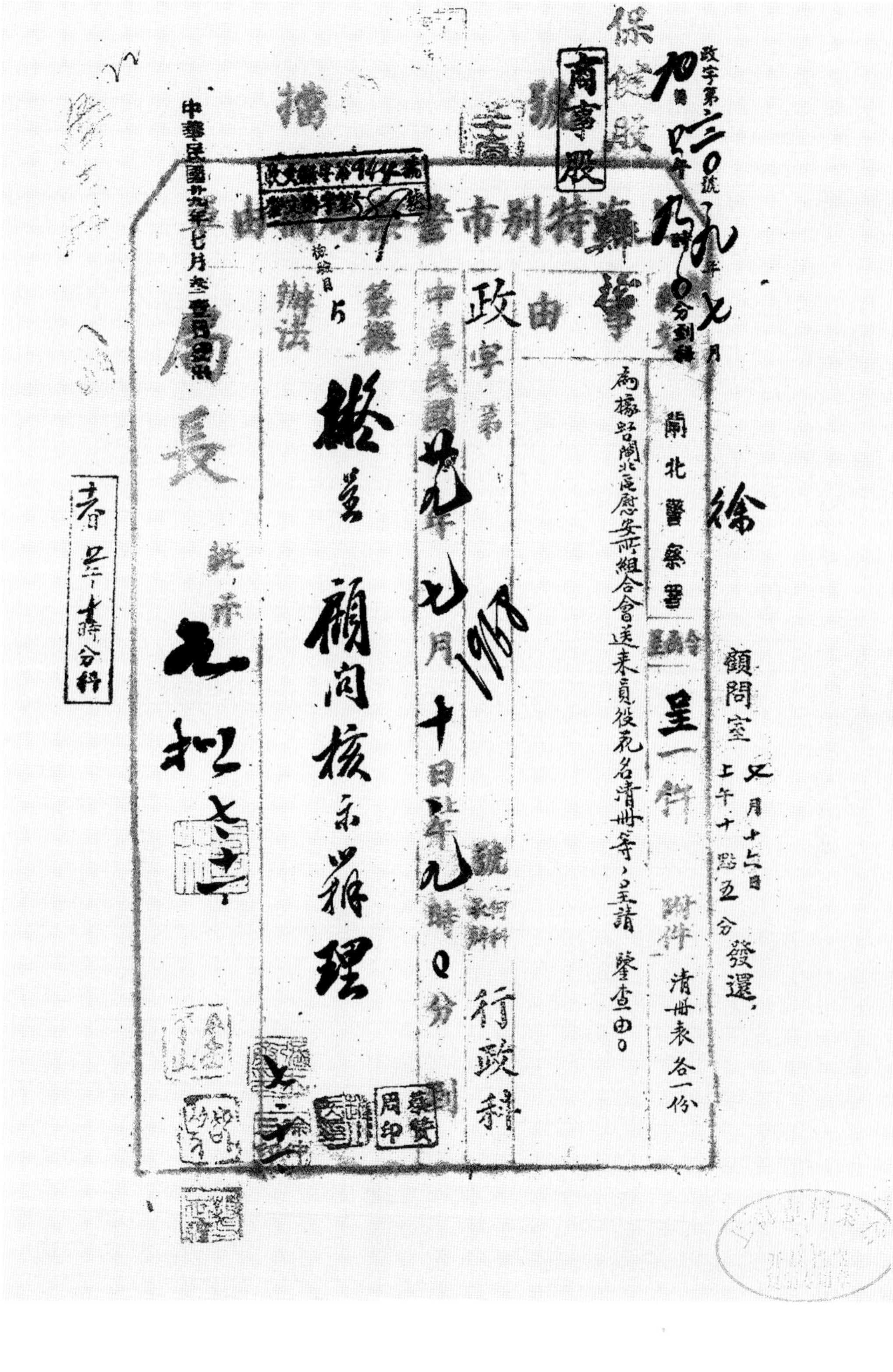
保健股
政字第二一三〇號
商事股
蘇州特別市警察局
事由
為據蘇閘北區慰安所組合會送來員役花名清冊等呈請鑒查由。
閘北警察署
呈一件
附件 清冊表各一份
顧問室 七月十七日 上午十點五分發還
政字第　號
行政科
中華民國廿九年七月十日上午九時〇分
擬辦 擬呈 顧問核示辦理
辦法
局長
中華民國廿九年七月十三日

呈文

上海特別市警察局閘北警察署

竊據虬江路九五十二號、上海市閘北區慰安所組合會長何北衡、呈送該組合會有關

所屬從業人名清冊、及營業日數、營業表等到署。理合檢同原件、備文呈送。仰祈

鑒核備查！

謹呈

局長盧

計呈送閘北區慰安所組合會之從業人名清冊營業日數營業表各一份

閘北警察署署長蕭介仁

中華民國二十九年七月九日

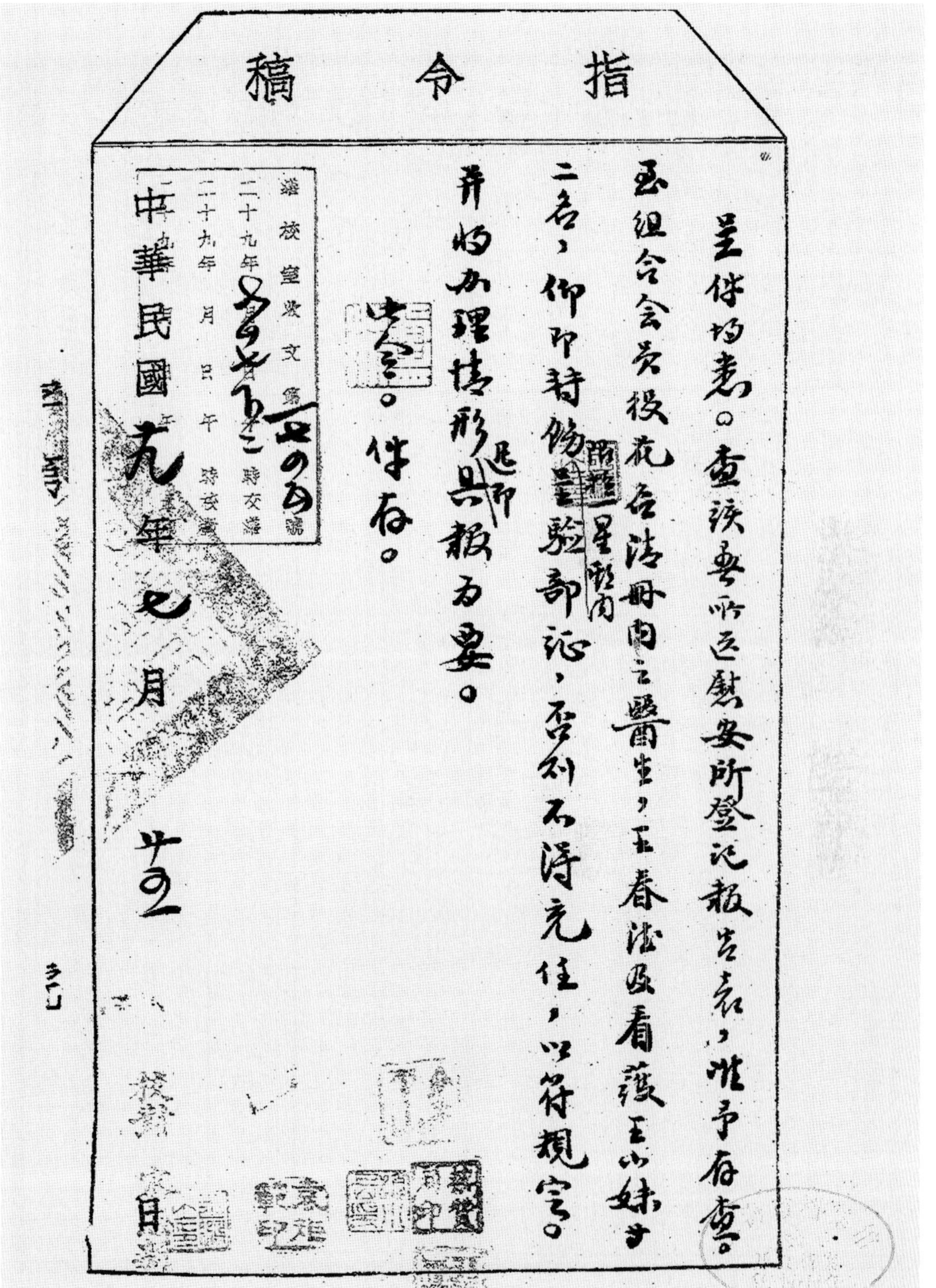

指令稿

呈件均悉。查該要所區慰安所登記報告表，准予存查。惟組合会員役花名清冊內之醫生王春福及看護王山妹等二名，仰即轉飭呈驗部証，否則不得充任，以符規定。并將办理情形具報為要。此令。件存。

中華民國廿九年七月廿五日

上海市虹口閘北區慰安所組合會办理慰安所登記戶数報告表

慰安所主人姓名	開設地点	門牌	妓女人数	開設年月日	附記
張桂英	虬江路松柏里	三八	六	二十九年六月一日	
張阿大	仝	八	五	仝	
趙陳林	仝	一六	七	二十八年十一月一日	
馮氏	仝	三二	七	二十八年十二月一日	
陳愛妹	仝	三三	五	二十八年十一月一日	
羅義妹	仝	一五	七	二十九年二月一日	
董佳金	仝	三四	五	二十九年四月一日	
揚阿樹	東寶興路	八	二	二十九年六月一日	

宋小妹	仝	二六〇	七	二十九年五月一日
路特新	廣東街	一六	三	二十九年二月一日
王小妹	廣東街三多里	四	四	二十九年六月一日
張阿二	仝	五	四	二十八年十二月一日
蕭金文	仝	六	七	二十八年十一月一日
鍾順喜	虬江路順兴里	九	二	二十九年五月一日
王李氏	仝	一四	二	二十九年五月一日
陸小妹	仝	一九	一	二十九年六月一日
喬来銀	海能路	三一	四	二十九年四月一日
邢邢	仝	二六	三	二十九年一月一日

王玉珍	海山路朕生里	三	四	二十八年十二月一日
孫費氏	虬江路餘樂里	一九	六	二十九年一月一日

上海閘北區慰安所組合

組合長何乾康（印）

地址虬江路九十五弄二號

七月 日

上海市虹閘北區慰安所組合會員役花名清冊

職別	姓名
組合長	何乾賡
副組合長	王臣龍
書記	王瀛清
調查員	趙錫山
仝	鄭寶山
醫生	王春德
看護	王小妹
茶役	談世生

上海市閘北區慰安所組合會

址九江路九十五號二樓

組合長何彭壽

民國二十九年七月　日

先呈
局長閱
再呈
顧問室

查本案內所送慰安所營記報告表擬予存查至組合
會員殺花名清冊內之醫生王春德及看護王小妹應
速呈總部批准前不得充任擬指令該署轉飭遵照
當否乞
鈞裁

石松之

意見書

慰安所ニ対スル指導ノ件

査スルニ慰安所組合ノ職員表中ノ醫生並看護及看護婦王才妹ニ対シテハ其免許有無ノ点ヲ調査ノ必要アリ若シ免許証所持ナキトキハ之ニ任用得セサルコトヲ経営者ニ通シテ指示スルヲ要スルモノナラン

警察局

簽呈

謹簽呈者前據閘北警署呈報慰安所組合會結存款項請
示處法經職科簽擬呈轉來局已奉
批如擬仍案旋送憲兵隊向憲詢由 秋山指導官加批其譯意(另紙
抄呈)謂為關於結存款項應由該會處理毋庸送局等由是與
職科以前簽擬處法不同抄根據 秋山指導官批語指令該署
轉飭遵照是否有當理合再行簽請
核奪示遵謹呈
局長盧

附呈原呈及附件

衛生科科長袁雍 謹簽呈 八、九、

如擬

上海特別市警察局

秋山椙尊官批諭文字譯文

組合收入金應在該會處理送本局

無用收支囙為有監督署長辦理以

外不可參加管理

虹口閘北區慰安所組合ノ收入存シテ居ル金

額ハ[illegible]一千四百五十九元九分ニ對處シ

ハ加藤擔當トシテハ本局部內ノ意

見ヲ伺フヘシトノ指示アリタルニ付其ノ

送致セシ組合役員在鄉及其從

ニシテ慰安所數等ニ相係ハ諸ラ次

警察局

秋山指導官批語文字譯文

組合收入金為該婦組合會辦

理之送本局處理之必要

譯文者蕭呈璐部記可

[문서 8]

일본 해군 부흥부 제48호 문건(1941.9.29)

해군 부흥부 제48호(일본어)

1941년(쇼와16) 9월 29일

발신: 해군 무관부 상하이 부흥부(직인)

수신: 상하이특별시정부 경무국, 상하이특별시정부 위생국 귀하

상하이 홍커우 평강복리회 설립허가에 관한 건 통지

이번에 본 부흥부에서 성병 예방과 치안사고 방지를 위해 아래와 같이 상하이 해군경비구역 내에 위에 언급한 단체의 설립을 허가하여 중국인 및 제3국인의 사창(私娼)을 통제하는 기관으로 등기하여 치안과 방역에 빈틈이 없게 하고 있음.

현재 상하이시정부 관할 아래에 있는 위안소 조합도 같은 목적을 가진 조직이므로 이번에 허가를 취소하여 평강복리회에 흡수 병합되는 것이 마땅함.

이 내용대로 시정부 관련 기관에서 숙지시켜 주기 바람.

덧붙여 본 문건은 방역위원회의 공인을 받았고 상하이시정부 위생국 사무담당자와 연락을 마쳤음.

기(記)

1. 명칭: 상하이 홍커우 평강복리회
2. 책임자: 오타니 가이에이[小谷冠櫻], 장창성[張長生]
3. 사무개시일자: 1941년 10월 1일
4. 감독기관: 당분간 해군 부흥부에서 직접 감독

5. 구체적인 본회 운영방법은 별건 서면으로 통지 예정

(중국어 번역문)[42]

42) 위의 내용과 동일함.

海軍復興部第四八號

昭和十六年九月二十九日

海軍武官府上海復興部

上海特別市政府警察局
上海特別市政府衛生局 御中

上海虹口平康福利會設立許可ニ關スル件通知

今般當部ニ於テハ花柳病豫防並事故防止ノ見地ヨリ左記ニヨリ上海海軍警備區域內ニ於ケル華人及第三國人ノ私娼統制機關トシテ首題團體ノ設立ヲ許可シ以テ治安、防疫上萬遺憾ナキヲ期シ居ル次第ニ候處就テハ現ニ貴管下ニ存在中ノ慰安所組合モソノ目的ニ鑑ミコノ際解消ノ上首題福利會ニ合流スルヲ至當ト認ムルニ付可然御配慮ノ上各管下諸機關ニ御指達相成度

海軍

追而本件ハ既ニ防疫委員會ノ公認ヲ得、貴衛生局事務擔當者トモ連絡濟ノモノニ有之候

記

一、名稱　上海虹口平康福利會

二、責任者　小谷冠櫻、張長生

三、事務開始期日　昭和十六年十月一日

四、監督機關　當分ノ間當部ニテ直接監督ス

五、本會運用ニ關スル具體的方法ニ關シテハ追而文書ニヨリ通知ス

（終）

海軍

3

譯文

海軍復興部第四八號

昭和十六年(民國三十年)九月二十九日

海軍武官府上海復興部

上海特別市政府警察局
上海特別市政府衛生局
台照

上海虹口平康福利會設立許可所關件 通知

現由本部因對於花柳病預防並防止治安事故起見在上海海軍警備區域內許可設立右記之團體藉以統制華人及第三國人私娼之統制機關以期治安防疫兩無遺漏然鑑貴管下之慰安

所組合亦屬同一目的在此時似應取消而合流於福利會爲至當是以敢請查照並令知各管下諸機關爲荷

附註　本件已得防疫委員會之公認並與貴衛生局事務担當者連絡完畢

記

一、名　　稱　　上海虹口平康福利會
二、責 任 者　　小谷冠櫻　張長生
三、事務開始期日　昭和十六年十月一日
四、監督機関　　暫時由本部直接監督
五、関於本會運用具體的方法當以書面另行通知

[문서 9]

상하이 홍커우 평강복리회 희망사항

상하이 홍커우 평강복리회 희망사항

1. 본회를 사창 통제 공인단체로 해서 내리는 지시를 받을 것임.
2. 위안소 조합회는 보건 방면의 시설을 갖추지 않았고 허가를 받은 경위도 비합법적이라 해체되어야 함. 조계 헌병대가 허가한 윤락업소도 마찬가지로 처리되어야 함.
3. 본회 경상수입 예산은 중국 돈 1만 5천 위안[元]이나 실수입은 중국 돈 약 1만 위안임. 사창(私娼) 기녀 1천 명 중 3분의 1을 치료를 요하는 자로 가정할 때 매달 일본 돈 4천 5백 엔(1인당 1회 일본 돈 50전)어치의 약품, 의료인 인건비 일본 돈 2천 엔, 사무경비 일본 돈 약 1천 엔. 합계 매달 일본 돈 7천 5백 엔, 즉 중국 법정화폐 약 2만 위안이 필요함. 이와 별도로 본회 운영에 필요한 인건비와 사무경비는 법정화폐 7천 위안이므로 실수입에 비해 1만 7천 위안이 부족함. 부족분은 보조금을 얻으면 다행이고 얻지 못하면 본회의 운용으로 이윤을 얻는 큰 회사들에 기부금을 요구할 것임. 이에 허가를 요청함.
4. 본회 창립비용 예산은 중국 돈 7천 5백 원이었으나, 실제 설비비, 인건비 등의 지출에 중국 돈 1만 2천 위안의 부족분이 발생했으므로 창립 준비를 위해 보조해 줄 것을 요청함.

   액수는 의료기계와 약품대금 일본 돈 4천 원 정도임.

이상

상하이 홍커우 평강복리회

대표 우이신[吳一新]

1부를 베껴 경찰국에 보낼 것.

상하이 홍커우 평강복리회 희망사항(중국어 번역본)[43]

상하이특별시 시정부 위생국 위생과 과장 우야오동[吳耀東]이 시정부 위생국 국장 위안쥐판[袁矩範]에게 평강복리회의 희망사항에 대해 설명하는 메모

위안 국장님께 간략히 보고합니다.

이번 달 우방(友邦) 해군 부흥부에서 보낸 공문을 접수했습니다. 내용은 창기 문제에 관해 이미 오타니 가이에이[小谷冠櫻] 등이 해군경비구역에 설립한 평강복리회(상세한 내용은 번역문에)를 이미 허가했다는 것이었습니다. 이번 달 9월 하순에 오타니 가이에이 위생국에 와서 이 복리회의 개요를 설명하고 경찰국에서 허가했던 자베이 위안소 조합을 취소하여 이 복리회에 합병해 줄 것과 이 복리회가 사무처리권한을 가지게 해 줄 것을 요청했습니다. 저는 이 일이 경찰국의 허가를 얻어 처리해야 하므로 경찰국과 상의하기 전에는 승낙할 수 없고, 게다가 해군 및 오타니[小谷] 씨가 정식 공문을 위생국에 제출한 적이 없으므로 처리할 수 없다고 답변했습니다. 이상은 면담 내용이었습니다.

자베이경찰분국 및 본국의 연락관 및 사사이[笹井] 중장의 의견을 구하라(사사이 중장이 방역위원회 회의 때 방역위원회 간부들의 의견을 구한 내용은 뒤에 첨부했음)는 국장님의 명을 받들어 연락관과 사사이 중장의 의견을 각각 구했는데, 연락관과 사사이 중장 모두 방역위원회 회의를 개최하여 결정하자고 했고, 자베이경찰분국에서는 기존 조합의 취소와 합류는 경찰국에 공문을 보내 답을 받은 후에 결정하겠으니 수시로 면담하자는 내용이었습니다.

국장님이 주선한 방역위원회 회의는 이번 달 7일에 열려 토론하고 의결(상세한 내용은 첨부한 회의록에 있음)했으므로, 본국에서 이 사항을 연락관을 소집하여 함께 검토할 필요가 있겠습니다. 짧은 소견으로 회의내용 개요를 다음과 같이 보고합니다.

1. 평강복리회 개설을 이미 우방 해군 부흥부에서 허가했으니 반드시 운영될 것으로 보임. 사사이 중장의 주의사항 성명 중 자베이 위안소를 취소하고 평강복리회에 합병하여 업무를 통일 처리하라는 뜻이 있었음.

---

43) 위의 내용과 동일함.

1. 현재 자베이 위안소(조합)에 근무하는 인원은 평강복리회에서 계속해서 임용함.
1. 본 시 관할 부분은 오타니 가이에이 씨가 정식 절차를 밟아 본국의 허가를 받을 것과 본국 및 경찰국의 감독 지휘를 받겠다는 내용으로 보고를 올릴 것.
1. 경찰국의 동의 의견을 받은 뒤 오타니 씨에게 통지하여 업무를 보게 하고 해군 부흥부에도 통지할 것.
1. 오타니 씨가 올린 허가 수속 절차의 결재가 난 뒤에 본국에서 경찰국으로 사무를 이관할 것.

이상의 내용과 함께 각 문건을 첨부하여 국장님께 보고하니 시행 여부를 결정해 주시기 바랍니다.

첨부 :

해군 부흥부 원문과 번역문 각 1부, 방역위원회 회의록 1부

평강복리회 희망사항 원문과 번역문 각 1부, 복리회 인쇄물 5부

위안쥐푸[袁矩範]의 메모 :

올린 메모 내용은 검토했으니 경찰국에 송부하여 의견을 물은 뒤 시장에게 보고할 것.

1940년 10월 9일

우야오동[44]

1940년 10월 9일

위안쥐푸의 메모 :

연락관과 상의 후 결정할 것.

1940년 10월 13일

44) 괴뢰시정부 비서실에 위생과(과장 우야오동)를 설치하여 병원 진료소 관리 및 위생 선전업무를 맡게 한다.

10월 7일 오후 2시,
흥아원(興亞院)[45] 문화국(文化局)에서 방역(防疫)위원회 간사회 개최함

참석자

사사이 중장, 다나카[田中] 중장, 오우치[大內] 흥아원 기사(技師), 이데모토[出本] 조사관, 에노모토[榎本] 해군육전대[46] 군의장(軍醫長), 노보리[登]부대 군의부장, 안도[安藤] 군의, 아마노[天野] 해군 군의 중령[中佐], 다카하마[高濱] 해군 군의 중령, 일본인 의사공회(醫師公會) 부회장, 일본영사관 가타오카[片岡] 경위[警部], 상하이시 시정부 위생국 우야오동[吳耀東] 등 10여 명.

회의 목적

해군 부흥부에서 치안과 방역 관계상 오타니 가이에이 등이 개설한 평강복리회를 이미 허가하고 방역위원회의 협조를 바라면서 의견을 구함.

다나카 중장의 사회로 해당 공문과 설명문을 읽고, 평강복리회 희망조건(희망사항) 및 각종 인쇄품을 배포함.

토론 경과

1. 주된 의도에는 찬성하나 구체적 시행 방법은 더 연구해 보아야 함.
1. 향도사(嚮導社)[47]에서 불법 매춘행위를 하고 있는데, 예방 의료를 엄밀히 실시하겠다는 것에는 찬성하나, 단 외형상 창기와 달라야 함. 동일한 방법으로 제한할 수 있어야 함.
1. 부족한 비용을 대기업에서 받겠다는 것은 문제가 생길 수 있는데, 그 회사들에 이용당할 수 있음.
1. 창기 단속을 철저히 시행할 수 있을지 모르겠음. 각지의 창기 상태 조사는 용두사미로 끝날 수 있으니, 철저하게 할 수 없으면 아예 하지 않는 것이 나음.

---

[45] 흥아원은 1938년 12월 대중국정책 일원화를 위해 일본 수상 근위문마(近衛文磨)를 총재로 하여 설립된 기구로 1942년 대동아성에 흡수 해체됨.

[46] 구 일본군 해군육전대는 해병대의 성격을 가진 부대임.

[47] 윤락업소.

1. 해군 부흥부에서 이미 평강복리회의 조직을 허가했으므로 업무를 담당하게 될 것이니 방역위원회에서 협조해야 할 것. 의도에는 찬성이나 방법이 적당한지는 모르겠음. 설립만 되어 있고 아직 업무에 착수하지 않았으므로 그 업무를 감독하면서 점차 개선하는 것이 합리적임. 현재 상태를 참고할 만한 각 항의 통계가 자세히 나와 있지 않아 그저 책상에 앉아 하는 이야기이므로 실제 처리방법을 명료하게 결정할 수 없으니 향후 복리회의 업무에 협조하면서 방법을 규정하는 것이 옳을 듯함.
1. 조용히 사태를 관망하며 간여하지 않는 것이 좋을 수도 있음. 간여한 후 곤란한 일이 발생하면 취소하지 못할 수도 있고, 또 용두사미가 될 수도 있으니 본회의 권위와 체면을 손상할 수 있음.
1. 치안과 '국민' 건강을 위해 성병을 예방하는 일은 방임할 수 없는 문제라서 2년 전부터 토론해 왔음. 해군 부흥부에서 평강복리회를 허가했으니 협조해야 마땅함.
1. 해군 공문에 평강복리회를 '공인'했다고 되어 있음. 평강복리회에서 협조와 양해를 바라는 문서를 보내왔는데 어떻게 답복해야 할지 모르겠음.
1. '공인' 및 '시정부와 연락을 완료했다'는 표현이 사실이라도 오타니[小谷] 개인 차원의 교섭이고 해군 공문을 받은 적이 없으니 정식으로 교섭했다고 오타 개인이 연막을 피우고 있음. 해군과 열심히 통하고 있다는 점을 알리려고 공문에 기입한 것임.(사사이 중장의 설명)
1. 해군 공문에 이미 공인했다고 기재한 뜻은 대체로 추인했다는 뜻으로 보임. 공인하는 것이 어떨지.
1. '공인'하지 않고 내버려두면 몰래 이용할 수 있음. 모금하는 일도 본회의 공인이 있어야 할 것이니 평강복리회의 주된 의도와 조건으로 볼 때 공인하는 것이 맞음.
1. 주된 의도와 조건상으로는 공인하고 간여하지 않는 것은 공인하지 않는 것만 같지 못함. 공인하면 평강복리회의 위생 부문에 간여하고 다른 일은 불문할 것.
1. 공창(公娼)을 엄격하게 관리해도 성병 전염을 근절할 수 없는데, 하물며 사창(私娼)을 한 달에 2~3차 검사하는 것으로 성병 전염을 철저히 근절하는 것은 어려움. 평강복리회를 허가한 것은 치안에 중점을 둔 것이라 성병 방역에는 효과가 없을 수도 있는데, 본회가 간여하고도 해결하지 못한 것이 되니 간여하지 않는 것이 맞음.
1. 비용 문제에 대해 흥아원 문화국에서 보조할 수 있는지?

1. 보조는 할 수 있으나 금년도 예산은 일본 돈 5천 엔밖에 남아 있지 않으므로 내년도 예산을 증가해 달라고 청구해야 함.
1. 비용 보조보다는 예방약을 사서 지급하는 것이 좋겠음.
1. 약 사는 일이 번거로우니 전액을 보조하고 감시하는 게 나을 것임.

결의사항 (아래 각 항의 원칙을 상임간사에게 일임하여 처리하게 함)
1. 방역위원회는 평강복리회 설립 의도에 찬성함.
2. 본회는 성병 예방에만 협조함.
3. 구체적 방법은 연구해야 함.
4. 현장 시찰 인원을 파견해서 실제 상황을 고찰하여 연구해야 함.
5. 상황을 참작하여 이후에 보조 여부를 결정함.

이상의 내용으로 부흥부와 평강복리회에 답함.

사사이 중장이 시정부에 보내는 주의사항 및 위생과장과의 문답

1. 위안소 명칭과 일본군의 위안소 명칭이 혼동되어 사병이 잘못 알 수 있으므로 시정부의 조합은 해당 사항의 명칭을 이용할 수 없음.
1. 동일 경비구 내에 두 개의 위안소 조합을 두는 두 가지 방법은 불합리하므로 합병하여 한 곳으로 합병하는 것이 마땅함.
1. 이미 해군이 평강복리회를 허가하여 시정부에 공문을 보냈으므로 해군의 의견을 존중해야 할 것임.

1. 위안소를 취소하여 평강복리회로 합병할 수 있는지?
   우야오동의 답: 취소와 합병은 모두 가능함. 상부에 보고하고 관계부문과 상의한 후 결정할 수 있음.
1. 창기 단속 및 신체검사를 시정부에서 시행할 수 있는지?
   우야오동의 답: 할 수 있으나, 홍커우 및 양수푸[楊樹浦] 방면은 행정력이 미치지 못해

단속이 어려우니 귀 해군부서 및 관계부문에서 협조가 필요함.

1. 먼저 복리회에서 시험삼아 관리하다가 장래에 귀 시정부에서 업무를 담당함이 정당함. 창기의 대부분이 중국인이므로 원래 상하이시 정부의 일임. 현재 환경 관계로 먼저 복리회를 이용하여 처리하고 실마리가 잡힌 뒤에 시정부에서 맡도록 해야 함.

복리회의 예상 수입 및 지출 계산에 착오가 있어 보임. 해당 회에서 사창 한 사람마다 매달 15위안씩 거두겠다고 하니 실수입이 1만 5천 위안임. 예상 수입을 1만 위안으로, 예상 지출을 2만 위안으로 잡고 있으므로 부족분이 1만 위안이 되어야 하는데 1만 7천 위안이 부족하다는 것도 이해할 수 없음. 게다가 사무 및 인건비 지출을 중복 계산하고 있음.

사사이 중장의 답변: 상세한 계산서를 보지 못해 내용을 잘 알지 못함. 다만 30%의 성병 환자가 있을 것으로 예상한 것은 아마도 잘못 생각한 것으로 그 수를 넘을 것임. 지금 당장 수입 지출 사항을 물을 것이 아니라 감독기관이 정해지면 복리회의 회계를 감시하게 될 것임. 지출액이 커지고 수지가 맞지 않으면 해당 복리회에서 보조를 요구한 것에 대해 해명을 요구할 것임. 지금은 묻지 않는 것이 타당함.

상하이방역위원회 상임간사회 심의문(일본어)[48]

상하이방역위원회 상임간사회 심의문(중국어 번역문)

우(吳) 처장께

말씀드리는 내용은 10월 7일에 열린 상하이방역위원회 간사회에서 심의한 것으로 기녀대책 중 평강복리회(대표자 오타니 가이에이[小谷冠櫻] 씨)의 활동에 대한 방역위원회의 태도에 대해 상임간사회에 위임하여 선처하기로 결의함. 뒤에 열린 상임간사회에서는 '방역위원회에서는 당분간 평강복리회에 간여하지 않는 것이 타당하다'는 의견을 정함. 모든 조사

48) 중국어 번역문과 내용이 동일함.

경위와 상세한 사정은 다음 간사회 때에 보고할 것. 이는 상임간사회의 의견이니 삼가 내용을 확인하기 바람.

1941년 10월 15일

상하이 방역위원회 상임간사회

上海虹口平康福利會としての希望條項

一、本會を私娼統制の公認團体として指示を受けること

二、慰安所組合會は何等保健施設なし且又許可制は非合法なれば解消され度し

租界憲兵隊許可による嚮導社も同樣なり

三、本會經常費收入豫算は一万五千元なれど實收は一万元程度のものなり

然るに壹千八の私娼に對し三割の要治療患者ありと假定し一人一回五十錢、合計一ヶ月四千五百圓也の藥品代實費を要し醫療人件費約二千圓、事務所費約壹千圓、合計七千五百圓を要す之を換算すれば約二万元となる

本會運用上の人件費、事務費は約七千元を要する見込みにて實收との差は壹万七千元なり、故に不足額の補助金を得れば幸なり、若不

可能なりとすれば本會の運用に依り間接に利益を得る重要大會社に寄附金を求め得る、然るべき免許を得たし

四、本會創立費豫算は七千五百元の處實際設備費、人件費等にて約壹万二千元の不足を生じ居れり、就ては創立準備費に對しても補助金を得度し

金額は醫療器械、藥品代約四千圓也の程度なり

以上

上海虹口平康福利會

代表　吳一新

請照抄一份附送
警察局

譯文

以上海虹口平康福利會希望條項

一、以本會為私娼統制之公認團體受指示

二、慰安所組合會對保健並無施設且許可制屬於不合法請取消租界憲兵隊許可之嚮導社亦然

三、本會經常費收入雖預算一萬五千元然而實收約計一萬元而已預定私娼一千名中三成為要治療者則每月需日金四千五百円（每名每次以五角日金）之藥品費而醫療人事費約日金二千円事務費約一千円合計日金七千五百円以法幣計需約二萬元

本會運用上之人件費事務費約法幣七千元與實收之差不足為

一萬七千元不足額若得補助金則幸矣若不可能時由本會之運用間接得利之重要大會社（公司）求其寄附金（捐款）請准許其事

四、本會創立費預算七千五百元而實際上設備費人事費等開支已生出不足額一萬二千元對於創立準備費敢請補助額數醫療器械藥品費約日金四千円之程度

以上

上海虹口平康福利會

代表吳一新

謹簽呈者竊職於本月一日接准友邦海軍復興部函開：關於
娼妓問題業經許可小谷冠櫻等在海軍警備區設立平康福
利會（詳譯文）等由查此項事件當九月下旬曾由小谷冠櫻來局
面談梗概並請將警察局批准之閘北慰安所組合即行取消同
時合流於該會以一事權等語職因事関警局核准有案未經商
洽之前似未便遽予承諾而況海軍及小谷氏均無正式公文到局
更屬無從辦理此即擬情面陳
鈞座奉　諭須徵閘北警察分局及本局聯絡官暨笹井中將
之意見等因（按笹井中將於防委會開會時曾徵求防委會幹部意見業已呈
報在案）遵即分別接洽乃笹井中將與聯絡官均稱須俟防委會

開會決定至南北警察分局意見以為取消與合流均無不可惟
須得到本局公文而後決定各等語亦經隨時面陳
鈞座旋防委會經於本月七日開會討論議決（詳載會議紀錄）然
本局對於此項事件似有召集聯絡官商討之必要茲就管見所
及謹擬辦法分陳於后
一、平康福利會既由友邦海軍復興部准許開設勢在必行且
笹井中將聲明注意事項語氣中帶有含蓄意味是南北
慰安所應行取消合流平康福利會統一辦理
一、南北慰安所現有人員應由該會儘量接受繼續任用
一、本市轄區部分應由小谷氏依照正式程序呈請本局核准備

案並受本局及警察局之監督指導

一、商准警察局同意後通知小谷氏遵辦並咨復海軍復興部查照

一、俟小谷氏呈請批准手續辦妥後由局函請警察局辦理移交

上開各節是否有當理合檢同各項附件呈請

鑒核採擇施行謹呈

局長 袁

擬先函知警察局徵詢
意見收再定奪呈請
市政府核示

附呈 海軍復興部原、譯文各一份 防委會會議紀錄一份
福利會希望條項原、譯文各一份 福利會印刷品五份

職吳耀東謹簽
十月九日

候與聯絡官商討後再決定

十.十六

十月七日下午二時在興亞院文化局開防疫委員幹事會
出席者　笹井中將　田中中將　大内興亞院技師
出本調查官　榎本海軍陸戰隊軍醫長　登部隊軍醫
部長　安藤軍醫　天野海軍軍醫中佐　高濱海軍
軍醫中佐　日本人醫師公會副會長　日本領事館片岡
警部　衛生局吳耀東等十餘人
開會目的為海軍復興部因治安上及防疫上關係已准許小
谷冠櫻等開設平康福利會希望防委會協助並徵求意見
田中中將司會之下讀來文及說明並分發平康福利會
之希望條件暨一各種印刷品

討論

一、主旨贊成而具體辦理方法須當研究

一、嚮導社雖有審濫行為若單就防病醫療嚴密處理
事屬贊成但外形上與娼妓不同可否同一取締方法

一、費用不足而向大會社募款是否有問題是否會被利用

一、取締娼妓是否能徹底施行惟查各地取締娼妓大都虎
頭蛇尾難期澈底不如不辦為愈

一、海軍復興部既已發下許可准平康福利會之組織則事在必
行防委會應協助其施行主旨既已贊成而辦法是否適當
現只設立尚未着手辦理未能可否應監督其辦理逐步

改進為合理況現在又無詳細各項統計為參考只憑上理想
不能明瞭實際辦理方法宜協助其辦理然後再規定方
法為是

一、不如取靜觀方法現時暫不干與蓋因干與後發生困難時
勢非取消不可或龍頭蛇尾則本會權威及面子上不合

一、為預防花柳病計為治安問題計為國民健康計不能
放任之問題二年前即常提出討論現既由海軍方面許
可平康福利會之組織應予協助為宜

一、海軍公文上有本會公認之字句又該會來文請本會協助
諒解對此應如何答復

一、公認及市政府之連絡完了字句事實只小谷一人私人交涉未見海軍來文及正式交涉是則為小谷一人之糊幕而海軍過於熱心在公文上記入（笹井中將說明）

一、海軍公文上既已記載公認為大體計直截追認為公認如何

一、漢然之公認恐有利用潛在如募捐事亦可由本會公認矣不如在主旨及條件上公認為妥

一、既公認其主旨及條件而事實不干與不如不公認既公認則本會干與其衛生部分別事不問

一、公娼之嚴重檢查尚未能減絕不傳染性之病況私娼對之

上海月只二三次之檢查欲期澈底似屬為難該平康福利會之許可似在治安問題為重點防病則未果若本會干與而不能澈底似可不干與為是

一、澈底為難減少或可辦到先試行檢查及治療為必要則本會當然要干與其事

一、對費用問題與亞院文化局是否可補助

一、補助可以但本年度預算只有五千圓來年度當再請求增加

一、補助不如買預防藥發給

一、買藥恐費不夠事亦麻煩不如以全額補助而監視之

決議（照左列各項原則下 一任常任幹事妥理之）

一、防妾會贊成其主旨

二、本會只協助其預防性病

三、具體辦法待研究

四、組實地視察人員考查實際以資研究

五、酌量情形待後決定是否酌與補助

以此答復復興部及平康福利會

笹井中將注意市府事項及與耀東問答

一、慰安所名稱與軍之慰安所名稱混同恐兵士錯認市府組合

不可用該項名稱

一、同一警備區內有兩個組合兩種辦法似屬不合理宜歸併為一

一、海軍既已許可平康福利會並有公文到市府應尊重海軍之意見

一、慰安所是否可取消或合併於平康福利會

耀東答以歸併取消均可行須待請示及與關係方面洽商後才能決定

一、取締娼妓及檢驗事市政府可否辦理

又答可以辦理但虹口及楊樹浦方面行政不及取締為難須貴軍部及有關方面協助

一、先以福利會試行辦理將來須歸市政府辦理為正當況

娼妓為華人是市府本身事現因環境關係暫先利用福
利會辦理得有頭緒後再由市府接辦
照福利會之收支計算似有錯誤該會私娼每名月收十五元則有
一萬五千元實收額計一萬元支出二萬元是不足一萬元何以不
足一萬七千元之多況事務人件費兩重開支
笹井中將答詳細計算書未看不悉內容開支但預定三成
病人恐不只此數現時可以不問他收支事項自有監督機關
會監視其會計防委會若多開口假如開支實屬巨大致
收支不能平衡時反使該會藉口要求補助所以現時
宜不開口為是

上海防疫委員會

盛暑益々御清祥大賀至極

陳者去ル十月七日開催ノ上海防疫委員會幹事會ニ於テ御審議願上候

野雞對策中、平康福利會（代表者、小谷冠櫻氏）ナルモノヽ、活動ニ

對スル本會ノ態度ニ就キテハ概ネ常任幹事會ニ於テ善處スベキ旨、

御委任相受ケ候次第ニ御座候處爾後常任幹事會ノ所見ニ徵シ右ハ本

會トシテ當分關與セザルヲ妥當トスト被存候ニ付其間經緯等委細

ハ次回幹事會ニ於テ御報告可申上候（共不取敢書面ヲ以テ幹事會ノ

意見具陳仕度此段得貴意候也　敬具

昭和十八年十月十五日

上海防疫委員會常任幹事會

吳[illegible]長 殿

譯文

謹啟者查十月七日開上海防疫委員會幹事會審議
野妓對策上関於平康福利會（代表者小谷晃櫻氏）之
活動本會應取之態度決議委任常任幹事會善
處之一案嗣後經常任幹事會議定意見為「本會
暫取不関與為妥當」所有調查經緯詳情俟下
次幹事會時報告茲先就常任幹事會意見謹請
查照為荷

昭和十六年（民國三十年）十月十五日

上海防疫委員會常任幹事會

呉憲長殿

[문서 10]

상하이특별시 시정부 위생국에서 경찰국에 보내는 공문(1941.11.25)

상하이특별시 시정부 위생국에서 경찰국에 보내는 공문(1941년 11월 25일)

사유: 해군 부흥부에서 공문을 보내 창기 문제에 관해 오타니 가이에이[小谷冠櫻] 씨가 창설한 평강복리회에서 일괄 관리할 것을 허가했다고 알려옴에 따라 공문 내용을 확인하고 의견을 보충한 후 위생국과 경찰국에서 함께 시장에게 보고하여 방침을 구하도록 할 것. 신속히 처리하기를 희망함.

공문종류: 공함(公函)

송달기관: 경찰국

위생국장 위안쥐판[袁矩範] 의견: 동의

1941년 11월 25일

공함 제　호

경찰국에 보냄

해군 부흥부에서 보낸 공문에 오타니 가이에이 씨가 창립한 평강복리회를 이미 허가했으니 업무를 통합 처리하겠다(공문 원문 복사본 첨부)고 했음. 아울러 평강복리회 대표 우이신[吳一新, 오타니 가이에이 씨의 중국식 이름]의 희망사항(번역문 첨부) 보냄.

또 동인회 화중지부장 사사이[笹井] 중장이 이 사항에 대해 아래와 같이 의견을 제출함.

1. 위안소 명칭과 일본군의 위안소 명칭이 혼동되어 사병이 오해할 수 있으므로 사용할 수 없음.
2. 동일 경비구 내에 두 개의 비슷한 위안소 조합을 둘 수 없으므로 힙병하여 한 곳에서

획일 관리해야 함.

3. 이미 해군이 평강복리회를 허가하여 시정부에 공문을 보냈으므로 해군의 의견을 존중해야 할 것임.
4. 기녀의 대부분이 중국인이므로 그 관리는 원래 상하이시 정부에 속하는 직무이나 현재 형편상 먼저 복리회를 이용해서 시험삼아 관리해 보고 실마리가 잡힌 뒤에 상하이시정부에서 맡도록 해야 함.

내용은 따로 기록해 둠.

위생국에서 일본 특무기관에 사람을 보내 특무기관장에게 문의하고 받은 답변은 다음과 같음.

1. 위안소 조합회는 조건에 따라 평강복리회에 합병하게 하고 몰래 그 동정을 감시해야 함.
2. 합병 교섭대상은 해군 부흥부로 하는 것을 원칙으로 함. 평강복리회 또는 오타니 씨는 교섭 대상이 아님.
3. 보조금에 관해서는 시정부 예산에서 얼마를 정해 지급하는 것이 마땅함.

각 방면의 의견을 종합하고 본국에서 심의한 뒤 참고사항 몇 가지를 보내니 귀국의 동의를 구함.

1. 해군 부흥부에서 보낸 문건 중 '공인(公認)' 및 '연락 필함' 등의 표현이 있는데, 실제로는 오타니 씨 개인의 일방적 교섭(해군 번역문)이고 해군과 열심히 통하고 있다는 점을 공문에 기입한 것임.(10월 7일, 사사이 중장이 방역위원회에서 한 발언)
2. 해군 부흥부에서 평강복리회에 기녀 단속 권한을 준 것은 치안유지를 위한 것임.
3. 시정부의 윤허를 받지 않고 윤락업소를 개업하는 건은 특수상황이나 묵인하고 서류를 결재하지 않아야 함.

상술한 문제는 수속이 아주 복잡하여 처리하기 곤란하니 임시방편을 써서 본국이 특무기관장의 의견에 따라 귀국과 연합하여 시장께 보고하여 결재를 받고 해군 부흥부의 확인을 받되 이하 조건을 달아야 할 것.

1. 본 시 관할하에 있던 위안소 조합은 평강복리회에 합병하여 통일 관리하게 함.
2. 위안소의 직원(의사 제외)은 평강복리회에서 계속해서 임용할 것.
3. 평강복리회에서 위안소를 관리하는 것은 취지가 좋으므로 성공하길 기원하나 해군 부흥부에서 엄밀하게 감독해야 원 취지에 부합할 것임.
4. 일본 해군 부흥부에 요청하여 평강복리회에서 영업주와 기녀, 남자 호객꾼 사이의 수익 배분률 및 기녀의 등급별 화대를 공시하게 할 것.
   복리회 직원, 창기, 호객꾼 등이 상하이특별시 법률을 위반했을 때 경찰국과 위생국이 연합하여 수시로 직접 단속하는 권한을 가짐.
5. 보조금 문제에 대해서는 본 시의 예산에 여유가 없어 잠정적으로 보류함.

공문 및 복리회 약칙, 신청표 등 문건을 복사하여 고지하고 검토 의견을 보충한 뒤 위생국과 경찰국 주관 부서에서 연합 보고하여 시정부의 방침을 받도록 함.

이 안에 대한 회신을 속히 처리해 주기 바람.

첨부 :

해군 부흥부 공문의 번역문 1부, 평강복리회 희망사항 번역문 1부, 평강복리회 약칙 및 통고문 각 1부, 기녀 등기표 1부, 신체검사 통고문 1부, 건강검진 증명서 1부

위안[袁] 국장을 대리해서 작성함.

1941년 10월

경찰국에 보내는 공문의 초고

(내용 생략)

위생과장이 위생국장에게 올린 간략한 보고문

국장님께 보고합니다.

10월 1일에 우방(友邦) 해군 부흥부의 9월 29일자 창기 통제에 관한 공문을 접수했는데, 평강복리회에서 창기를 통합하여 통제하는 동시에, 경찰국에서 허가했던 위안소 조합은 취소하여 평강복리회에 합병하라는 내용이었습니다. 이에 대해 10월 9일, 원문과 번역문을 갖추어 국장님의 지시를 바라는 보고를 올렸고, 이에 대해 '연락관과 상의 후 결정할 것'이라는 국장님의 지시를 받들어 연락관 및 관계기관과 각각 상의하여 10월 15일에 개최된 방역위원회 상임간사회 결의문을 20일에 받았습니다.(번역문 첨부)

또 10월 22일, 일본 특무기관에 사람을 보내 특무기관장에게 문의하고 받은 답변은 다음과 같습니다.

1. 위안소 조합회는 조건에 따라 평강복리회에 합병하게 하고 몰래 그 동정을 감시해야 함.
2. 합병 교섭대상은 해군 부흥부로 하는 것을 원칙으로 함. 평강복리회 또는 오타니 씨는 교섭 대상이 아님.
3. 보조금에 관해서는 시정부 예산에서 얼마를 정해 지급하는 것이 마땅함.

또 자베이경찰분국에 가서 샤오[蕭] 분국장과 오하시[大橋] 지도관의 의견을 구한 바 다음과 같습니다.

1. 위안소 취소와 합병은 모두 문제될 것이 없으니 정식으로 공문을 접수한 뒤에 처리하겠음.
2. 관할 방면 문제는 해군 부흥부에서 "평강복리회 또는 기녀가 조항을 위반할 때 경찰국에서 직접 단속권을 발동하지 않는다"고 발표함.

이런 사항을 취합하여 먼저 경찰국에 공문을 보내 정식으로 동의를 받은 뒤 경찰국과 연합하여 공문을 작성하고 우방 해군 부흥부에 보내 수속을 밟아 진행했습니다. 이에 경찰국에 보낸 공문과 방역위원회 상임간사회에서 보내온 공문의 원문과 번역문 및 10월 9일자 보고문 및 요약문을 올리니 살펴봐 주시기 바랍니다.

첨부:

경찰국에 보내는 공문 1부, 방역위원회 상임간사회 10월 15일자 공문 및 번역문 각 1부, 10월 9일자 보고문 1부(요약문 첨부)

우야오동[吳耀東] 올림

10월 25일

이 안건은 경찰국과 연합하여 시정부에 보고하고 방침을 받을 것. 아울러 경찰국에 공문을 보내 주관자를 명시하게 할 것.

상하이특별시 위생국 국장 위안쥐판[袁矩範]의 결재 내용: 보고한 대로 시행할 것.

1940년 10월 25일

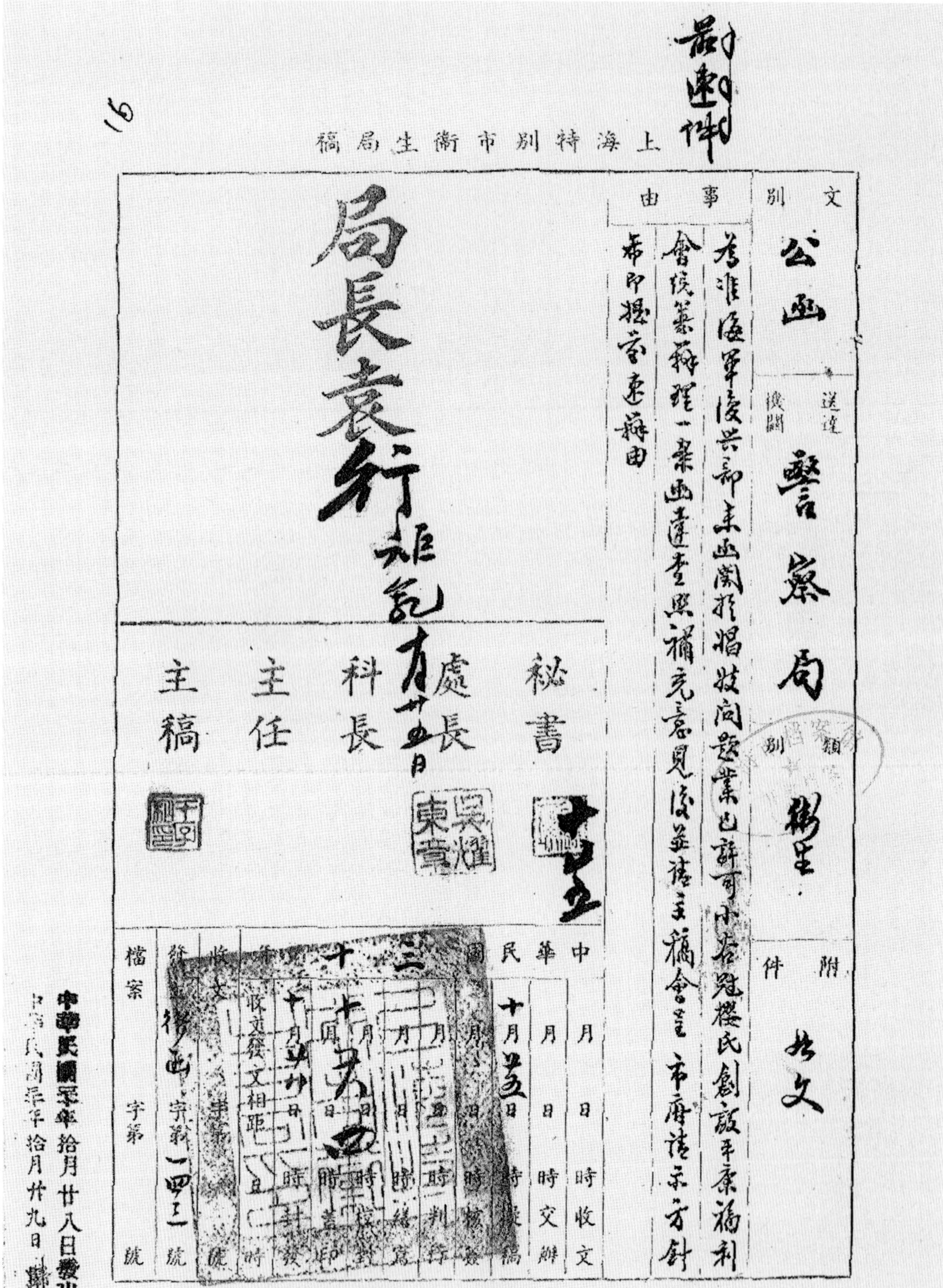
上海特別市衛生局稿
文別 公函
送達機關 警察局
類別 衛生
附件 如文
事由 為准海軍慰安部來函関於娼妓問題業已許可小石川櫻氏創設平康福利會統籌辦理一案函達查照補充意見俾並請主稿會呈市府請示方針布印擬會速辦由
局長袁
秘書
處長
科長
主任
主稿
中華民國 月 日 時收文
月 日 時交辦
十月廿五日 時擬稿
月 日 時核發
檔案 字第 號
發 衛函 字第 一四三一 號
中華民國三十三年拾月廿八日發出
中華民國三十三年拾月廿九日歸檔

公函　　字第　　號

業准綏靖部來函：據謂已許可小谷冕櫻氏創設平康福利會，統籌辦理（原函抄附），云云。並據平康福利會代表吳一新（小谷氏化名）之希望事項（譯文抄附）。又同仁會華中支部長笹井中將[illegible]對於此事之意見：

一、慰安所名稱與軍之慰安所名稱混同，恐兵士誤會，不可用。

二、查同一警備區內不得有兩個同樣組合，宜即歸併劃一辦理。

三、海軍既已許可平康福利會，並行文市府，似應尊重海軍之意見。

四、娼妓大都為華人，原屬市府本身職務，現因環境關係，先行利用福利會試辦，俾有頭緒後，再由市府接辦。

云云。紀錄在卷。嗣當派員前往特務機關，徵詢機關長，承答意見如下：

一、慰安所組合擬與條件合併於平康福利會，但應暗中監視其舉動。

二、交涉對象，應以海軍陸戰部為原則，不以平康福利會或小谷氏為對象。

三、關於補助金一節，當酌量市庫盈絀決定，可否或予撥額之多寡。

云云。各等語。綜合上開各方面之意見，經本局詳加審

核，擬具參考事項數則，徵求

貴局同意：

一、據海軍後勤部來文中之「公娼」及「聯絡完畢」等字句事實

上僅為小谷氏私人（接洽）申商所成（由海軍許可後）並未見海軍來

文或職員口頭來[illegible]係小谷氏一人之煙幕而已。然則海軍

[illegible]商通於熱心竟在公文上記入其事（十月廿日海軍中將在防衛會所述）

二、關於娼妓取締事件海軍後勤部似無[illegible]通問[illegible]（之必要而所）以詳

可平康福利會[illegible]（批許）者（標）[illegible]為着重治安問題耳。

三、在未奉政府明令[illegible]關娼之前對於此項事件宜於特殊

情形之下但可默認而不能遽予核准備案。

基於上述諸問題之手續非常複雜，處理自甚困難，並為權宜之計，本局擬照特務機關長意見，與

貴局聯銜會呈　市府核示決定，函復海軍復興部查照，並附帶條件如左：

1、本市管轄下之慰安所組合准予合併於平康福利會統制辦理以資劃一事權。

2、慰安所現有職員（醫師除外）應由福利會接受繼續任用。

3、該項統制辦法宗旨固佳，本局甚為贊成，但須請復興部嚴密監督以符許可之原意。

六、請優先飭令福利會計劃規定營業主妓女拉客業者之間支配利潤率並劃分妓女等級徵費以示公允。（本條刪除）

四、福利會員役及娼妓或招客等倘有違反上海特別市現行法律時警察局衛生局均得保持隨時直接取締之權。

五、關於補助金問題現因市庫不裕暫緩補助。

相應抄同原該來文及福利會簡章書表等件函達查照並請補充意見以便主稿會呈市政府請示決定方針再以案送准後並請

提前速辦。為荷！

此致

警察局

附抄送　海軍慰安部原函譯文一件，平康福利會布告譯文一件，
平康福利會簡章及謹告各一份，妓女登記表一份，
檢身通告一份，健康驗診斷書一份。

代理局長袁〇〇

中華民國三十年十月　日

監印　監印 吳

校對　校對 趙

繕寫

致警察局公函稿

案准貴上海友邦海軍警備區近年以來野妓活動出沒無常性病蔓延致市民健康及治安諸端早已感受問題因此去年曾

貴局核准閘北慰安所組合統制及檢驗或因情形特殊辦理未能切實現准日本海軍武官府上海後與部來函據稱謂已許可小谷冠櫻氏創設平康福利會統籌辦理（原函抄附）云云並據平康福利會代表吳一新（小谷氏化名）之布置事項（譯文抄附）又同仁會華中支部長笹井中將閣下注意各点

一、慰安所名称與軍之慰安所名称混同恐兵士誤會不可用

六、在同一警備區内不得有兩個同樣組合宜即歸併劃一辦理

三、海軍既已許可平康福利會並行文市府似應尊重海軍之意見

四、娼妓大都為華人原係市府本身警務現因環境關係先行利用福利會試辦得有頭緒後再由市府接辦云云

紀錄至卷爾又前往特務機關叩詢機關長承答

意見如下

一、慰安所組合按照條件合併於平康福利會但應暗中監視其舉動

二、交涉對象應以海軍俱樂部為原則不以平康福利會或小谷氏為對象

三、關於補助金一節當酌量市庫盈絀決定可否或予數額之多寡云云

各等語綜合上開各方面意見經本局詳加審核擬具參考事項數則徵求

貴局同意

一、據海軍後兵部來文中之「公認」及「聯絡完畢」等字句事實上僅爲小谷氏私人片面交涉（由海軍許可的）並未見海軍來文或派員前來交涉是爲小谷氏一人之烟幕而已然則海軍方面過於熱心竟在公文上記入其事（十月七日由井中將在防委会所述）

二、關於娼妓取締事件海軍後兵部似無權過問查其所以許可平康福利会之目的無非爲着重治安問題耳

三、在未來政府明令規定開娼之前對於此項事件處於特殊情形之下但可默認而不能遽予核准備案

基於上述諸問題手續非常複雜處理自感困難茲爲

權宜之計本局擬照督察處處長之意見與
貴局聯銜函復海軍後興部並附帶條件如左
1、本市管轄下之慰安所組合准予合併於平康福利會
統制辦理以資劃一事權
2、慰安所現有職員（醫師除外）應由福利會接受繼
續任用
3、該項統制辦法宗旨極佳本局甚為贊成惟須請
後興部嚴密監督以符許可之原意
4、請後興部令飭福利會計劃規定營業主妓女拉客
業者之間支配利潤率並劃分妓女等級徵費以示公允

八、福利會員役及娼妓或押客等倘有違反上海特別
市現定暨行法律時警察局得保持隨時直
接取締之權
九、關於補助金問題現因市庫不裕暫緩補助相應抄
同各該來文函達
查照並請補充意見示復 以主稿人會呈
市政府請示決定方針再將此案先送催復並請 提前速複
以賜示復以便公函為荷 此致
警察局
計抄送 復興部原函譯文一件
平康福利會布告譯文一件 又檢送 平康福利會簡章及通告各一份
又妓女登記表一份
又檢身通告一份
又供應聽許證各一份
代理局長 袁〇〇
可 組乳 十一廿六

謹簽呈者案查十月一日接准友邦海軍復興部九月二十九日函
關於娼妓統制事宜已由該部許可之平康福利會統籌
辦理同時請將警察局核准之慰安所組合取消歸併平
康福利會一案業於十月九日檢同各該原譯文並擬具辦法
簽請
鑒核奉　批：「與聯絡官商討後再決定」。等因各在案
遵經與聯絡官及關係各方面分別進行商討中復於本月二
十日接准上海防疫委員會常任幹事會十月十五日函（詳呈譯
文）又於同月二十二日前往特務機關徵求機關長意見比承答
謂：「一、慰安所組合按照條件合流於平康福利會但應暗中

監視其舉動　二、交涉對象應以海軍復興部為原則不以平
康福利會或小谷氏為對象　三、關於補助金一節當酌量市庫
盈絀決定可否或予數額之多寡」云云　旋又赴閘北警察分局
徵詢蕭分局長及大橋指導官之意見僉謂：「一、慰安所
之合流與取消均不成問題俟正式公文到達後辦理　二、關
於管轄方面應與海軍復興部聲明假如該會或妓女等
違反警律時保留警局直接取締權」云云　各等語據本件擬
請先函警察局徵得正式同意後即與警局聯銜函復友邦
海軍復興部以符手續而便進行茲將擬致警局函稿及檢
同防疫委員會常任幹事會來函原譯文並十月九日簽呈暨

全案附件一併呈請

鑒核示遵謹呈

局長袁

附呈 致警察局函稿一件、防疫委員會常任幹事會十月十五日

来函及辭文各一件、十月九日簽呈一件（並全案附件）

職 吳耀東 謹簽 十月二十五日

此案應與警察局會呈

市政府請示方針並非我

警察局公函內叙明請其

主稿

此類[illegible][illegible]有廿四[illegible]

[문서 11]

상하이특별시 위생국장과 경찰국장이 상하이특별시 시정부에 보낸 공문 제6030호(1941.11.26)

상하이특별시 위생국장과 경찰국장이 상하이특별시 시정부에 보낸 공문 제6030호(1941년 11월 26일)

사유: 일본 해군 부흥부에서 공문을 보내 오타니 가이에이[小谷冠櫻] 씨가 조직한 평강복리회(平康福利會)가 홍커우[虹口] 자베이[閘北] 일대의 창기를 통합 관리한다고 했으므로 해당 통고문과 평강복리회 약칙 등을 베껴 첨부하여 위생국과 경찰국에서 보고하오니 결재를 바랍니다.

상하이특별시 경찰국 홍커우 자베이분국의 보고문

상하이특별시 천[陳] 시장께 보고합니다.

상하이 홍커우 평강복리회가 일본 해군의 허가를 받아 1941년 9월 15일에 설립되었는데, 중국인 거주 지역 및 공공조계, 홍커우, 양수푸 포함 쑤저우하[蘇州河] 이북 지역의 각급 기원(妓院) 전체를 관리하면서 기녀의 신체검사 등을 책임지고 처리한다고 합니다. 평강복리회 사무소는 츄쟝로[虯江路] 679호에 두었고, 특별회장은 우이신(吳一新, 오타니 가이에이[小谷冠櫻][49]의 중국 이름), 고문은 장창성[張長生]입니다. 원래 있던 위안소 조합은 업무를 하지 못합니다. 본 분국에서 오하시[大橋] 연락전원(連絡專員)에게 보고한 뒤 평강복리회를 주재하고 있는 인물을 조사한 결과 해당 인물은 상하이사상문화연구소 소장 오타니 가이에

49) 재상하이 일본 민간인으로 당시 상하이사상문화연구소 소장으로 있으면서 1940년, 상하이청년단본부 발간 청년총서 제5호 『중국의 비밀결사 청방, 홍방에 대하여[支那の秘密結社 青幫, 紅幫に就て]』를 저술한 인물임(중화청년단은 1939년 일본이 조직한 중국 청년(15~25세)단체로 1942년 왕정위 정부의 '중국청년단'으로 대체되었음).

이로 어우양로[歐陽路]와 스다로[四達路] 교차 지점에 거주하고 있고 일본 해군 조계부대(租界部隊)의 허가를 받은 것이 확실합니다. 본 분국에서 오하시 연락전원에게 다시 부탁하여 일본 해군 조계부대에 가서 알아보게 한 결과, 원래 있던 위안소 조합은 9월 말에 폐지하고 평강복리회에 업무를 합병한다고 합니다. 이에 보고하니 살펴봐 주시기 바랍니다.

첨부: 평강복리회 개설 통고문과 기녀 등록표 등

위 보고에 따라 경찰국에서 확인한 결과 일본 해군 무관부 상하이부흥부[武官府上海復興部]에서 오타니 가이에이에게 상하이 홍커우 자베이 일대에 평강복리회를 세우게 하여 중국인과 제3국인 기녀를 통제하는 기관으로 허가했음을 확인했습니다.(자베이분국의 보고문을 베껴 첨부함)

위생국에서도 해군 부흥부에 확인하여 평강복리회 개설 통고문, 평강복리회의 희망사항(중국어 번역문 첨부) 및 해당 희망사항에 대한 동인회(同仁會)[50] 화중(華中)지부장 사사이[笹井] 중장(中將)의 의견을 받았습니다.

사사이 중장의 의견은

1. 위안소 명칭과 일본군의 위안소 명칭이 혼동되어 사병이 오해할 수 있으므로 사용할 수 없음.
2. 동일 경비구 내에 두 개의 위안소 조합을 둘 수 없으므로 합병하여 한 곳에서 획일 관리해야 함.
3. 이미 해군이 평강복리회를 허가하여 시정부에 공문을 보냈으므로 해군의 의견을 존중해야 할 것임.
4. 기녀의 대부분이 중국인이므로 그 관리는 원래 상하이시 정부에 속하는 직무이나 현재 형편상 먼저 복리회를 이용해서 시험 삼아 관리해 보고 실마리가 잡힌 뒤에 상하이시정부에서 맡도록 해야 함.

등등이었습니다.

50) 일본동인회는 1902년에 설립된 보건의료기구로서 설립 초기부터 중국에 진출했는데 1937년 중일전쟁 이후 일본군에서 위탁 관리했음.

위생국에서 다시 일본 특무기관장에게 위생국 직원을 파견하여 문의한 결과 받은 답변은 다음과 같습니다.

1. 위안소 조합은 조건을 맞추어 평강복리회에 합병하되 비밀리에 그 거동을 감시해야 함.
2. 위생국의 교섭 대상은 오타니 가이에이 또는 평강복리회가 아닌 해군 부흥부로 할 것을 원칙으로 함.
3. 보조금 관련 사항은 시정부 예산 상황을 봐서 금액을 결정하여 지급하는 것이 마땅함.

등이었습니다.

지역 창기를 조사하는 것은 행정 감찰의 주요 관리 범위에 속하는데 규정상 특수영업군 공공오락장소에 해당합니다. 상하이특별시 시정부에 사창 개업허가에 관한 명확한 규정이 없어 위생국에서 맡아 허가해 주지 못하고 있습니다. 위 평강복리회가 일본 해군 당국의 허가를 받았지만, 시정부의 행정주권을 어떻게 발동하여 해당 평강복리회를 허가할 수 있을지 아직 판단하지 못하고 있습니다.

이에 경찰국과 위생국에서 해군 부흥부의 통고문의 중국어 번역문과 평강복리회의 약칙 등을 베껴 첨부하여 보고하오니 살펴봐 주시기 바랍니다.

경찰국에서 초안하고 위생국과 합하여 보고합니다.

일본 해군 부흥부 평강복리회 설립 허가문건 원본의 중국어 번역문 1부

상하이 홍커우 평강복리회 희망사항 중국어 번역문 1부

기녀 등록표, 기녀 신체검사 통고문 각 1부

의사 검진 기록, 평강복리회 약칙, 통고문, 고지문 신청서 각 1부

상하이특별시 위생국 국장 위안쥐판[袁矩範][51]

상하이특별시 경찰국 국장 루잉[盧英]

1941년 11월 26일

상하이특별시 위생국과 경찰국 (직인)

---

51) 위안쥐판은 1941년 3월, 상하이특별시 위생국이 신설되면서 위생과 과장에서 국장으로 승진함.

위생국과 경찰국 보고에 대한 참사실 메모

자베이분국의 보고에 근거하여, 해군 부흥부에서 홍커우, 자베이 일대의 창기를 오타니 가이에이 씨가 조직한 평강복리회에서 통합 관리할 것을 허가한 문건과 중국어 번역문 사본 및 약칙 등 서류를 갖추어 위생국과 경찰국 양국에서 보고한 안건에 대해 검토하라는 명을 받음.

창기 검진은 원래 위생국과 경찰국의 직무였으므로 위생국과 경찰국에서 직접 맡아서 처리해야 하겠지만, 적용 규정이 없는 현실 조건과 환경상 어려운 데다, 일본 해군 무관부 상하이부흥부 부장과 면담한 결과, 기녀 질병 검진에 대한 실제적 필요성이 있어 평강복리회가 책임지고 그 직무를 처리하기를 희망하고 있고, 위생국에서 일본 해군의 의견을 존중하자고 주장하고 있으므로 우선 평강복리회에서 시험적으로 검진하도록 허락하고 장래 기회를 보아서 시정부 위생국과 경찰국에서 그 직무를 접수하도록 해도 괜찮을 듯함. 시험기간에 해군 부흥부에서 평강복리회를 감독하겠지만, 위생국과 경찰국에서도 지휘 감독하여 시정부의 주권을 유지하고 정령에 부합하도록 해야 할 것임.

원문 첨부

참사실

일본 해군 부흥부 평강복리회 설립허가 문건 중국어 번역문

번역문

일본 해군 부흥부 제48호

1941년 9월 29일

해군 무관부 상하이부흥부

상하이특별시정부 경찰국과 상하이특별시정부 위생국 귀중

상하이 홍커우 평강복리회 설립허가 관련 통지

본 부흥부에서 성병 예방과 치안사고 방지를 위해 상하이 해군경비구역 내에 위에 언급한 단체의 설립을 허가하여 중국인 및 제3국인의 사창(私娼)을 통제하는 기관으로 등기하여 치안과 방역에 빈틈이 없게 할 것임.

현재 상하이시정부 관할하에 있는 위안소 조합도 같은 목적을 가진 조직이므로 이번에 허가를 취소하여 평강복리회에 흡수 병합되는 것이 마땅함.

이 내용대로 시정부 관련 기관에서 숙지시켜 주면 감사하겠음.

부기 : 본 문건은 방역위원회의 공인을 받았고 상하이시정부 위생국 사무담당자와 연락을 마쳤음.

1. 명칭 : 상하이 홍커우 평강복리회
2. 책임자 : 오타니 가이에이[小谷冠櫻], 장창성[張長生]
3. 사무개시일자 : 1941년 10월 1일
4. 감독기관 : 당분간 해군 부흥부에서 직접 감독
5. 구체적인 본회 운영방법은 별건 서면으로 통지 예정

번역문

상하이 홍커우 평강복리회 희망사항

1. 본회를 사창 통제 공인단체로 해서 내리는 지시를 받을 것임.
2. 위안소 조합회는 보건 방면의 시설을 갖추지 않고 있을 뿐 아니라 허가를 받은 경위도 비합법적이라 해체되어야 함. 조계 헌병대가 허가한 윤락업소도 마찬가지로 처리되어야 함.
3. 본회 경상수입 예산은 중국 돈 1만 5천 위안[元]이나 실수입은 중국 돈 약 1만 위안임.

사창(私娼) 기녀 1천 명 중 3분의 1을 치료를 요하는 자로 가정할 때 매달 일본 돈 4천 5백 엔(1인당 1회 일본 돈 50전)어치의 약품, 의료인 인건비 일본 돈 2천 엔, 사무경비 일본 돈 약 1천 엔. 합계 매달 일본 돈 7천 5백 엔, 즉 중국 법정화폐 약 2만 위안이 필요함. 이와 별도로 본회 운영에 필요한 인건비와 사무경비는 법정화폐 7천 위안이므로 실수입에 비해 1만 7천 위안이 부족함. 부족분은 보조금을 얻으면 다행이고 얻지 못하면 본회의 운용으로 이윤을 얻는 큰 회사들에 기부금을 요구할 것임. 이에 허가를 요청함.

4. 본회 창립비용 예산은 중국 돈 7천 5백 위안이었으나, 실제 설비비 · 인건비 등의 지출에 중국 돈 1만 2천 위안의 부족분이 발생했으므로 창립 준비를 위해 보조해 줄 것을 요청함.

   액수는 의료기계와 약품대금 일본 돈 4천 엔 정도임.

이상

상하이 홍커우 평강복리회

대표 우이신[吳一新]

상하이 홍커우 평강복리회 기녀 등록표

사진 5장

1. 성명 예명
2. 본적 출신지
3. 연령
4. 교육정도 (즐겨 보는 책 종류)
5. 특징 유무
6. 가정상황(가족수) 부, 모, 남편, 형제자매, 자녀, 시부모
   (경제) 동산 약간 부동산 약간
7. 경력
8. 특기 유무 취미

9. 업소명

10. 기원 주인 성명　　　　　　　　본적　　　　　　연령

11. 기원 취직(강제, 자원)

12. 영업허가번호　　　　　　　　허가증 발급일자　　　년　　월　　일

비고

기녀(서명, 지장 날인)　　　　　　기원주인(서명, 지장 날인)

등록일　　　　년　　월　　일　　　　　　　　　등록원(날인)

회장(날인)　　　　　　　　　　고문(날인)

평강복리회 약칙

1. 본회는 대일본 해군 부흥부의 허가를 받아 자베이, 홍커우 양수푸 지구 내의 중국 국적 및 불특정 국적 기녀와 가녀(歌女)를 모두 통제하고 관리하는 책임을 진다.
2. 모든 기원과 가녀업자(歌女業者)는 가입비 중국 돈 50위안을 내고 본회가 발급하는 영업 허가증을 발부받아 공개 영업할 수 있다.
3. 본회는 기녀와 가녀 1인당 매월 출연금 중국 돈 15위안을 징수하되 업주와 절반씩 즉 7.5위안씩 나누어 부담하도록 한다.
4. 기녀와 가녀는 매달 세 차례 이상 건강검진을 받아야 한다.
5. 성병에 심하게 감염된 기녀와 가녀는 본회에서 강제로 조업을 중지시킨다.
6. 한 달 이내에 치료 가능한 성병은 진찰비와 약값을 본회가 모두 부담한다. 치료기간이 한 달이 넘으면 약품비 실비를 징수한다.
7. 임신 5개월 이상 된 기녀와 가녀는 월 출연금을 받지 않는다.
8. 임신한 기녀와 가녀에게 출산 전 1개월 및 출산 후 1개월까지 본회에서 매달 중국 돈 30위안을 지급한다. 본회의 의원에 다니기를 원하면 무료로 수용하여 간호한다.
9. 기녀와 가녀가 다른 직업을 찾을 경우 본회에서 무료로 음악과 무용을 가르치고, 기타

직업교육을 실시한다.

10. 본회의 허가를 받지 않은 기원업주 및 가녀업자는 모두 고발하여 엄하게 처벌받게 한다.

본회에서는 1) 평강복리의원, 2) 부인 살림교육, 3) 부인 직업학교를 부설 사업으로 둔다.

영업허가신청서

[앞면]

평강복리회 가입 신청서 등자(登字) 제 호

영업허가증을 발급받기 위해 점포를 갖추고 가입비 중국 돈 50위안을 내고 상하이 홍커우 평강복리회 가입을 신청합니다.

기원 주인 신청인

주소

상호

중화민국 년 월 일

[뒷면]

상하이 홍커우 평강복리회에서 허가함 등자(登字) 제 호

기원 원주 신청인

사유

중화민국 년 월 일

기녀 신체검사 통고

문자(文字) 제5호

통고함. 본회에서 이미 기녀 신체검사 사항에 관한 준비를 마쳤으니, 각 기원의 모든 기녀는 본회에 와서 신체검사에 응해야 함. 귀 기원의 기녀는 월 일 몇 시에 본회 로비에 와서 대기할 것. 검사를 소홀히 여겨 위반하면 처벌받게 됨.

위와 같이 통고함.

로 리 호 기원

상하이 홍커우 평강복리회

중화민국 년 월 일

평강복리회 통고

문자(文字) 제 호

통고함. 본회에서 매독을 근절하여 일본군과 중국 사람의 건강을 보장하기 위해 대일본 해군의 허가를 받아 본회를 설립하고 9월 15일부터 업무를 보기 시작함. 이후 쑤저우하[蘇州河] 이북(중국인 거주 지역 및 공공조계 포함) 지역의 각급 기원(妓院) 전체를 관리하고 기녀 검진에 대해 본회가 책임지고 실시함. 기원은 영업허가증을, 기녀는 등록표를 수령해야 함. 통고일로부터 9월 말까지 소속된 모든 기원에서 본회를 방문하여 영업허가를 신청하기 바람. 위반하는 자는 엄한 처벌을 피할 수 없음. 모르는 사람이 없기 바람. 이에 특별히 통고함.

본회 사무소: 츄장로[虯江路] 679호

전화 (02) 4991번

특별회장 우이신[吳一新]

고 문 장창성[張長生]

1941년 9월 15일

고지문

홍커우, 양수푸, 자베이 구역의 중국인 및 외국인 사창의 성병 예방을 위해 10월 1일부터 모든 사창부(私娼婦)에 대해 엄중한 신체검사를 시작하니 감염이 두려운 자에게는 건강증명서를 교부 휴대하게 하여 손님이 요구할 때 보여주어야 합니다. 손님 각자에게도 본 취지에 협력해 주기를 희망합니다. 본회의 신체검사를 받지 않은 채 사창 행위를 하는 것을 발견하면 신체검사를 받아야 한다고 즉각 알려주기 바랍니다.

1941년 10월

해군 허가 상하이 홍커우 평강복리회

전화 (02) 3146번

상하이 홍커우 평강복리회 건강검진증명서

해군 부흥부 허가

상하이 홍커우 평강복리회 총부

상하이특별시 시정부 공문

사유: 홍커우 일대에서 조직한 평강복리회(平康福利會)가 우선 시험운영하는 것을 허락하며, 계속해서 시정부 감독을 받게 할 것을 지령함.

시장 결재
공문 종류: 지령
송달 기관: 경찰국, 위생국

지령 호시자(滬市字) 제16448호

경찰국과 위생국에 영을 내림

경찰국과 위생국에서 올린 홍커우, 자베이 일대 창기를 오타니 가이에이[小谷冠櫻] 씨가 조직한 평강복리회에서 관리하는 안건 보고에 대해 함께 올린 공문과 번역문 내용을 모두 이해하였음.

창기의 신체검진은 원래 위생국과 경찰국의 직무였으나 현실 조건과 환경상 어려운 데다 일본 해군 무관부 상하이부흥부 부장과 면담한 결과, 실제적 필요성이 있어 해당 회가 책임지고 처리하기를 희망하고 있고, 일본 해군의 의견을 존중하는 측면에서 해당 평강복리회에서 우선 시험적으로 검진하도록 허락하고, 시험기간에 해군 부흥부에서 평강복리회를 감독하겠지만, 위생국과 경찰국에서도 지휘 감독하여 시정부의 주권을 유지하고 정령에 부합하도록 할 것을 지령함. 첨부 문건은 보존할 것.

1941년 11월
상하이특별시 시장 천공버[陳公博] (직인)

上海特別市衛生警察局會呈市政府

事由	擬辦	批示	備考
據閘北分局呈報並准海軍復興部函以虹口閘北一帶娼妓由小谷冠櫻氏組織平康福利會統籌辦理一案抄附原文及簡章等件會銜呈請核示由			00007
附件			

呈 字第 號

中華民國 年 十二月廿六日 時到

收文 府字第14200號

案據職警察局閘北分局呈稱：

「竊有上海虹口平康福利會者，遍發通告，謂經已奉日本海軍許可特准，於九月十五日成立，嗣後凡屬蘇州河以北包括華界及公共租界虹口揚樹浦，所有各級妓院之管理，以及妓女身體之檢驗等事項，概由該會負責辦理，辦事所設在乩江路六七九號，特別會長吳一新（即小谷冠櫻之化名）顧問張長生，阻止原有慰安所組合會工作，當報告大橋連絡專員後，調查得該平康福利會主持人，為上海思想文化研究所所長小谷冠櫻，住歐陽路四達路角，確經日本海軍租界部隊許可，又由大橋連絡專員，前往海軍租界部隊折衝結果，原有慰安所組合會，准於本年九月底結束，合併與平康福利會工作，報請鑒核。」

等情；附平康福利會通告妓女登記表等件，據此，正核辦間，復准海軍武官府上海復興部，函謂已許可小谷兔嬰氏，在上海虹口閘北一帶，創設平康福利會，爲統制華人及第三國人娼妓之統制機關（原函抄附）職衛生局接准復興部，函同前由，並據平康福利會，所具希望事項（譯文抄附）暨同仁會華中支部長世井中將，對此事之意見：

一、慰安所名稱與軍之慰安所名稱混同，恐兵士誤會不可用。

二、在同一警備區內不得有兩個同樣組合，宜即歸併劃一辦理。

三、海軍既已許可平康福利會，並行文市府，似應尊重海軍之意見。

四、娼妓大都爲華人，原屬市府本身職務，現因環境關係，先行利用福利會試辦，得有頭緒後，再由市府接辦。

云云。復經職衛生局派員徵詢特務機關長，承答意見如下：

一、慰安所組合，按照條件合流於平康福利會，但應暗中監視其舉動。

二、交涉對象應以海軍復興部為原則，不以平康福利會或小谷氏為對象。

三、關於補助金一節，當酌量市庫盈絀決定可否或予數額之多寡。

云云。查地方娼妓，係屬行政警察主管範圍，爰經規定為特種營業，公共娛樂場所之一種，因未奉政府明令准許開娼，職局等，尚未釐訂專則辦理，該平康福利會，雖經海軍當局許可，究屬涉關行政主權，至應如何辦理之處，未敢擅專，理合抄附譯文並連同簡章書表等件，會銜呈報，仰祈鑒核示遵，再者本案係職警察局主稿，合併陳明。二

謹呈。

市長陳

計抄呈海軍復興部原函譯文，平康福利會希望譯文各一件

妓女登記表，妓女檢身通告各一份

醫師檢身記錄，平康福利簡章
通告申請書各一份

上海特別市衛生局局長袁矩範

上海特別市警察局局長盧英

中華民國三十年十一月二十六日

監印孫春建
校對[illegible]

簽呈

關於衛生警察兩局呈報、據閘北分局呈報、並准海軍復興部函、以虹口閘北一帶娼妓、由小谷冠櫻氏組織平康福利會、統籌辦理一案、抄附譯文及簡章等件、會銜呈請核示一案、奉

發交核議等因、遵查檢驗娼妓、本屬衛生警察二局主管職務、應由二局直接辦理、惟因事實及環境關係、又因與海軍復興部長面商結果、亦以根據事實需要、希望由該會負責進行、科發主張、尊重海軍意見、准由該會先行試辦、將來俟機再行接收、尚無不合、不過在試辦期間、該會除由海軍復興部監督外、仍須受衛生警察二局之指揮監督、以維主權、而符政令、當否仍乞

鈞裁

附繳原件

參事室　十二、十三、

譯文

海軍復興部第四八號

昭和十六年（民國三十年）九月二十九日

海軍武官府上海復興部

上海特別市政府警察局

上海特別市政府衛生局

台照

上海虹口平康福利會設立許可所關件通知

現由本部因對於花柳病預防並防止治安事故起見在上海海軍警備區域內許可設立右記之團體藉以統制華人及第三國人私娼之統制機關以期治安防疫兩無遺漏然鑑貴管下之

慰安所組合亦屬同一目的在此時似應取消而流於福利會為至
當是以敢請查照並令知各管下諸機關為荷

附註本件已得防疫委員會之公認並與貴衛生局事務
担當者連絡完畢

記

一、名稱　上海虹口平康福利會

二、責任者　小谷冠櫻　張長生

三、事務開始日期　昭和十六年十月一日

四、監督機関　暫時由本部直接監督

五、關於本會運用具體的方法當以書面另行通知

譯文

以上海虹口平康福利會希望條項

一、以本會爲私娼統制之公認團體受指示

二、慰安所組合會對係健並無施設且許可制屬於不合法請取消租界憲兵隊許可之嚮導社亦然

三、本會經常費收入雖預算一萬五千元然而實收約計一萬元而已

預定私娼一千名中三成爲要治療者則每月需日金四千五百円（每名每次以五角日金）之藥品費而醫療人事費約日金二千円事務費約一千円合計日金七千五百円以法幣計需約二萬円

本會運用上之人件費事務費約法幣七千元與實收之差不足

爲一萬七千元不足額若得補助金則幸矣若不可能將由本會之運用間接得利之重要大會社（公司）求其寄附金（捐款）請准許其事

四、本會創立費預算七千五百元而實際上設備費人事費等開支已生出不足額一萬二千元對於創立準備敢請補助額數醫療器械藥品費約日金四千円之程度

以上

上海虹口平康福利會

代表吳一新

、登字第　　號

上海虹口平康福利會妓女登記表

1	姓　名	花　名	像片粘貼
2	籍　貫	出身地	像片五張
3	年　歲		
4	教育程度	(愛看何種書籍)	
5	有無特徵		
6	家庭狀況(人口) 父母 夫兄 弟姊 妹子 女公 婆	(經濟)動產若干	
		不動產若干	
7	經　歷		
8	有無特長	有何嗜好	
9	在何處操業		
10	妓院主人姓名	籍貫　年歲	
11	在該妓院操業係被迫或自願		
12	執照號碼	發照日期　年　月　日	

備考	

妓女(簽字捺手印)　　院主(簽字捺手印)

登記日期　年　月　日　　登記員(蓋章)

會長蓋印　　顧問蓋印

上海虹口平康福利會簡章

一、本會經　大日本海軍復興部許可所有閘北虹口楊樹浦地區內之中國籍及國籍不明之娼妓及歌女均由本會負責統制及管理之

二、凡妓院及歌女業者入本會須一次繳納華幣伍拾元由本會發給會照壹枚准許公開營業

三、本會對妓女及歌女每名每月徵收花捐華幣拾伍元其繳捐辦法卽業主與妓女歌女各員其半換言之業主方面七元五角妓女歌女方面七元五角

四、妓女及歌女每月須經本會三次以上之健康診斷

五、凡花柳病傳染過深之妓女及歌女本會得勒令中止操業

六、凡一月以內能治癒之花柳病其醫藥費用完全由本會負担如逾一月者本會按照藥品實價徵收費用

七、凡妊娠之妓女及歌女逾五越月者本會卽停止收捐

八、凡妊娠之妓女及歌女在產前一個月及產後一個期間內由本會津貼每月華幣叁拾元其願就本會醫院者准免費收容看護之

九、凡妓女歌女擬轉他業者本會可免費授以音樂舞踏或其他職業教育

十、未經本會許可之妓院及歌女業私自營業者一經檢舉定當從嚴懲罰

本會附設之社會業務

一、平康福利醫院
二、婦人家務教育
三、婦人職業學校

000015

領取會照申請書　登字第　號

茲擬領收
鈞會會照壹枚謹備具舖保及照費
華幣伍拾元整一併呈請
鑒核謹呈
上海虹口平康福利會

申請妓院院主
地址
舖保商號

中華民國　年　月　日

上海虹口平康福利會批示　登字第　號

申請妓院院主

事由

中華民國　年　月　日批

妓女檢身通告

「文字第五號」

爲通告事關於妓女身體檢驗事項本會業已辦理就竣凡
所有各妓院之妓女等均着來會候驗茲着該妓院內所有
妓女於　月　日　午　時來會聽候檢驗毋得
玩忽如達違者當處相當懲罰切々右佈告

路　里　號妓院

上海虹口平康福利會

中華民國　年　月　日

上海虹口平康福利會通告 文字第　　號

爲通告事照得本會爲根除梅毒保障日支軍民健康起見經呈奉
大日本海軍許可特准設立業於九月十五日起開始視事嗣後凡屬蘇州河以北（包括華界
及公共租界）所有各級妓院之管理以及妓女身體之檢驗等事項概由本會負責辦理茲附
發領取會照申請書一紙及妓女登記表自通告日起凡所屬妓院限九月底前均須來會申請
領照如有觀望不前者逾限卽從嚴處罰絕不寬容恐未週知特此通告

本會辦事所 虹江路六七九號

電話（〇二）四九九一號

特別會長 吳一新

顧問 張長生

中華民國三十年九月十五日

謹告

今般虹口楊樹浦閘北等地域内に於て營業せる華人及外國人私娼の花柳病豫防の爲十月一日以降全私娼婦に對し嚴重なる檢身を開始し傳染の恐なき者には健康證明書を交附携帶せしめ客の需に應じ呈示せしむる事になりました從つて遊客各位に於かれても本趣旨に御協力下され度く希望します又本會の檢身を受けず私娼行爲をなす者發見の際はその旨直ちに御一報下さい

昭和十六年十月

海軍許可　上海虹口平康福利會

電話（〇二）三一四六番

査本會爲豫防虹口楊樹浦閘北區域華人妓女之花柳病傳染起見茲定本年十月一日起所有各該區域内妓女均須維本會嚴密檢驗身體並由本會簽發健康證明書隨身携帶狎客可隨時予以索閲再者本會極希狎客協助如發現有秘密賣淫無本會健康證明書者亦請隨時檢舉爲盼

000019

上海虹口平康福利會
健康驗診證明書

海軍復興部許可

上海虹口平康福利會總部

000020

次要 速

上海特別市政府稿

文別	指令
送達機關	衛生局
事由	呈報虹口一帶組織軍康福利會一案准先試辦仍受該兩局之指揮監督仰知照由
類別	
附件	

市長

秘書長

秘書	科長	主任	科員	辦事員

中華民國 卅 年

收文	交辦	擬稿	核簽	判行	繕寫	校對	蓋印	封發
月 日 時	月 日 時	十二月十八日 時	月 日 時	月 日 時	月 日 時	月 日 時	月 日 時	月 日 時

收文 字第一四二〇〇號

發 滬市 字第 號

檔案 字第 號

16448

指令

滬市 字第16448號

令衛生警察局

會呈一件為報虹口閘北一帶娼妓由小谷冠櫻氏組織平康福利會抄附譯件會請核示由

會呈及附件均悉 查檢驗娼妓 原屬該兩局主管職務 擬稱與事實及環境關係 已與海軍復興部長面商結果 而以根據事實需要 希望由該會負責進行等語 茲為尊重海軍意見起見 准由該平康福利會先行試辦 惟該會在試辦期間 除由海軍復興部監督

外　仍須受該兩區之指揮監督　以維主權

而符政令　仰即知照　此令　附件存

中華民國三十年十二月 日

市長陳

監印羅衍理

校對蔣 寶

[문서 12]

일본군 전용 조선인 요리점 개설에 관한 건(1941.10.20)

수국경수한특비(綏国警綏寒特秘) 제890호

1941년(캉더8) 10월 20일

발신 : 쑤이양[綏陽] 국경경찰대 한충허[寒葱河] 대장

수신 : 쑤이양 국경경찰대 쑤이펀허[綏芬河] 대장

일본군 전용 조선인 요리점 개설에 관한 건

제목의 건에 관하여 난톈먼[南天門] 대장의 보고에 따르면, 이번에 난톈먼에서 일본군 전용의 조선인 요리점을 개설할 예정인 바 참고로 보고한다.

기(記)

1. 개설일시
   현재로서는 불명확하나 가까운 시일 내 예정.
2. 경영자
   현재로서는 불명확함.
3. 가옥
   군(軍) 농경 이민단 숙소로 건설된 가옥 25동 가운데 2동을 빌릴 예정.
4. 작부의 인원
   일본군에서 일본군 대륙 파견부대 전용 위안부로 조선에서 모집한 조선인 여성 2천명 가운데 약 10명이 난톈먼으로 옴.
5. 감독기관
   난톈먼에 주둔하는 하나다[花田]부대.

6. 경영방침

하사관과 병사는 유흥시간 30분, 장교는 1시간. 그리고 유흥비에 대해서는 현재로서는 불명.

7. 영업시간

오후 12시까지.

綏國警綏寒特秘第八九〇號

康德八年十月二十日

綏陽國境警察隊寒葱河隊長

綏陽國境警察隊綏芬河隊長殿

日軍專用鮮人料理店開設ニ關スル件

首題ノ件ニ關シ南天門隊長ノ報告ニ依ルト今般南天門ニ於テ日軍專用鮮人料理店開設セラルル予定ニ付參考迄ニ報告ス

記

一、開設日時

現在ノ処不明ナルモ近日ノ予定

二、經營者

現在ノ処不明

三、家屋

軍農耕移民團宿舍トシテ建築セル家屋

二五棟ノ内二棟借用ノ予定

四、酌婦ノ人員

日軍ニ於テ日本軍大陸派遣部隊專用

慰安婦トシテ朝鮮ニ募集セル鮮女二十

名ノ内ヨリ約十名カ来ル事未明

五、監督機關

南天門駐屯ノ花田部隊

六、經營方針

下士官兵ハ三十分遊興制度ヲ採リ一時間制度ヲ採ラズ人費ニ就テハ目下不明

七、營業時間

午後十二時迄

[문서 13]

군 예정 재쑤이 설립 조선인 요리점(작부) 보고의 건(1941.10.23)

1941년(캉더[52]8) 10월 23일

발신 : 경위보 한연무(韓延武)

수신 : 쑤이펀허 경찰대장 귀하

군 예정 재(在)쑤이[綏] 설립 조선인 요리점(작부) 보고의 건

1941년(캉더8) 10월 23일 오전 10시경 일본군관 소좌 외 4명과 중국어 통역 1명이 매매거리(경찰대 우측 전방)에서 빈 집을 시찰하고 민간의 빈 집 주인이 누구인지, 이전에 몇 명이 거주했는지, 어떤 장사를 하고 있었는지를 질문하였다. 민간의 답은 이전에 이곳은 조선여관이었으며, 이 집의 주인은 손이(孫李)[53]씨 라고 했다. 이후에 통역이 중국어로 설명했는데 나중에 이곳에 일본군이 조선인 요리점을 설립할 예정이라고 했다. 이 집의 북쪽은 경찰대가 현재 사용 중이어서 특별히 이를 보고한다.

번역문(중국어)[54]

52) 일본이 만주지역에 건설한 괴뢰정부의 연호.

53) 李씨 성을 가진 여자 주인으로 남편성 孫을 붙여서 사용함.

54) 위의 내용과 동일함.

康德八年十月二十三日

警尉補　韓廷武

綏芬河警察隊長殿

軍方隊定在綏設立鮮人料理店（酌婦）

報告之件

康德八年十月二十二日午前十时頃有日本軍官大佐以下四名並満人譯訳一名於貫貴街（警察隊右前方）之空房視察尋問民衆空房之主人為誰並以前何人居住及作何事業同時民衆回答以前是朝鮮旅館此房之主人為孫李氏役由譯

綏陽國境警察隊綏芬河隊

訊之口中誤出將來軍方面予定於此設立鮮人

料理店因此房之北端為警察隊現在使用中特

此報告之

譯文

軍方ヨリ擬定セル設立ノ鮮人料理屋ニ關スル件

首題ノ件ニ關シ康德八年十月五日午前十時頃日本軍某少佐江下四名ナル通譯ヲ連レ勤興警察隊前ニ來テ同隊ノ警察隊外勤指導官ニ空屋ヲ視察シ度キ旨ヲ要求シ警部長ヨリ此ノ家ハ孫李氏ノ所有人デアルト答ヘタルト此ノ家ハ前ニ何ヲシテ居タカト聞キシ前ニ某鮮人ガ旅館營業ヲシテ居タ事ヲ答ヘタルト該少佐ハ其建物ヲ從通譯江下ノ語ニ依レバ穆東軍ノ方デ鮮人料理屋ヲ設立スル豫定デアルト

右一應報告ス

綏陽國境警察隊綏芬河隊

[문서 14]

일본군 전용 조선인 요리점 개설에 관한 건(1941.10.29)

특비(特秘)

제1288호

1941년(캉더8) 10월 29일

발신 : 대장

수신 : 본대장

일본군 전용 조선인 요리점 개설에 관한 건

제목의 건에 관하여 아래와 같이 관할 한충허 대장이 제보하였으므로 참고로 보고한다.

추신 : 이곳 쑤이펀허에서도 대통가(大通街)에 있는 전(前) 군 숙사(宿舍)를 이용해 작부 10명으로 근래에 위안소 개설의 취지를 신청했다.

기(記)

수국경특비(綏国警特秘) 제1288호-1

1941년(캉더8) 10월 28일

발신 : 쑤이양 국경경찰대 쑤이펀허 대장

수신 : 쑤이양 국경경찰대 본대장 귀하

일본군 전용 조선인 요리점 개설에 관한 건

제목의 건에 관하여 아래와 같이 관할 한충허 대장이 제보하였으므로 참고로 보고한다.

추신 : 마침내 이곳 쑤이펀허에서도 대통가에 있는 전 군 숙사를 이용해 작부 10명으로 근래에 위안소 개설의 취지를 신청했다.

기(記)

1. 개설 일시

   현재로서는 불명확하지만 가까운 시일 내 예정

2. 경영자

   현재로서는 불명

3. 가옥

   군(軍) 농경 이민단 숙사로 건축된 가옥 25동 가운데 2동을 빌릴 예정

4. 작부 인원

   일본군에서 일본군 대륙 파견부대 전용 위안부로 조선에서 모집한 조선인 여성 2천명 가운데 약 10명이 난텐먼으로 옴

5. 감독 기관

   주둔하는 하나다부대

6. 경영 방침

   하사관과 병사는 유흥시간 30분, 장교는 1시간. 유흥비에 대해서는 현재로서는 불명

7. 영업 시간

   오후 12시까지

수국경수한비(綏国警綏寒秘) 제1064호

1941년(캉더8) 12월 11일

발신 : 쑤이양 국경경찰대 한충허 대장

수신 : 쑤이양 국경경찰대 쑤이펀허 대장

일본군 전용 조선인 요리점 개설에 관한 건

제목의 건에 관하여 이전에 1941년(캉더8) 10월 20일 수국경수한특비(綏国警綏寒特秘) 제890호로 보고한 것처럼 이번에 일본군 전용 요리점(위안소)이 12월 9일부터 개설된 것에 대하여 참고로 보고한다.

기(記)

1. 개설 월일

   1941년(캉더8) 12월 9일

2. 개설 장소

   쑤이양현 한충허구 난텐면 제2632부대 관사 내

3. 위안소의 경영자

   본적 : 조선 마산부 수정(壽町) 68

   현주소 : 쑤이양현 한충허구 난텐면 이와무라 노리시게[岩村憲繁]

4. 위안소 부녀 수

   13명

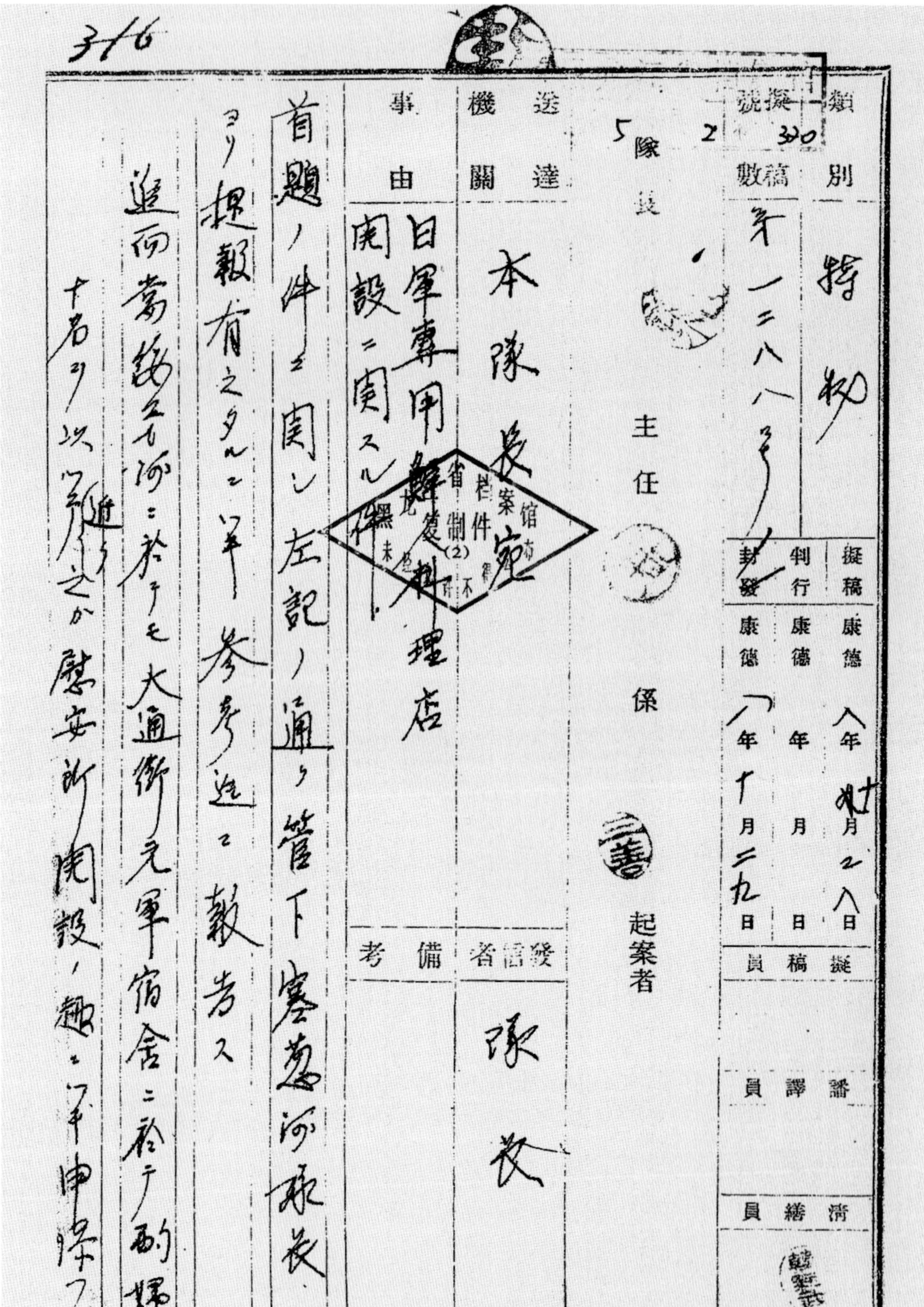

316

類別 特秘

擬號 5 隊 2 320

稿數 第一二八八號

擬稿 康德八年 月 2八日

判行 康德 年 月 日

封發 康德八年十月二九日

隊長

主任

係

起案者

送達 本隊長宛

機關

事由 日軍專用料理店開設ニ関スル件

發信者 隊長

備考

首題ノ件ニ関シ左記ノ通リ管下塞蒿河隊長ヨリ提報有之タルニ付参考迄ニ報告ス

追而蒿錢屯河ニ於テモ大通衛元軍宿舍ニ於テ酌婦十名ヨリ以ノ雇入之カ慰安所開設ノ趣ニテ申添フ

記

綏國警特秘第三八八號ノ一

康德八年十月二十八日

綏陽國境警察隊綏芬河隊長

綏陽國境警察隊本隊長殿

日軍專用鮮人料理店開設ニ關スル件

首題ノ件ニ關シ左記ノ通リ管下寒葱河隊長ヨリ提報有之タルニツキ參考迄ニ報告ス

追而當綏芬河ニ於テモ大通街元軍宿舍ニ於テ鮮婦十名ヲ以ツテ近ク之ガ慰安所開設ノ趣ニ付申添フ

記

一、開設日時

現在ノ處不明ナルモ近日ノ予定

二、經營者

現在ノ處不明

三、家屋

軍農耕移民團宿舍トシテ建築セル家屋二五棟ノ内二棟借用ノ予定

四、酌婦ノ人員

日軍ニ於テ日本軍大陸派遣部隊專用慰安婦トシテ朝鮮ニ募集セル鮮女二千名ノ内ヨリ約十名カ來南天門

五、監督機關

南天門駐屯ノ花田部隊

六、經營方針

下士官及兵ハ三十分遊興制度將校ハ一時間制度尚遊興費ニ就テハ目下不明

七、營業時間

午後十二時迄

2

綏國警綏寒秘第一〇六四號

康德八年十二月十一日

綏陽國境警察隊寒葱河隊長 高橋

綏陽國境警察隊綏芬河隊長殿

日軍專用鮮人料理店開設ニ關スル件

首題ノ件ニ關シ曩ニ康德八年十月二十日綏國警綏寒特秘第八九〇號ヲ以テ報告セル如ク今般愈々日軍專用料理店(慰安所)カ十一月九日ヨリ開設セラレタルニ付參考迄ニ報告ス

153

一、開設月日

康徳八年十二月九日

二、開設場所

綏陽縣寒葱河臨中央り第二六三二

部隊官舎内

三、慰安所経営者

本籍 朝鮮馬山府寿町六八

現住所 綏陽縣寒葱河在南天り

岩村 寛繁

四、慰安所婦人数

拾参名

[문서 15]

일본군 부대 지정 요리점 개설에 관한 건(1941.10.30)

1941년(캉더8) 10월 30일

발신: 특무 계경보 다카야마 아카네[高山明根]

수신: 쑤이펀허시 국경경찰대장 귀하

일본군 부대 지정 요리점 개설에 관한 건

제목의 건에 관하여 이 지역 모 조선인 요리점주가 누설한 언동에 따르면 최근 군에서는 조선 각지의 경찰서와 헌병대를 통하여 만주에서 군대전용 접객 요리점을 경영하기를 희망하는 자를 모집한 결과 희망자가 상당한 수에 달하였는데, 군에서는 이들 응모자를 만주 각지에 각각 지정하였기 때문에 쑤이펀허에는 아래의 자가 지정되어 지난 10월 21일 국제열차로 왔다. 영업장소가 수리 중이어서 현재는 부대의 관사에 투숙하고 있는데 가까운 시일 내에 영업을 개시할 예정이다.

아래

1. 본적 조선 평안남도
   주소 조선 평안남도 평양부
   시라카와[白川] 모
   당 세
2. 데려 온 작부 수 10명
3. 영업 예정 장소
   쑤이펀허 3 반가(反街) 호

4. 부대 지정 요리점 개설에 따른 요리업자의 반응

'가까운 시일 내에 이곳에서 부대 지정 요리점이 개업하는데 이곳이 개업하면 우리들 지방영업자의 타격은 상당할 것이다. 여하튼 쑤이펀허에서 조선인 요리점 매상고의 70% 이상은 군대가 점하고 있는데 이번에 지정 요리점이 개점하면 군인은 거의 그곳으로 갈 것이 뻔한 만큼 지방의 경기가 침체된 지금 시점에 그러한 타격을 입게 된다면 우리들의 영업은 자연히 쇠퇴할 것이다. 조금 더 지켜보다가 장사가 잘 안되면 어떤 곳이든 좋은 곳으로 이동하지 않으면 안 된다'고 한다.

모 조선인 요리점주의 이야기.

康徳八年十月三十日

特務係警補 高山明根

綏芬河国境警察隊長 殿

日本部隊指定料理店開設ニ関スル件

首題ノ件ニ関シ当地某朝鮮人料理店主ノ漏シタル言動ニ依レハ最近軍側ニ於テハ朝鮮各地警察署及憲兵隊ヲ通シ満洲ニ於テ軍隊専門接待ノ料理店経営希望者ヲ募集セル結果希望者相当数ニ達シタラシキモノナルカ軍側ニ於テハ之カ応募者ヲ満洲各地ニ対シテ指定シタルカ因ッテ綏芬河ニハ在地ノ者指

綏陽國境警察隊綏芬河隊

定セシ去ル十月二十一日國際列車ニテ来綏單[illegible]セルカ営業場所修理中ナルタメニ目下部隊宿舎ニ於テ投宿中ナルカ近日中営業開始セラルル予定

左 記

一、本籍 朝鮮平安南道

住所 朝鮮平安南道平壌府

白川 某

當 年

二、連来セル酌婦数 一〇名

三、営業予定ノ場所 綏芬河三友街 号

四、部隊指定料理店開設ニ付テ料理業者ノ反響

(もっと掘下げた情報)
一、酌婦ノ言動、
二、日本料理店方面ノ反響
三、日人酌婦[illegible]ノ反響
四、其ノ他一般人ノ反響

「近日中當地ニハ部隊指定料理店ガ出来ルカ之レカ
出来ルト吾等地方營業者ニ対スル打撃ハ相當アル
ヘキモノダ 例ヘデモ綏芬河ニ於ケル朝鮮人料理店
ノ賣上高ノ七割以上ハ軍隊ガ占メテアッタガ
今度指定料理店ガ出来ルト兵隊ハ殆ンド
其処ヘ行クコトニ決ッテ居ルコトダカラ地方側
景氣ノナイ此ノ時ニ[illegible]打撃ヲ受ケルコトニ
ナルカラ吾等ノ營業ハ自然ニ衰ヘルダロウ
モウスコシ待ッテ見テ商賣ガ出来ナケレハ何処カヘ
良イ処ヘ引揚ゲナケレハナラヌト云ヒ

某朝鮮人料理店主ノ談

(朝鮮)

[문서 16]

긴바라 세쓰조 업무일지 주요기록, 전편 3-(다) (1941.7.10~7.28)

1941년(쇼와16) 7월 26일

1. 후카다[深田] 군의 소좌(少佐, 소령) 네덜란드령 동인도 위생 상황 시찰 보고
   (1) 란인작전(蘭印作戰)[55]에 따른 위생상 착안점

      (중간 생략)

6. 현재 거주하는 토인(土人)은 어루만져 성의를 가지고 우리 편에 대한 신뢰감을 갖도록 하기 위해 언동에 주의할 필요가 있다. 회교도가 다수로서 일부다처이지만 정조관념도 강하다. 어떤 일이 있어도 강간 등을 저질러 일본군의 기강에 불신을 갖게 하는 일이 없도록 엄중하게 주의를 기울일 필요가 있다. 한편 현주민은 생활난으로 인해 매음을 하는 자가 많다. 그런데 반둥(Bandung)과 그 외의 지역에서 성병이 많이 발생하기 때문에 촌장에게 할당하여 엄중한 성병검사 실시하에 위안소를 설치할 필요가 있다.

(이하 생략)

---

55) 1942년 1~3월에 걸쳐 전개된 네덜란드령 동인도 지역에 대한 일본군의 진공작전.

【7月26日】

1. 深田軍医少佐蘭印衛生状況視察報告。

(1) 蘭印作戦に伴う衛生上の着眼点

(イ) 疾病

ペスト（外領においてはペストなきも、痘瘡、ワイルあり）。マラリア。デング熱（各地一般に流行しあり患者の防疫につき行政当局に実施す）。

(ロ) 気象

雨少く気温、北支気候と類似しあるもの

あるものは最適し作業せず。勤むる必要あり。

4. 占領地における医療機関を軍が利用し現地医師等を利用すると共に内地より優秀なる医師を送る要あり。

5. 蘭印が我が方に帰したる時は之の経営につき我らは進んで以て熱帯、衛生研究をなす要あり。蘭印は優秀にして92%のキニーネを産出す。

6. 現住土人は愛撫し我軍をもって我が方

い信頼感を抱かしむる様[illegible]留意す
る事なり。[illegible]
[illegible]し。かくとめん
[illegible]を抱く
ことのなき様厳重注意の事なり。一方
[illegible]のため[illegible]もの多
し。しかしながらその他物品まさを
もつて村長に割当て厳重に検徴の下
に慰安所を設くる事なり。

[문서 17]

긴바라 세쓰조 업무일지 주요기록, 후편 4-(다) (1942.8.1~8.29)

1942년(쇼와17) 8월 12일 국장회보

(전략)

(법무국장)

남방에서의 범죄 610건. 강간죄가 많다. 지나에서 이동해 온 부대에서 많다. 위안설비 불충분 · 감시 감독 불충분에 기인한다. 구금소마다 2백 명씩 수용하고 있으나, 모두 3~4명의 법무관이 처리하고 있다.

군정 방면의 사법은 착착 원활히 진행되고 있다. 군정 관계자 내에서는 독직(瀆職)[56] 사건이 많다. 그중에는 현지인으로부터 돈을 사취하는 사례가 있다. 이것은 주의가 필요하다. 현지인은 일본인을 존경하고 경의를 표하고 있기 때문에, 이러한 일이 발생한다면 일본인의 신용을 일거에 잃게 된다.

56) 관직을 남용하여 부정부패를 저지름, 관직을 더럽힘.

南方の犯罪610件。強姦犯多し。これよりの転用部隊に多し。慰安施設不十分。監視監督不十分に起因す。拘禁所には何人も五〇〇名程収容しあるが、何れも多少余の流務度が必現しあり。

軍政方面の司法は着々うまくいっている。軍政干係者に瀆職多し。然れば現地人より金を詐取せるものあり。これは注意を要す。現地人は日本人を尊敬し敬意を表しある故かかることがあれば日本人の信用を一挙に失うこととなる。

(俘虜情報局長)。

米国より捕虜の重病者の交換を申出て来れり。研究中なり。日本兵の捕虜が英国に3名、米国に10名位しかあるのみ。交換ということも数の上から出来ざるものらし。また英国は英俘虜を泰緬鉄切場の建設に使用せることに対し抗議しきたるも、これは握りつぶす。

(大臣)。

ほっとけ。

[문서 18]

긴바라 세쓰조 업무일지 주요기록, 후편 5-(가) (1942.9.1~9.30)

1942년(쇼와17) 9월 30일 국장회보

(전략)

(은상과장)

장교 이하 위안시설을 다음과 같이 만들고자 한다.

북지(北支) 100개, 중지(中支) 140개, 남지(南支) 40개, 남방(南方) 100개, 남해(南海) 10개, 화태(樺太, 사할린) 10개, 합계 400개소.

まとなる。服装が不明瞭なるというがこれも
未だ不慣れのため徹底しておらぬためなる
べし。軍属と軍人との関係が未だ決っていな
いが決定すればこの服装もはっきりすべし。
　司政長官に将校をもってすることを研究せよと
命ぜられ目下研究中なり。
（兵備課長）。
　在留軍人の給料もはっきりせられ度。
（恩賞課長）。
　将校以下の慰安施設を左の通り作りたり。

　北支100ケ、中支140、南支40、南
方100、南海10、樺太10計400ケ所。
　傷痍軍人の指導。部隊は司令官を副支部長
とす。傷痍軍人会を設置し、総裁を仰ぐ
奉戴の予定。傷痍会支部を各地に設けたり。
　在郷将校の新職業斡旋をなしありしもこれを一
定し各省大臣より訓示を受けたり。各府県協力
し職業斡旋を実施する予定。陸軍省内の傷痍
軍人の指導。
（兵備課長）。

[문서 19]

해군항공기지 제2설영반 야베부대 자료(1942~1943)

1. 편제

대장(隊長)	해군기사(技師)	야베 마사시[矢部雅士]
공영장(工營長)	〃	미야지 요네조[宮地米三]
군의장(軍醫長)	해군 군의대위(軍醫大尉)	다이라 토시로[平敏郎]
주계장(主計長)	해군 주계중위(主計中尉)	나카소네 야스히로[中曾根康弘]
통신장(通信長)	해군 병조장(兵曹長)	미야니시[宮西]

직원 카메모토[亀本] 기수를 비롯하여 별기와 같음

징용 공원(工員) 약 2천 3백 명

병사[兵員] 간호병조(看護兵曹) 주계병조(主計兵曹) 통신병 등 약 40명

(중간 생략)

5. 설영 후의 상황

다바오(Davao) 상륙 설영 출항까지(12월 20일~1월 14일)는 25일여의 짧지만 바쁜 하루하루였다. 정비하자마자 공격에 착수한 상황에서 휴식의 겨를이 없었다.

제2차 진출도 후발로 온 아사히야마마루[朝日山丸], 긴야스야마마루[金耶摩山丸], 니세마루[日帝丸] 등에 공원(工員) 약 6백 명 및 설영 기재를 탑재하고 왔기 때문에 그대로 진출한 바 있었다. 다바오는 방인 20,000명이 감금되어 있다가 점령과 동시에 석방되어 설영에 협력해 주었다.

발릭파판(Balikpapan)에서는 Y장의 정비가 일단 완료되어 공격기에 의한 란인(蘭印)작전이 시작되자 공원(工員)들은 해이한 분위기고, 또 일본 출항 때 약 2개월이라는 명령이 있었기 때문에 빨리 귀향하고 싶은 마음이어서 거칠어진 일본인끼리의 분쟁 등이 일어나게 되었다.

주계장의 조처로 원주민 여자를 모아 위안소를 개설하여 기분 완화에 매우 효과가 있었다.

322기지 (바락파판)
완료 시의 상황

〈지도〉 1942.1.24~1942.3.10

제2설영반 일지

주계 나카소네 야스히로 주계 중위

주계장(나카소네 야스히로) 나카소네 주계 중위

3.11 위안소(설영반) 개설

第二設営班　矢部部隊

一、編制

隊長　海軍技師　矢部雅士
主営長　〃　宮地米三
軍医長　海軍々医大尉　平敷[illegible]郎
主計長　海軍主計中尉　中曽根康弘
通信長　海軍兵曹長　宮西
職員　竜本[illegible]始め　別記の通り
徴用工員　約二三〇〇名
兵員　看護兵曹　主計兵曹　通信兵等　約四〇名

二、装備

ノ主機械
一〇屯　八屯　六屯　五屯等の各種ローラー　各輸送船
毎ニ積込
自動車　日産トラック　豊田トラック
大発（上陸機材運搬用）
ヤンマー（〃）
発電機（一〇KW）
水槽車
ヤンマーヂーゼルエンジン
ウインチ動力付
杭打機

5. 設営後の状況

ダバオ上陸 設営出発(記) 十二月二〇日 一月二四日 記)
二十四日経つ間に忙しい日々であった 整備出来次第入
校舎に取かかった状況で休息の暇がなかった
第二次進出も後続し来る 朝日丸 金剛丸 日帝丸
等にて二日目約六〇〇名位で設営資材も搭載し来るので
それぞれ進出した次第であった ダバオは邦人二〇〇〇〇余
が住む地域 昼夜に渡し全時に於て設営に協
力して貰った

バリクパパンでは一応の整備も完了して攻略部隊による
蘭印作戦が始まると毎日連中中るみかげ出た風
で又日本出発の際約三ケ月の間申し渡しありし慰安
設備の事も早く実施いたし日本人同志で大分寄れる様になる
主計長の発言で早くから集める慰安所を開設する事
特の緩和に非常に効果があった

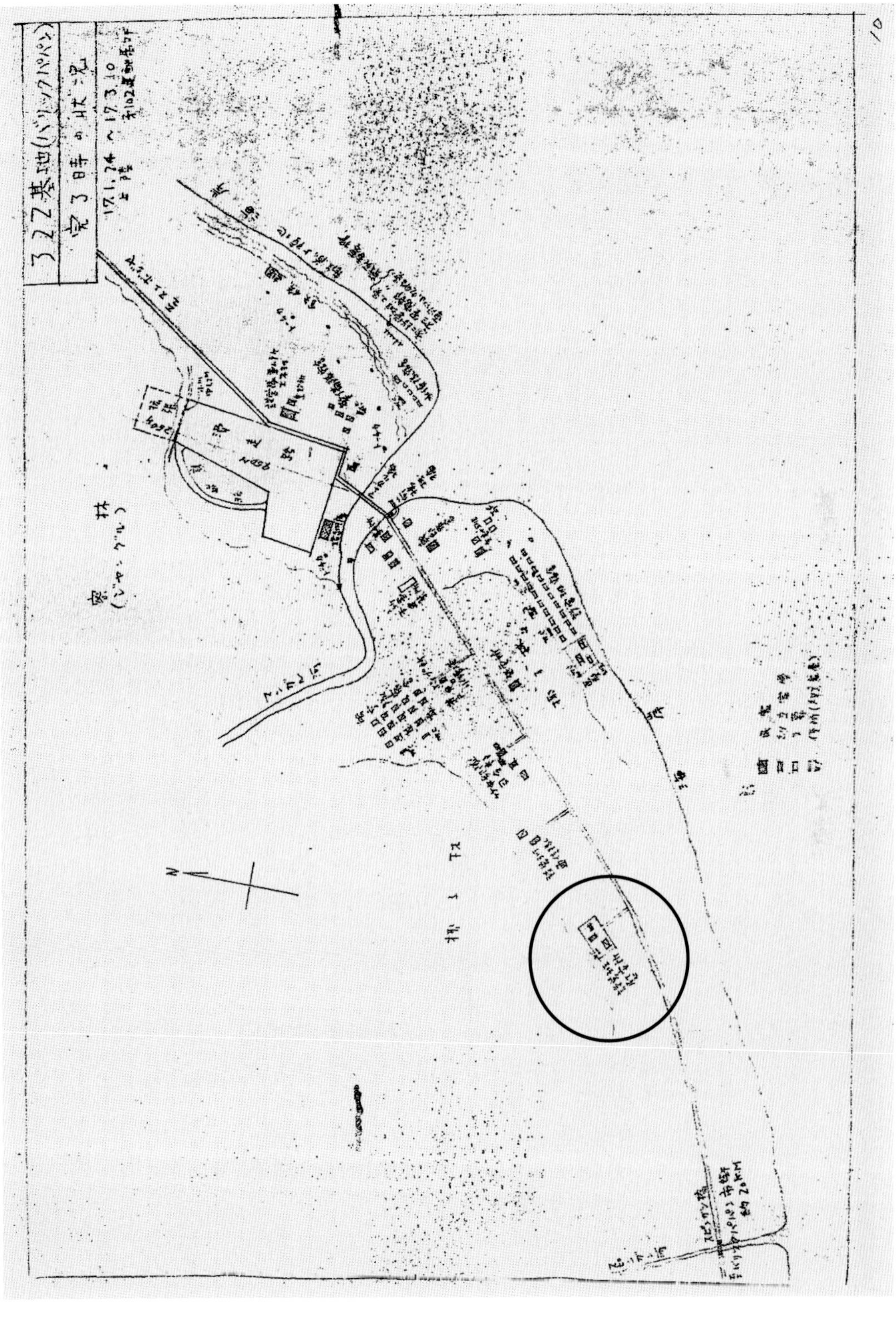
322基地(バリックパパン)
完了時の状況

第二設営班　　宮地記.

11.

11.9 東京　07.30上京.　施設本部出向.
第二設営班を編成. 第一次フイリッピン
ダバオ、第二次ボルネオ バリックパパン
敵前上陸、飛行場整備、居住施設の
整備を言い渡さる.
(来栖大使渡米途中にて. 渡米の上
会談決裂すればの仮定の上にて)
種々注意事項其他の話あり. ㊙の赤
本つ. ダバオ、バリックパパンの状況の(防備状態)
調査記事を読む.

1. 占領飛行場の補修、穴埋め 2日～3日内にて.
1. 指揮以下班員、資材 手配済.
1. 班組織
1. 資材積込ー 荷揚の順序に積込み
1. 何の船に何が積んであるか見れよ
く呑み込ますこと.

11.10 東京

~~~~~~~~

11.14 東京　07.30上京　09.00施設本部.　来栖大使ホノルル着
15 〃　種々打合せ
16 〃　望むにて? 爆弾穴の埋戻し
17 〃　の方法の種々の試験の工夫.
18 〃

11.20　第二設営班に配属さる.
11.29　呉海軍建築部退庁
11.29　呉安港出港　瀬戸内海の豊後水道
を経て一路南行パラオに向う.
輸送船 台東丸、天龍丸 2船に　天龍丸船長 木村準二
分け乗込む. 資材は外に第2
図南丸に積込む. (図南丸のみ伴
安保を負う)
~~~~~~~~

第二設営班　班長　技師　矢部雅士　(土木)

徴用技師　宮地米三　(建築)

技手　亀本吾朗　(〃)

〃　清水朝行　(〃)

〃　鈴木豊起　(土木)

(徴)　〃　斉藤勝雄　(〃)

〃　技生　荒井豊作　(建築)

技生　平本静夫　(〃)

〃　住吉法文　(〃)

〃　小島新吾　(土木)

〃　樋原冬夫　(〃)

〃　曽中秋夫　(〃)

(徴)　〃　松浦彦治　(〃)

〃　〃　細川俊夫　(電気)

筆生　中村正男

〃　前田作平

守衛　宮本貞雄

記録員　野沢井勝男

〃　林忠三

〃　福力藤衛

軍医　平敏郎　軍医大尉

主計　中曽根康弘　主計中尉

通信隊　宮西兵曹長

通信兵

森看護兵曹　看護兵1名

主計兵曹1名　八移主計兵

2　員　約2300名.

第二設営班 矢部部隊編成　313基地 ダバオ.
部隊長　矢部技師

工営長(宮地隊) 宮地技師

土木班　鈴木技手　槇原技生　横山職手
(水道班)　斉藤技手　小島技生　加円 〃
(運輸班)　　野中 〃　山城 〃
松浦 〃　川野 〃
影山 〃
木下会夫
奈 〃

建築班　亀本技手　荒井技生　水木職手
清水技手　平本技生　北野 〃
住吉技生　坂井 〃
加藤 〃
中田 〃
松沢 〃

電気班　細水技生　以下 拾名.

主計長(中曽根隊) 中曽根主計中尉

主計科班　八杉主計兵　中村筆生　林記録員
福ケ 〃
烹炊班　河野主計兵曹　前田筆生　野沢井 〃

警務班　宮本守衛.

軍医長(平隊) 平軍医大尉
森看護兵曹.　看護兵　以下 8名.

通信長(宮西隊) 宮西兵曹長　以下12名.
~~通信隊~~

14

日付	記事	備考
2.12 晴		[illegible]
13 晴	バリックパパン市内えの道の橋（スピレガン橋）作業にて修理	
14 晴	バリックパパン 和住部隊（101燃料廠）打合せ行. マンガール川 橋梁落ち初め.	
15 くもり 時々雨		19.50 シンガポール陥落.
16 晴	水源地 見分.	
19 晴	12.00 第5設営班 奥山技師、（沢田？）会計長其他来バ. 航空隊天幕及糧秣積込み打合せ.	
20 くもり	バリックパパン 桟橋調査.	クーパン及デリー 和蘭敵前上陸. 第5設営班 18.00 バリ島へ向け出航
22 晴	[illegible]	堀口大佐（設営）入部をバリ島行.
23 雨後晴		山田技師バリ島行.（忠雄）
3.11 晴	1.0（設営班全員）本日にて第102海軍建築部に配属さる	慰安所（設営班）開設
3.13 〃		102軍需部マカッサル 主転出.
3.18 晴 夜スコール	設営班隊長（元部）以下幹部5人 宿舎をバリックパパン郊外の教会附属宿舎へ移る	部長、山田技師マカッサル進出.
3.20	設営班事務所建工移転.	

21

일제침탈사 자료총서 91

일본군'위안부' 문제 자료집(1)

–'위안부' 동원과 위안소 설치

초판 1쇄 발행 2020년 5월 30일

엮은이 | 동북아역사재단
펴낸이 | 김도형
펴낸곳 | 동북아역사재단

등록 | 제312-2004-050호(2004년 10월 18일)
주소 | 03739 서울시 서대문구 통일로 81 NH농협생명빌딩
전화 | 02－2012－6065
팩스 | 02－2012－6189
홈페이지 | www.nahf.or.kr
제작·인쇄 | 도서출판 선인

ISBN 978-89-6187-540-0 94910
ISBN 978-89-6187-539-4 (세트)

* 이 도서의 국립중앙도서관 출판예정도서목록(CIP)은 서지정보유통지원시스템 홈페이지(http://seoji.nl.go.kr)와 국가자료종합목록 구축시스템(http://kolis-net.nl.go.kr)에서 이용하실 수 있습니다.(CIP제어번호 : 2020022073)